평소 꼼꼼한 관찰과 분석, 예리하면서도 설득력 있는 신학적 대안을 제시해 온 저자가 이번에도 큰일을 해냈다. 루터와 종교개혁에 관한 방대하고 중요한 자료들을 비교적 적은 분량 안에 효과적으로 담아 모든 그리스도인에게 필요한 정보와 교훈을 전해 준다. 이 지침서에는 저자 본인이 직접 루터의 발자취를 더듬으며 확인한 생생한 자료들뿐 아니라, 종교개혁의 중요한 주제들에 대한 조직신학자의 명민한 설명과 분석이 압축되어 잘 담겨 있다. 자신이 살던 시대의 격랑 속에서 때로는 아파하고 때로는 분노하고 때로는 감격했을 인간 루터, 자신이 성경에서 발견한 구원의 진리를 그저 조금이라도 더 증언하려 최선을 다함으로 교회와 기독교 전체를 바르게 세우고자 했던 신앙인 루터, 진리를 좇아 자신의 시대를 치열하게 살다 간 신실한 그리스도인 루터를 '처음' 만나도록 인도해 주는 이 책을 기쁘게 추천한다.

김요섭 총신대학교신학대학원 교회사 교수

중세의 영적 어두움과 만연한 폐습에 맞서 생명을 걸었던 마르틴 루터. 종교개혁 500주년을 맞아 그의 생애와 신학에 대한 관심이 부쩍 높아지고 적지 않은 책들이 출간되는 가운데, 꼭 필요한 책이 나와 반갑다. 개혁파 교의학자의 눈으로 종교개혁 전반을 균형 있게 해석함은 물론 루터 사상의 핵심들을 명료하게 다룸으로써 한국 교회에 종교개혁과 루터의 영적 유산이 제대로 전달되기를 바라는 저자의 애정이 듬뿍 담겨 있어 더욱 그렇다. 특히 거짓 진리를 타파하고 잘못을 개혁하는 데 그치는 것이 아니라 교회를 바르게 세우는 것을 최종 목표로 삼았던 루터 신학의 핵심 주제들을 깊이 있게 재조명한 것이 인상적이다. 루터가 당대 이루었던 종교개혁의 정신을 오늘의 교회와 어떻게 연결시켜야 하는지에 대한 저자의 고민이 오롯이 담겨 있는 이 책이, 종교개혁 당시 못지않게 교회의 영적 회복이 절실한 지금, 침체 일로에 있는 한국 교회에 적실한 메시지를 주리라 확신한다.

이규현 부산 수영로교회 담임목사

『처음 만나는 루터』를 읽고 나는 감탄했다. 먼저 루터의 생애와 신학, 개혁 운동이 간명하게 정리된 데 놀랐다. 이는 루터를 꾸준하게 연구해 온 학자만이 할 수 있는 일이다. 저자는 루터의 생애와 신학, 개혁 활동을 단순히 기술하는 데서 그치지 않고, 루터의 교회 개혁 운동이 자리했던 서구 신학에 대한 상당한 통찰까지 제시한다. 더욱이 이전 연구를 단순히 추수(追隨)하지 않고 독창적 해석을 시도한다. 루터가 교회 개혁자일 뿐 아니라 교회 건설자였음을 적시하는 부분이 특히 그렇다. 많은 이들이 전자만을 강조하고 그친 데 반해, 저자는 루터의 교회 개혁과 교회 건설을 균형 있게 강조함으로써 독자들이 루터 신학을 바르게 이해하도록 돕는다. 루카스 크라나흐가 루터의 외형을 그려 냈다면, 저자는 루터의 내면세계를 섬세하게 묘사해 냈다. 저자의 언어 능력과 학문 여정, 진리에 대한 열정, 교회를 향한 사랑이 그 바탕이었을 것이다. 독자들이 이 책을 통해 루터를 제대로 만나기를 기대한다.

이상규 고신대학교 교회사 교수

우병훈 교수의 『처음 만나는 루터』가 많은 독자에게 읽히길 바라며 기쁜 마음으로 추천한다. 종교개혁 500주년을 기념하는 이때, 루터와 그의 신학에 깊은 관심을 갖고 연구해 이미 여러 편의 논문을 써 온 저자가 모든 신자가 쉽게 읽을 수 있는 독자 친화적 루터 입문서를 출간한 것은 매우 뜻깊은 일이다. 저자는 미국에서의 박사과정 기간을 포함해 지난 몇 년 동안 권위 있는 학술지에 수준 높은 논문을 기고한 주목받는 소장 신학자로 그의 학문적 탁월함과 성실함, 그리고 인격적인 태도는 그와 견해를 달리 하는 신학자들조차 인정할 정도다. 저자는 책상머리에만 머물지 않고 실제로 루터를 따라 종교개혁의 행적까지 여행함으로써 루터의 삶과 신학을 더욱 생생하게 반영했다. 개혁과 신학의 확고한 토대 위에서 학문적이면서도 인격적으로 쓰인 이 책은 실로 한국 교회에 선물과도 같다. 많은 분들이 꼼꼼히 읽어 마르틴 루터와 종교개혁의 정신을 다시 한 번 숙고할 수 있기를 진심으로 바란다.

이승구 합동신학대학원대학교 조직신학 교수

마르틴 루터가 기독교 역사에서 중요한 인물임을 모르는 사람은 없다. 하지만 실제로 루터에 대해 제대로 아는 사람은 별로 없다. 막상 루터를 쉽고 명쾌하게 소개해 주는 입문서가 없기 때문이기도 하다. 모든 성도를 위한 루터 입문서인 이 책에서, 개혁파 신학자인 저자는 루터를 쉽게 이해할 수 있도록 루터의 생애를 연대순으로 서술하면서도 적절한 곳에서 루터 신학의 핵심을 주제별로 깊이 다루었다. 말하자면 이 한 권의 책을 통해 우리는 루터의 생애도 이해하고 그 사상의 정수도 맛볼 수 있게 된 셈이다. 무엇보다 이 책은 루터의 사상이 오늘날 한국 교회 성도들에게 어떤 의미와 적용점이 있는지 거듭해서 환기시킨다. 종교개혁 500주년을 맞아 이 책을 통해 루터의 삶과 가르침을 살펴보는 것은 개인의 신앙 성숙과 교회의 더 나은 변화를 위해 큰 의미가 있는 일이다.

이찬수 분당우리교회 담임목사

처음 만나는 루터

IVP(InterVarsity Press)는
캠퍼스와 세상 속의 하나님 나라 운동을 지향하는
IVF(InterVarsity Christian Fellowship)의 출판부로
생각하는 그리스도인을 위한 문서 운동을 실천합니다.

처음 만나는 루터

개혁과 건설에 온 삶을 건
십자가의 신학자

우병훈

Ivp

차례

추천의 글　10

서문　13

루터 생애 연대표　18

1장	루터의 초상화	21
2장	어린 시절	35
3장	대학생과 수도사	47
4장	하나님의 의와 '돌파'	65
5장	교회의 비판자	75
6장	이단자, 자유자	105
7장	급진적이며 보수적인	121
8장	종교개혁의 지도자	161
9장	교회의 보호자	181
10장	시련과 확장	211
11장	비난과 오해	227
12장	루터가 남긴 것	251

주　271

더 깊은 탐구를 위한 도서 목록　318

추천의 글
루터, 새로운 감동으로 만나다

원고를 읽고는 한참을 울었다. 그리고 기도했다. 책상 위에 수북이 화장지가 쌓였다. 추운 겨울밤에 한 동이 얼음물을 뒤집어쓴 것 같았다.

추석 연휴 끝자락, 아침부터 혼자 연구실에 나와 원고를 읽었다. 꼬박 3시간 반 동안, 책상에 앉아 정독했다. 평소 명쾌한 강의로 알려진 저자의 재능을 생각해도 이 책은 제시하는 바가 너무나 명료했다. 단지 명료할 뿐 아니라 감동을 주었다. 꾸밈이나 과장이 없는 저자 특유의 투박한 글쓰기가 그 감동을 더했다.

루터에 관한 여러 책들이 있다. 어떤 책은 실천적이지만 신학적·역사적 내용이 빈약하고, 또 어떤 책은 그런 내용이 풍부하지만 실천을 위한 감동이 부족하다. 그러나 이 책은 루터의 생애 전체를 아우르면서도 신학과 역사와 전기적 일화 등을 오가며 우리가 위대한 종교개혁자에게서 계승해야 할 교훈들을 설득력 있게 제시한다. 나는 이 책을 읽으면서 롤런드 베인턴이 쓴 루터 전기를 읽을 때 받았던 것과 같은 깊은 감동을 받았다. 독자들이 나처럼 집중해서 읽는다면, 이 책의 부피는 중요성과 비례하지 않는다는 사실을 금방 알게 될 것이다.

오늘날 우리는 혼란스러운 시대를 살고 있다. 루터는 '숨어 계신 하나님'(Deus absconditus)을 마주해야 하는 현실 앞에서 당시 가톨릭 교회에게서 신앙의 도움을 받지 못했다. 오늘날 개혁된 교회에게서도 많은 교인들이 그렇지 않은가 돌아보아야 한다. 이것이 바로, 500년 전 루터가 그랬던 것처럼 '영광의 신학'을 버리고 '십자가의 신학'에서 길을 찾고자 하는 이유다.

더욱이 이 책은 루터를 사자와 같은 종교개혁의 영웅으로만 치켜세우지 않는다. 오히려 연약한 한 인간 루터를 곳곳에서 그대로 보여준다. "그렇게 위대한 설교자였지만 루터는 예수님의 비유에 나오는 제사장과 레위인처럼 그냥 설교단을 지나치고픈 마음에 사로잡힐 때가 있었다고 실토했다." 며칠 전 한 잡지사와 인터뷰에서 나누었던 나의 고백 때문인지 루터의 이 고백이 내 마음을 때렸다. 위대한 개혁자에게 혼잣말로 대답했다. "나에게도 설교는 영원한 이국의 언어이며 목회는 원치 않는 가슴앓이입니다."

김남준
열린교회 담임목사

일러두기

- 성경 본문은 새번역을 사용했다.
- 영역본 루터 전집은 LW로 약칭한다. 아울러 바이마르 편집본 루터 전집[*D. Martin Luthers Werke: Kritische Gesamtausgabe*, Weimar Ausgabe (Weimar: H. Bohlau, 1883-)]은 WA로 약칭한다(예를 들어, WA 50,659,4는 바이마르 전집 제 50권 659쪽 네 번째 줄을 뜻한다). 그리고 WA B는 바이마르 전집의 서간집 묶음인 *Briefwechsel* (Weimar, 1930ff)을, WA Tr은 바이마르 전집의 『탁상담화』 묶음인 *Tischreden* (Weimar, 1912ff)을, WA DB는 바이마르의 루터 성경인 *Deutsche Bibel* (Weimar, 1912ff)을, LDStA는 Martin Luther, *Lateinisch-Deutsche Studienausgabe*, Wilfried Härle et al, eds., 2 vols. (Evangelische Verlagsanstalt, 2006)를 뜻한다. O. Scheel ed., *Dokumente zu Luthers Entwicklung* (Tübingen, 1929)에서도 인용할 것이다. WA, WA B, WA Tr, Scheel, LW 등이 루터 연구에서 중요한 1차 자료다. 참고로, 바이마르 전집은 인터넷에서 상당 부분 구할 수 있다. 다음 웹페이지를 방문해 보라. http://www.lutherdansk.dk/WA/D.%20Martin%20Luthers%20Werke,%20Weimarer%20Ausgabe%20-%20WA.htm
- 이 책에서 '로마 가톨릭'을 언급할 때는 루터가 대항했던 당시의 부패한 교회를 주로 가리킨다.

서문

루터는 누구인가? 왜 우리는 500년이 지난 지금 다시 그를 되새기는가? 단지 서양 사람들이 종교개혁 500주년을 기념하기에 우리도 덩달아 기념하는 것인가? 루터가 오늘날 우리에게 별 의미가 없다면, 역사적으로는 매우 중요한 인물이나 21세기를 살아가는 한국인에게 별 의미가 없다면 굳이 그를 기념할 이유도 없다. 이 책에서 나는 루터가 오늘날 우리에게 주는 의미를 찾고자 시도했다.

루터, 그는 과연 누구였는가? 한마디로 말해, 루터는 교회의 개혁자이자 건설가였다. 그는 부패한 중세 교회를 철저하게 성경적으로 개혁하고자 했다. 그러나 교회의 모든 것을 부정하거나 없애려고 덤벼든 것은 아니었다. 성경과 어긋난 부분을 개혁하고자 했지 교회 자체를 싸잡아 비난하거나 거부하지 않았다. 그는 엄렬하게 교회를 비판하면서도 자신이 교회로부터 올바르게 물려받은 유산은 소중히 간직하고자 했다. 그렇기에 루터는 중세 교회로부터 파문당해 개신교회를 세우게 되었을 때 성경적이고 복음적인 교회를 세울 수 있었다. 그가 만일 중세 교회 자체를 다 폐기하고자 했다면 그는 기독교 자체를 공격하는 인물이 되었지 결코 교회의 개혁자는 되지 못했을 것이다.

루터가 단지 교회를 비판하는 인물이 아니라 교회를 건설하고자 한 인물이었다는 사실은 개신교회가 점차 확산되는 시점인 1526년 이후에 더욱 분명하게 드러났다. 때때로 루터는 동일한 성경 구절에 대해서조차 이전에 자신이 로마 교회를 비판할 때 전했던 메시지와 다른 강조점을 두어 주석하기도 했다. 이것을 일관성의 결여라고 볼 수도 있겠지만 그렇게만 평가하는 것은 단견(短見)이다. 루터는 일관성 추구를 신학의 최고 목적으로 삼지 않았다. 오히려 그는 교회를 위한 성경적 신학을 붙잡고자 했을 뿐이다. 교회를 개혁하면서도 교회를 건설하고자 하다 보니 때때로 자기모순적 상황을 만나기도 했다. 하지만 그럴 때조차 루터는 성경과 신학에 분명한 근거를 두어 판단하고 행동하고자 노력했다. 따라서 루터의 전기 신학과 후기 신학의 강조점이 일부 다른 것은 그의 비일관성을 드러낸다기보다, 하나님의 말씀을 추구하는 그의 긴장과 열심을 보여 준다고 보는 편이 낫다.

오늘날 한국 교회를 보면 두 가지 흐름을 발견할 수 있다. 한쪽에는 교회 개혁의 기치를 높이 드는 사람들이 있다. 이들은 교회의 폐습을 지적하고 비성경적 행태를 비판한다. 다른 한쪽에는 교회를 세우고 지키고자 하는 사람들이 있다. 이들은 점차 약해져 가는 교회의 기둥을 붙들고 묵묵히 자신의 자리를 지킨다. 그러나 자칫 잘못하면 전자는 기독교 자체를 반대하는 세력이 될 수 있다. 더 이상 제도적 교회에 머물지 않고 나름의 길을 찾아가다가 결국 성경 바깥에서 길을 잃곤 한다. 반대로 후자는 무사안일한 수구보수 세력이 될 수 있다. 자기반성과 자기 갱신으로 새로운 시대를 이겨 나갈 힘이 없으면 교회는 점차 약해지고 세속화된다.

루터는 양쪽 극단 모두를 거부한다. 루터는 낡은 집을 허물었지만 다시 멋진 집을 세운 사람이다. 정(正), 반(反), 합(合)의 논리로 이야기하자면, 그는 정의 부정적 요소를 거부하되 정 자체를 다 버리지는 않았다. 또한 반을 시도하되 합을 지향했다. 교회를 비판하되 기독교를 싸잡아 비판하는 자가 되지 않았고, 교회를 건설하되 수구주의에 빠지지 않았다. 그렇기에 그는 반천년이 지난 지금에도 여전히 우리에게 큰 의미가 있는 인물이다. 오늘날 한국 교회는 또다시 교회를 개혁하고 새롭게 세워 가야 하는 시기를 보내고 있기 때문이다.

우리가 종교개혁 500주년을 기념하면서 이 두 가지 요소를 모두 지닌 루터를 발견하지 못한다면, 이는 다만 먼지 덮인 역사책을 잠시 들춰 보고 이내 덮어 버리는 일에 지나지 않을 것이다. 그렇기에 이 책에서 나는 교회 비판자 루터와 교회 건설가 루터를 번갈아 가며 보여 주고자 했다. 독자들이 21세기 새로운 현실에서 성경적 교회를 세워 가는 보다 나은 길을 이러한 루터의 모습에서 발견하게 되기를 바랄 뿐이다.

2014년에 미국 유학 생활을 마치면서 나는 루터 연구를 귀국 후 첫 번째 프로젝트 주제로 삼겠다고 마음먹었다. 개신교를 그 근원부터 연구하는 것이 앞으로의 신학 연구에 도움이 되리라 생각했기 때문이다. 루터 관련 논문들을 써서 여러 학회와 신학 저널에 발표할 때마다 유익한 토론과 조언을 나눠 주신 여러 교수님들, 그리고 신앙과 학문의 모범을 항상 보여 주시는 고신대학교 신학과 교수님들께 감사드린다.

이 원고는 한 교회에서 루터의 생애와 사상을 전체적으로 살피는 강의를 요청받고서 시작되었다. 그 후 논문을 여럿 쓰고 여러 교회와 기독 학생 단체에서 특강을 하며 원고를 확장하고 보강했다. 하지만 그때마다 나의 루터 연구는 매번 기초부터 새롭게 시작한다는 생각이 들었다. 그만큼 루터는 큰 산이었다.

책을 다듬는 마지막 단계에서 루터와 관련한 독일의 여러 지역을 직접 돌아보는 소중한 시간을 가질 수 있었다. 동행했던 이성은 교수(서울대 독문학), 세 신학생들(고려신학대학원의 김필립, 박하림, 이호산나), 이태훈·이예영, 오성헌·김영아 부부와 김강산 형제에게 감사한다. 병마(病魔)와 싸우면서도 신앙을 꿋꿋이 지키는 K형에게 감사한다. 대학 시절부터 형이 사 준 책들은 아직도 나에게 큰 도움을 주고 있다. 조교 정승훈 형제는 사진들을 편집할 때에 요긴한 도움을 주었다. 오래 전부터 알아 온 정지영 간사님과 친절한 박상용 간사님은 여러 가지 귀한 제언을 주시고 책을 예쁘게 만들어 주셨다. 무엇보다 사랑하는 아내와 아이들(승빈, 승언), 부모님과 장모님께 감사한다. 나에게 가족은 세상에서 가장 소중한 이름이다.

루터에게 선제후 프리드리히와 선제후 요한을 비롯한 많은 위로자들이 있었다면, 나에게도 역시 큰 도움과 사랑을 베풀어 주신 성도들이 있다. 부족한 자의 신학 작업 및 사역에 관심을 기울여 주시고 기도해 주시는 소명교회(나해주 목사님), 명덕교회(장희종 목사님), 서울영동교회(정현구 목사님) 성도들께 많은 사랑의 빚을 지고 있음을 기억하며 감사한다. 늘 새롭게 도전하라고 충고해 주시며 특히 유학 시절에 큰 도움을 베풀어 주신 정유근 장로님께 이 책을 바친다.

2017년 8월 독일에서
우병훈

비텐베르크 성채교회당 앞에서

루터 생애 연대표*

1483.11.10	아이슬레벤에서 태어나다.
1492-1498	만스펠트, 마그데부르크, 아이슬레벤에서 학교를 다니다.
1501-1505	에르푸르트 대학에 다니다. 학사 학위(1502)와 석사 학위(1505)를 취득하다.
1505.7.2	폭풍 속에서 수도사가 되기로 서약하다. 아우구스티누스 수도회에 들어가다.
1507	사제 서품을 받다.
1508-1509	비텐베르크 대학에서 아리스토텔레스의 윤리학을 임시적으로 강의하다.
1509	신학사를 취득하다. 에르푸르트에서 기초 인문학 강의를 시작하다.
1511	로마를 여행하다. 비텐베르크에 있는 아우구스티누스 수도원으로 이동하다.
1512	신학 박사 학위를 취득하다. 비텐베르크 대학의 신학 교수가 되다.
1513-1517	시편, 로마서, 갈라디아서, 히브리서를 강의하다.
1517.10.31	95개조 논제를 발표하다.
1518.4.25-26	하이델베르크 논쟁.
1518	아우크스부르크에서 카예탄 추기경에게 조사받다.
1518-1519	회심한 것으로 추정되는 시기.
1519.7.4-14	라이프치히에서 요한 에크와 논쟁하다.
1520.8-11	종교개혁의 주요한 세 저작 『독일 귀족들에게』, 『교회의 바빌론 포로』, 『그리스도인의 자유』를 저술하다.
1520	루터를 파문하는 교황 교서, 『주님이여 일어나소서』가 공포되다.
1521.4.17-18	보름스 제국의회에서 변론하다.
1521.5.25	보름스 칙령으로 이단이자 불법자로 규정되다.
1521-1522	바르트부르크 성에 은신하다. 신약성경을 번역하다.
1522.3.6	비텐베르크로 돌아오다.

1522.9	독일어 신약성경을 출간하다.
1524	첫 번째 찬송가를 펴내다.
1524-1525	독일에서 농민전쟁이 발발하다.
1525.6.13	카타리나 폰 보라와 결혼하다.
1525	『노예의지론』을 저술하여 에라스무스와 논쟁하다.
1526	제1차 슈파이어 제국의회. '보름스 칙령' 실행을 보류하다.
1527	비텐베르크에 역병이 발생하고, 루터의 집이 병원으로 사용되다. "내 주는 강한 성이요"를 작사·작곡하다.
1529.3	제2차 슈파이어 제국의회. '보름스 칙령'을 재확정하다.
1529.10.1-4	마르부르크 회담.
1529	소교리문답과 대교리문답을 작성하다.
1530	아우크스부르크 제국의회. 루터는 불참하고 멜란히톤이 참석하다. 멜란히톤이 아우크스부르크 신앙고백을 작성하고, 루터가 승인하다.
1530.5.29	아버지가 별세하다.
1531.6.30	어머니가 별세하다.
1534	독일어로 된 성경전서를 출간하다.
1537	슈말칼덴 신조를 작성하다.
1543	『유대인과 그들의 거짓말』을 출간하다.
1545	"악마가 설립한 로마 교황청을 대항하며"를 작성하다.
1546.1.17	비텐베르크에서 마지막 설교를 하다.
1546.2.18	아이슬레벤에서 사망하다.
1546.2.22	비텐베르크에 묻히다.

- R. C. Sproul and Stephen J. Nichols, eds., *The Legacy of Luther* (Reformation Trust Publishing, 2016)를 참고하고 약간 수정했다.

1장
루터의 초상화

루터, 새로운 시대를 연 사람

2017년은 종교개혁이 일어난 지 500주년이 되는 해다.● 1517년 10월 31일에 종교개혁자 마르틴 루터(1483-1546)는 그 유명한 "95개조 논제"를 비텐베르크(Wittenberg)의 성채교회당(Schlosskirche) 정문에 걸었다. 로마 가톨릭의 잘못된 관행을 비판한 그의 주장들은 삽시간에 유럽 전역으로 퍼져 나갔으며, 이와 함께 거대한 교회 개혁의 물결이 밀

● 이상규, 『교양으로 읽는 종교개혁 이야기』(영음사, 2017), p. 14에서는 '종교개혁'이라는 용어보다는 '교회 개혁'이라는 용어가 더 적합하다고 한다. 'Reformation'이란 말을 '종교개혁'이라고 번역하는 것은 일본의 영향 때문이다. 평양신학교에서 처음으로 교회사를 가르쳤던 왕길지(Gelson Engel)는 'Reformation'의 번역어로 '교회갱정'(教會更正)을 사용했다. 하지만 이 책에서는 이를 인지한 채 관행상 '종교개혁'으로 부르겠다. 한편, 스콧 헨드릭스(Scott H. Hendrix)는 루터가 단지 교회의 개혁자가 아니라 나쁜 종교를 개혁했던 사람이라고 주장한다. 루터에게 종교는 기독교였으며 루터가 다른 종교 즉 유대교나 이슬람교의 개혁자가 되고자 했던 것은 아님을 기억할 때, (루터를 교회 바깥 사람들에게도 소개하고자 하는) 헨드릭스의 의도 속에서 그의 주장을 이해하는 것이 바람직하다. Scott H. Hendrix, *Martin Luther: Visionary Reformer* (Yale University Press, 2015), p. xii. 『마르틴 루터』, 손성현 역(IVP, 2017).

보름스에 있는 종교개혁자들의 조각상

려왔다. 이렇게 루터의 개혁 운동은 유럽의 역사, 아니 세계사의 흐름을 바꿔 놓았다.

유럽에 가면 루터를 묘사한 조각상과 그림을 많이 볼 수 있다. 특히 보름스(Worms)에 있는 조각상은 보름스 제국의회(1521) 때 카를 5세 (Karl V, 1500-1558)와 제국에 의해 소환당한 루터의 모습을 보여 준다. 여러 종교개혁자들과 설교자들 가운데 루터가 서 있다.

보름스 제국의회에서 루터가 남긴 주장은 유명하다. 자신의 글을 번복하라는 요구에 그는 이렇게 답했다.

제가 성경의 증언들이나 명백한 이성에 의해 설득되지 않는 이상, 저는 교황과 공의회의 결정들만 믿을 수는 없습니다. 왜냐하면 그 결정들은 종종 오류를 범하며, 서로 충돌하기 때문입니다. 저는 저에게 주어진 성경에 굴복하며, 양심은 하나님의 말씀 안에 사로잡혀 있기에, 그 어떤 것도 철회할 수 없으며 그렇게 하고 싶지도 않습니다. 양심에 반하여 행동하는 것은 안전하지도 건전하지도 않기 때문입니다. 저는 달리 행할 수 없습니다. 제가 여기 서 있습니다. 하나님 저를 도와주소서. 아멘.[1]

왕과 위정자들, 그리고 가톨릭 수사들과 많은 사람들 앞에서 한 놀라운 선언이다. 그때까지만 해도 그저 한 수도사에 불과했던 루터는, 부패한 권위에 용감하게 대항했다. 근대가 열리기 시작했다.

루터에 대한 다양한 평가

역사 속에서 루터의 모습은 매우 다양하게 나타났다. 사실 위대한 사상가의 특징은 바로 다양한 해석이 가능하다는 데 있기도 하다. 게오르크 지멜(Georg Simmel)은 다음과 같이 적었다.

> 일반적으로 사고의 명백성은 위대한 사상가들의 특성이 아니다. 헤라클레이토스와 플라톤에서 칸트와 헤겔에 이르기까지, 그들은 끊임없이 상호 대립되는 해석의 여지를 남겨 왔다. 이는 바다에 비교할 수 있다. 모든 사람은 바다에서 자신이 가진 그릇의 크기와 형태에 따라 물을 퍼 올릴 수 있다. 만일 위대한 사상가들에 대해 오직 한 가지 종류의 이해만 가능하다고 한다면, 그리고 만일 자연이 그리하듯이 각자에게 그 사람의 언어로 이야기하듯 각각의 개인적 영혼의 갈망에 대해 오로지 그만을 위해

주조한 듯한 구원의 목소리를 주지 못한다고 한다면, 그들의 영향력은 그렇게 크지 못할 것이다. 아마 무엇보다도 이러한 다원적 이해 가능성이야말로 한 사람의 해석으로는 다할 수 없는 그들의 전체적인 위대성을 설명할 수 있을 것이다.[2]

루터 역시 각 사람들의 영혼에 필요한 소리를 들려주는 사람이었다. 따라서 그에 대한 평가 역시 매우 다채롭다. 대체로 개신교 신학자들은 루터를 긍정적으로 평가했다. 예를 들어 루터파는 루터를 새로운 시대를 여는 사도이자, 정통 교리의 보루로 보았다.[3] 한편 경건주의자들은 루터를 신앙의 모범으로 삼았고, 그가 미처 발전시키지 못한 부분을 더 발전시켜야 한다고 생각했다. 계몽주의자들은 루터를 이성과 양심의 자유를 위한 선구자로 보았다.[4] 그리고 알브레히트 리츨(Albrecht Ritschl)과 같은 자유주의자들은 루터를 자유주의의 아버지 격으로 보았다. 루돌프 불트만(Rudolf Bultmann)과 같은 실존신학자는 루터의 신학에서 실존적 결단을 높이 평가했다.[5]

이와는 대조적으로, 로마 가톨릭 신학자들은 루터가 살아 있을 때부터 지금까지 주로 그를 비판하는 입장에 서 있다. 처음에 그들은 루터를 도덕적으로 비난했다. 루터의 엄마가 창녀였다거나 그에게 성적인 문제가 있다는 식이었다. 예를 들어, 20세기 초반, 도미니쿠스 수도회 학자인 하인리히 데니플레(Heinrich Denifle)는 루터를 범성욕주의(pansexualism) 관점에서 해석했다.[6] 루터가 성 해방에 기여했다는 것이다. 그 외에도 가톨릭 학자들은 루터의 성질이 괴팍했다든지, 정신 착란 증세가 있었다든지 하는 식으로 온갖 유언비어를 퍼뜨려서 루터를 정신병자처럼 만들었다. 그중에 도미니쿠스회 학자인 하르트만 그리자르(Hartmann Grisar)는 루터의 신학을 정신의학적 고통과 병적 환상과 이례적인 자기중심적 사고방식에 귀결시켰다.[7]

시간이 좀 지나면서 로마 가톨릭 신학자들은 루터를 신학적으로 공격하기 시작했다. 그들은 루터의 신학을 성경과 교부들의 가르침에서 떠난 '새로운 신학'으로 규정했다. 오늘날 신학계에서는 '새로운 관점'이라고 하면 상당히 주목을 끌고 때로 많은 인기도 누리지만, 루터의 시대에 '새로운 신학'이란 '이단적 신학'과 거의 동의어였다.

이렇게 보자면 로마 가톨릭 신학은 루터를 주로 부정적으로 평가하면서 일관성 있는 그림을 그려 냈던 반면, 개신교 신학은 루터를 긍정적으로 평가하면서도 그에 대하여 상당히 혼란스러운 그림을 그려 낸 것을 알 수 있다. 이처럼 루터는 어떤 범주에 쉽게 넣을 수 있는 사람이 아니었다.•

루터의 초상화들과 루카스 크라나흐

루터와 관련한 그림들을 보아도 이런 사실을 알 수 있다. 루터를 그린 그림은 아주 다양해서, 그가 다양한 모습으로 인식되었음을 보여 준다.[8] 어떤 경우 루터는 수도사의 모습으로 그려졌다. 얼굴은 바짝 마르고, 볼은 옴폭 들어갔으며, 머리카락이 없는 모습이다. 살이 빠진 모습은 그가 금식하고 기도하면서 금욕과 고행의 수련을 받고 있음

• 최주훈, 『루터의 재발견』(복있는사람, 2017), pp. 31-33에 나오는 루터에 대한 다양한 평가도 참조하라.

크라나흐, "마르틴 루터, 삼 사분할 관점의 흉상"(1520)　　한스 발둥, "마르틴 루터 초상화"(1521)

을 보여 준다. 또한 삭발한 것은 세상의 욕심을 버렸음을 상징한다. 눈빛이 매서운 수도사 루터는 지금 깊은 영적 수련 가운데 있다.

어떤 초상화는 루터가 기도하는 모습을 보여 주는데, 성령이 비둘기 같은 모습으로 그의 머리에 임재해 있다. 루터가 성령의 조명으로 성경의 깊은 이치를 깨닫는 상황이다. 그의 눈은 저 먼 곳에 있는 진리를 관조하고 있다.

특별히 주목할 만한 것은 루터와 동시대를 살았던 화가 루카스 크라나흐(Lucas Cranach the Elder, 1472-1553)*와 그가 남긴 그림들이다.[9] 그는 독일의 르네상스 시대 화가이자 조각가였으며, 작센(Sachsen) 지

---

* 보통 대(大) 루카스 크라나흐라고 불린다. 크라나흐의 아들 역시 아버지의 직업을 이어받았기 때문에, 보통 아버지 대(大) 루카스 크라나흐와 아들 소(小) 루카스 크라나흐를 구분한다. 하지만 보통 루카스 크라나흐라고 하면, 대 루카스 크라나흐를 뜻한다. 그에 대해서는 Bonnie Noble, *Lucas Cranach the Elder: Art and Devotion of the German Reformation* (University Press of America, 2009)을 참조하라.

크라나흐, "기사 외르크"(?1521) 크라나흐, "마르틴 루터"(1528)

역 선제후의 궁정 화가였다.

크라나흐는 루터의 활동과 신학에 깊이 매료되었고, 그의 열렬한 지지자이자 가까운 친구가 되었다. 그는 다른 동시대 화가, 예를 들어 알브레히트 뒤러(Albrecht Dürer, 1471-1528)와는 달리 아주 적극적으로 루터의 운동에 참여했다. 뒤러의 경우 루터에게 호의적이었으나 그런 생각을 자기 작품에 적극적으로 나타내지는 않았다. 반면, 크라나흐는 루터파 특유의 종교미술을 창출하고자 의도적으로 노력했고, 그의 시도는 상당히 성공을 거두어 당대에 가장 유명한 화가가 되었다. 크라나흐는 문자 그대로 수천 점의 루터 초상화를 그렸다.[10]

크라나흐의 목판 초상화 중에 "기사 외르크"(Junker Jörg)라는 그림이 있다. 1521년에 제작된 이 작품은 보름스 제국의회 이후 바르트부르크(Wartburg) 성에서 기사로 위장하여 지내던 때의 루터를 보여 준다.[11]

크라나흐는 루터를 아주 날카롭고 명민한 신학 박사의 모습으로 그리기도 했다. 이 그림에서 루터는 매우 자신감 있는 표정을 짓고 있으며 그 어떤 신학 주제라도 능숙하게 다룰 수 있다는 느낌을 준다.

크라나흐는 루터 외에도 루터의 가족들이나 동역자들도 많이 그렸다. 또한 그가 그린 그림들 가운데는 젊은 시절 루터의 모습과 루터의 아내 카타리나 폰 보라(Katharina von Bora, 1499-1552)의 모습도 있다. 이들 부부는 서로를 깊이 사랑하는 가운데 교회 개혁과 교회 건설의 과업을 함께 수행했다.

한스 작스(Hans Sachs, 1494-1576)가 지은 "비텐베르크의 나이팅게일"(The Nightingale of Wittenberg; Die Wittenbergisch Nachtigall, 1523)이란 노래를 담은 책의 표지는 루터를 알레고리적으로 묘사한 그림을 실었다. 그림에는 작은 새와 동물들이 있다. 나이팅게일로 묘사된 루터의 소리에 숲속의 모든 동물들이 귀를 기울인다.

한스 홀바인(Hans Holbein, ?1460-1524)이라는 화가는 루터를 "독일의 헤라클레스"(1522)로 묘사했다.[12] 그 그림에서 루터는 사람들을 굴복시키며 붙잡아 때리고 있다. 로마 가톨릭의 권위를 박살 내는 헤라클레스의 모습이다.

로마 가톨릭 측에서 그린 루터의 초상화도 역시 적지 않다. 한 그림에는 루터 뒤에 사탄이 올라타고 있다. 사탄이 알려 주는 메시지를 듣고 사탄의 나팔수가 되어 사람들을 현혹시키는 사람으로 루터를 묘사한 것이다.

루터를 극렬하게 반대했던 요하네스 코클라이우스(Johannes Cochlaeus, 1479-1552)는 보름스의 히에로니무스 알레안더(Hieronymus [Jerome] Aleander 또는 Girolamo Aleandro, 1480-1542)라는 사람과 친

에르하르트 쉰, "백파이프를 부는 악마"(?1530)

작자 미상, "마르틴 루터의 일곱 머리"(16세기)

분이 깊었다. 알레안더는 루터를 공격하는 책을 쓰라고 코클라이우스를 부추겼다.* 실제로 코클라이우스는 루터를 심하게 공격하는 책을 썼다. 루터를 대항한 코클라이우스의 논증은 수백 년간 로마 가톨릭의 루터 상을 규정했다.[13] 그의 책에 실린 초상화에서 루터는 머리가 일곱 개가 달린 괴물이다. 루터를 모순 덩어리로 묘사한 것이다.

그 외에도 로마 가톨릭이 그린 루터의 초상화에서 그는 주로 마귀와 대화하거나 마귀의 지령을 받는 모습으로 나온다.** 로마 가톨릭을 공개적으로 반대한 이후, 루터는 자신이 마귀의 조작에 놀아나고 있다는 공격에 일평생 대응해야만 했다.[14]

---

* 알레안더는 보름스 제국의회에 파견받았던 로마 교황청의 추기경이었다. 그는 루터를 이단으로 정죄했다.
** 한스-마르틴 바르트, 『마르틴 루터의 신학: 비평적 평가』, 정병식·홍지훈 역(대한기독교서회, 2015), pp. 124-142에는 루터를 따라다녔던 마녀론, 마귀론에 대한 설명과 비평이 있다.

루터를 반대하는 사람들이 그린 어떤 그림에서 루터는 침실과 같이 은밀한 장소에서 마귀와 내통하고 있는 것으로 묘사된다. 루터 자신이 직접 말한 것처럼 그는 그리스도와 교제하고 그분을 섬기기 위해 마귀와 싸운 자였음에도 불구하고, 그를 왜곡하는 자들은 계속해서 이런 그림들을 유포했다.[15]

이렇게 루터에 대한 다양한 그림들을 보면 정말 그는 천의 얼굴을 가진 사람이다. 사실 루터는 어떤 틀에 쉽게 들어맞는 인물은 아니었다. 오늘날에도 루터의 본모습을 찾기 위해 책과 논문들이 수없이 쏟아져 나오는 것을 보면, "여러 사람들이 종교개혁자 루터에게서 느끼고 있는 불편한 마음은, 그를 어떤 범주에 넣는다는 게 쉽지 않다는 사실에서도 그 원인을 찾을 수 있다"라는 한스-마르틴 바르트의 말은 적절한 분석이다.[16]

루터의 조교였던 요한 라이펜슈타인(Johann Reifenstein, ?1520-1575)이 그린 루터의 초상화는 1545년 루터의 마지막 강의 장면을 그린 것이다. 루터의 후계자였던 필립 멜란히톤(Philip Melanchthon, 1497-1560)은 이 그림을 간직하고 그 곁에 루터가 했던 말을 몇 줄 적어 두었는데, 그 내용은 다음과 같다.

> 교황이여, 나는 살아서는 당신에게 재앙이었고,
> 죽어서는 당신의 몰락이 될 것이다.[17]

멜란히톤은 이 뒤에 "그는 죽었지만, 그는 살아 있다"라고 덧붙였다.

루터가 죽기 전 마지막으로 쓴 글에 이런 내용이 있다. "만약 누군가 진지하게 하나님의 말씀을 가슴에 붙들고서 하나님을 향한 믿음 안에서 죽는다면, 그 사람은 죽음이 자신을 덮치는 것을 알아차리기 전에 말씀 안에 잠겨 들어가는 것이므로, 그가 처음 말씀을 붙들었던 때와 마찬가지로 말씀 안에서 복될 것이다."[18] 과연 이 말은 루터 자신의 죽음을 묘사하는 것처럼 들린다. 그렇다면 루터는 자신을 어떤 사람으로 인식했을까?

한 줄짜리 자서전

루터는 사람들을 저녁 식사에 자주 초대했고, 식사하면서 그들과 신학적 담화를 많이 나누었다. 이때 나눈 대화를 모아 놓은 것을 『탁상담화』(*Tischreden*)라고 한다. 그들은 종종 루터의 아내가 만든 맥주를 마시면서 대화를 했는데, 지금도 독일에서는 '루터 맥주'가 판매된다.

『탁상담화』 가운데 루터가 자기 자신을 소개한 내용이 나온다.

> 내가 농부의 아들로 태어났다는 것을 인정하지만,
> 그럼에도 불구하고 나는 성경의 박사이며,
> 교황의 적수입니다.[19]

이것은 루터의 한 줄짜리 자서전이라고 할 수 있다. 이 짧은 전기에서 루터는 자신의 정체성을 정의하고, 자신의 '가정적 배경'과 '직업'과 '소명'을 요약하고 있다.

먼저 그의 '가정적 배경'을 살펴보자. 비록 가정이 부유하긴 했지만, 루터는 소박한 가문에서 태어났다. 좀 부풀려 설명한다 해도 여전히 소박해 보일 정도로 아주 평범한 가문 출신이었다. 루터는 어릴 적부터 신분 상승을 위해 부단히 노력했다. 이는 그의 아버지의 바람이기도 했다. 젊은 시절 루터는 학자들로 구성된 작은 단체에 가입하기도 했다. 하지만 수도사가 되기로 결심한 이후부터 그는 더 이상 신분 상승을 위한 공부가 아니라 자신의 영혼을 돌보는 신학과 성경 연구에 매진했다.

신학 박사가 된 루터는 자신의 '직업'이 성경을 가르치는 교수임을 한시도 잊지 않았다. 그는 이렇게 말했다. "나는 거룩한 성경의 박사로 또한 매일 설교하는 사람으로 서약합니다. 이것은 나의 직함의 일부분입니다. 거짓되며 유혹하는 비기독교적 가르침에 대항하여 말하고 기독교를 변증하는 것이 나의 신분이며 서약이고 직무입니다."[20] 루터는 일평생 성경을 부지런히 가르쳤다. 죽음을 바로 앞에 두고서도 그는 성경을 강해했다. 루터는 바울처럼 자신의 사명을 아주 분명하게 깨달았던 사람이다.

루터는 자신에게 특별히 맡겨진 '사명'이 부패한 로마 가톨릭교회를 개혁하는 일임을 알았다. 루터는 1517년 이후부터 더욱 교황을 대적하는 사람이 되었다. 그리하여 정말 루터는 『탁상담화』에 나오는 짧은 자서전에서처럼 당시 교회의 수장인 교황의 가장 큰 적수가 되었다.

이상의 내용을 종합해 보면, 루터는 성경에서 길을 찾아서 인생을 개척해 나간 사람이라고 볼 수 있다. 그는 하나님의 말씀에 사로잡힌 사람이었다. 하나님의 말씀이 거부하는 곳에는 그도 역시 "아니요!"를 외쳤다. 하나님의 말씀이 인정하는 곳에는 최선을 다해 달려갔다.

그에게는 하나님의 말씀에 근거하여 살아간다는 것이 용기의 가장 큰 원천이었다. 이런 루터를 막을 수 있는 것은 없었다. 교회의 전통이나 교권, 심지어 교황조차도 그를 막지 못했다.

풀은 마르고 꽃은 시드나, 우리 하나님의 말씀은 영원히 서 있다. (사 40:8)

이 구절에 대해 루터는 다음과 같이 주석했다.

> 불경건한 자들은 자기 자신의 말을 하며, 자신의 말을 하나님의 말씀처럼 여긴다. 그리고 그것이 영원할 것이라 믿는다. 그들은 진정한 하나님의 말씀을 알지도 못하면서 그것이 한 시간도 지속되지 못할 것이라고 생각한다. 하지만 결국 그 모든 대적들은 사라지고 하나님의 말씀이 승리하고야 만다. 따라서 이 말씀을 크게 써서 옷소매에 붙이고 다니는 편이 좋을 것이다. 요한복음 8장 51절에서도 말씀하시지 않는가? "나의 말을 지키는 사람은 영원히 죽음을 겪지 않을 것이다."…따라서 이 말씀의 힘이 모든 것을 이길 것임을 기억하고 믿으라. 그것은 어디에서나 발견되며 우리가 매일 경험하는 바다. 꽃, 풀, 육체, 사람들은 사라지고 없어질 것이다. 마르지 않고 영원히 남길 원하는가? 그렇다면 영원히 서 있는 말씀을 붙들라.[21]

루터가 오늘날에도 여전히 기억되어야 한다면, 그것은 그가 하나님의 말씀을 붙들었기 때문이다. 하나님의 말씀이 결국 승리한다는 루터의 확신은 옳았고 하나님은 교회 개혁을 위해, 또한 교회 건설을 위해 그의 믿음과 삶을 쓰셨다.

2장
어린 시절

가난한 농부의 아들

루터는 종종 자신을 "가난한 농부의 아들"로 묘사했지만, 사실 그의 집안은 상당히 부유했다. 신분상으로는 별 볼 일 없었지만, 경제적으로는 결코 그렇지 않았다. 루터의 아버지 한스 루더(Hans Luder)는 아이제나흐(Eisenach) 근처의 뫼라(Möhra) 출신인데, 농장을 다섯 개나 소유했다.¹ 루터의 어머니 마르가레테 린데만(Margarethe Lindemann)은 아이제나흐의 대대로 부유하고 권세 있는 가문에서 태어났다. 이후 어머니 쪽 가문은 유명한 학자들도 여럿 배출한다. 당시 인구 4천 명 규모의 작은 도시였던 아이제나흐에서* 루터의 가족은 상당히 유명했음이 분명하다. 루터가 의도적으로 자신을 낮춘 것은 누굴 속이려 했다기보다는 그의 겸손이 드러난 거라고 보는 쪽이 맞다.² 루터의 아버지는 가난한 농부가 아니었다. 농장들 외에도 아이슬레벤

• 아이제나흐에는 루터 집안의 가족과 친척들이 많이 살고 있었다. WA B 1, 610-11; 헤르만 셀더하위스, 『루터, 루터를 말하다』, 신호섭 역(세움북스, 2016), p. 24.

크라나흐, "마르틴 루터의 아버지, 한스 루터의 초상"(1527)   크라나흐, "루터의 어머니, 마르가레테 루터의 초상"(1527)

(Eisleben)에 광산과 용광로 시설을 소유했을 정도였다. 아이슬레벤도 아이제나흐와 마찬가지로 인구가 4천 명 정도 되는 도시였다.[3] 루터는 그곳에서 태어나고, 자신의 고향인 그곳에서 눈을 감는다.

종교개혁, 작은 도시들의 운동

루터가 태어난 후 그의 가족은 만스펠트(Mansfeld)로 이주했다. 만스펠트는 인구 2천 명의 작은 도시였다. 이처럼 루터는 평생 주로 작은 도시들에서 살았고, 이런 배경은 그의 생애에서 중요한 요소다. 루터 주변에 늘 사람들이 있었고 루터가 그들과 정감 넘치게 교제할 수 있었던 것 역시 작은 도시 출신으로서 그의 몸에 밴 소박함과 겸허함의 열매라고 볼 수 있다.

사실 종교개혁은 '작은 도시들의 운동'이라고 할 수 있다. 15세기에 가톨릭의 중심부였던 파리는 약 25만 명이 거주하는 초대형 도시였다. 반면, 루터가 주로 사역했던 비텐베르크는 인구가 2천 명 정도였고,• 칼뱅(Calvin)이 사역한 제네바는 인구가 약 1만 3천 명이었으며, 부처(Bucer)가 사역한 스트라스부르(Strasbourg)는 인구가 약 2만 6천 명 정도 되는 도시였다. 특히 루터가 주로 활동한 도시들은 인구 2천 명(비텐베르크)에서 4천 명(아이제나흐, 아이슬레벤) 정도밖에 되지 않는 정말 작은 도시였다. 그나마 그가 대학 생활과 수도 생활을 했던 에르푸르트(Erfurt)는 루터에게 '대도시'에 해당했는데 인구가 약 2만 명이었기 때문이다. 하지만 이 역시 파리에 비하면 10분의 1도 되지 않는다.

루터, 부처, 칼뱅 외에도 16-17세기에는 교회를 개혁하고 건설하기 위한 수많은 사역자들이 활동했다. 현재까지 문헌에 남아 있는 루터파(약 1,220명)와 개혁파(약 2,600명) 신학자들과 목회자들만 합쳐도 3,800명이 넘는다.[4] 그들이 활동했던 도시들 역시 대부분은 작은 도시들이었다. 종교개혁은 이처럼 유럽의 작은 도시들에서 그 도시의 사람들을 책임지면서 하나님의 말씀을 올바르게 전하고 교회를 세운 수많은 사람들의 운동이었다. 지금도 하나님은 교회의 규모나 사는 지역에 상관없이 하나님의 말씀을 붙들고 자신에게 주어진 길을 묵묵히 가는 이들을 찾으시지 않을까?

• 셸더하위스, 『루터, 루터를 말하다』, p. 116. 학자에 따라서 루터 당시 에르푸르트의 인구가 약 1만 9천 명이었다고 하는 사람도 있고(Hendrix, *Martin Luther*, p. 28), 약 2만 5천 명이었다고 보는 학자도 있다(셸더하위스, 『루터, 루터를 말하다』, p. 51). 그리고 15세기 스트라스부르의 인구가 2만 6천 명가량 되었다는 것은 다음 웹페이지에서 확인했다. https://frenchmoments.eu/strasbourg-history.

루터의 근면한 부모

루터의 부모가 열심히 일하고 재산을 잘 관리한 결과로 루터의 집은 더욱 부유해졌다. 그리하여 1500년 즈음 루터의 아버지는 만스펠트의 상류층이 되었고, 나중에는 시의원까지 지냈다. 하지만 이 모든 사회적 신분 상승은 루터 부모의 엄청난 노력의 결과였지 결코 쉽게 이룬 일이 아니었다. 1527년에 크라나흐가 그린 루터 부모의 초상화를 보면 이를 충분히 유추할 수 있다. 그들의 표정과 태도는 엄격하고 절제된 그들의 삶을 고스란히 드러낸다. 루터는 부모들의 이러한 강직한 성품을 그대로 물려받았다.

루터의 출생

루터는 1483년 11월 10일 자정에* 아이슬레벤에서 태어났다.[5] 그리고 바로 다음 날 집 근처의 성(聖) 바울-베드로 교회에서 세례를 받았다. 당시에 사람들은 세례를 받지 않으면 구원을 받지 못한다고 생각했다. 세례가 구원을 확증해 준다고 로마 가톨릭이 가르쳤기 때문이다. 루터의 부모 역시 루터가 최대한 빨리 세례를 받길 원했다. 또한 당시 유아들의 3분의 1이 출생 후 1년 안에 죽었기 때문에 태어난 지 일주

---

* 루터의 출생 연도가 1483년이었는지(멜란히톤의 주장), 1484년이었는지(루터 자신의 주장), 아니면 1482년이었는지(몇몇 학자들의 주장)에 대해서는 논쟁이 있다. 그리고 『탁상담화』(WA Tr 5,95[no. 5362])에 근거하여, 그의 출생지도 아이슬레벤이 아니라 만스펠트라고 말하는 이들도 있다. Hendrix, *Martin Luther*, pp. 17-18를 보라(이 책 p. 25를 보면, 헨드릭스는 1484년 출생설을 좀더 신봉하는 것 같다).

일 안에 유아 세례를 받는 것이 관행이었다. 로마 가톨릭에서는 세례 때에 세례명을 부여한다. 세례는 새로운 삶을 산다는 의미를 갖기 때문이다. 루터의 부모는 아들의 이름을 11월 11일의 성인(聖人)인 투르의 마르틴(St. Martin of Tours)의 이름을 따서 지었다.⁶ 후에 루터는 자신의 성(姓)을 '루더'(Luder)에서 '루터'(Luther)로 바꾸는데, '루더'에는 아주 안 좋은 의미가 있기 때문이었다.•• 지금 우리가 아는 '마르틴 루터'라는 이름은 이렇게 지어졌다.

루터의 유년기 교육

아버지 한스 루더는 교육을 매우 중요하게 생각했다. 지금도 그렇지만 그때에도 역시 교육은 매우 중요한 신분 상승 수단이었기 때문이다. 1491년부터 1497년까지 루터는 만스펠트에 있는 라틴어 학교를 다녔다. 그곳에서는 기초 문법과 글쓰기 등을 배웠다. 루터는 이 학교에 별로 좋은 추억이 없었다. 어린아이가 아무런 의미가 없는 것을 엄청나게 많이 배워야 했던 시절로 기억했을 뿐이다.⁷

하지만 성인이 된 이후 루터는 언제나 교육을 중요하게 생각했다.⁸ 그는 모든 사람들이 기초적 교육을 받아야 하며, 정부가 장학금을 주어서라도 가난한 자들이 기초 교육의 혜택을 누려야 한다고 주장했다.⁹ 루터는 한 사람이 교육을 잘 받아서 부모가 가진 직업 외에 다른

•• '루더'는 중세 독일어에서 유혹, 매복, 방탕함, 창녀 등의 의미를 가졌다. http://www.mitteldeutsche-kirchenzeitungen.de/2016/11/07/der-reformator-war-ein-luder를 참조하라. 또한 최주훈, 『루터의 재발견』, pp. 66-67를 보라.

직업을 택할 수 있다고 보았으며, 이로써 사회적 신분의 변경도 가능하다고 보았다.[10] 사실 루터 자신이 그러한 사람 중 하나였다. 그는 '농부의 아들'로 태어났지만 '성경의 박사'가 되었다.

1497년부터 이듬해까지 루터는 마그데부르크(Magdeburg)에 있는 학교를 다녔다. 그곳에서는 성당에 있는 학교를 다니는 동시에 '공동생활 형제단'(Brüdern vom gemeinsamen Leben)과 함께 생활했다.● 이 형제단과의 만남을 통해서 루터는 중세적 경건 운동과 친숙해졌다. 그 운동은 정결하고 심오한 경건을 중시했다.

1498년부터 1501년까지 루터는 아이제나흐에서 학교를 다녔다. 루터는 특히 샬베 가족(Schalbes)과 코타 가족(Cottas)과 같이 지내며 그들로부터 많은 영향을 받았다. 하인리히 샬베는 아이제나흐의 시장(市長)으로 일하기도 했던 사람이었다(1495-1499 역임). 하인리히의 아들 카스파르는 이후에 인문주의자가 되었다. 루터는 그 두 가족과 함께 지내면서 상류 사회의 관습과 문화에도 익숙해졌다.[11]

아이제나흐에서 루터는 요한 힐텐(Johann Hilten, ?1425-?1500)에 대해 듣게 되었는데, 힐텐은 로마 교회를 "큰 창녀"라고 불렀고, "1516년 무렵 수도승의 적인 다른 한 사람이 나타나 교회를 개혁할 것이다"라고 예언한 사람이었다. 그는 1477년 이후 바이마르의 수도원에 감금되었다가 결국 아이제나흐의 수도원에서 죽었다.[12] 이러한 힐텐에 대

● 셀더하위스, 『루터, 루터를 말하다』, p. 40에서는 "형제단 학교"가 없었다고 말한다. 하지만, 베른하르트 로제와 같은 학자들은 "형제단 학교"는 없었지만 "형제단과 함께 생활을 했고, 마그데부르크에 있는 성당 학교"를 다닌 것으로 주장한다. 베른하르트 로제, 『마틴 루터의 신학: 역사적, 조직신학적 연구』, 정병식 역(한국신학연구소, 2003), p. 53.

한 이야기는 루터에게 분명 깊이 각인되었을 것이다.

루터의 가정 분위기

루터의 집안은 상당히 종교적이었다. 그는 또한 음악을 사랑하는 학교 문화 속에서 자랐다. 당시 학교는 소년 합창단을 조직해 주일 예배나 장례식 등의 행사에서 노래를 부르게 했다. 일종의 사회봉사인 셈이었다. 아마도 루터는 마그데부르크의 '공동생활 형제단'과 교제할 때부터 이미 학교 합창단에 속하여 함께 노래하고, 교회에서도 찬양대원으로 봉사했을 것이다. 특히, 아이제나흐에서 만난 요하네스 브라운(Johannes Braun) 사제와 교제하며 루터는 음악에 더욱 깊이 관심을 갖게 되었다. 브라운은 사제들의 합창단에 루터를 데리고 갔다. 그들은 함께 합창을 부르고 악기를 연주했다. 그런 일들이 자극이 되어 루터는 현악기의 일종인 류트도 스스로 배웠는데 나중에는 상당한 연주 실력을 자랑할 정도가 되었다. 이런 경험은 루터가 이후에 스스로를 교회 음악 작사자로 지칭하면서 많은 찬송가들을 작사, 작곡한 것과 무관하지 않다. 루터는 성인이 되어서도 늘 "음악 부인"(Frau Musica)을 존경했다.[13]

이처럼 음악으로 가득 차 있다고 해서 루터의 학창 시절이 마냥 행복했던 것만은 아니었다. 루터의 부모는 아주 엄격하여 잘못한 일이 있으면 엄청나게 야단을 치곤 했다. 『탁상담화』에서 루터는 어머니가 호두 한 알 때문에 피가 날 때까지 때린 적도 있다고 했다.[14] 한번은 아버지가 너무 많이 때려서 도망을 가야 했던 경우도 있었다. 루터는 그때에도 후환이 두려워 아버지와 빨리 화해하고자 했다. 사실 이런 경향은 루터의 부모가 특이했던 것이라기보다는 중세 가정 교육의 일반적 특징이라고 보는 것이 좋을 것이다. 루터의 부모가 이렇게 엄격했다고 해서 루터가 부모와의 사이가 나빴던 것은 결코 아니다. 루터의 신학에 적대적인 사람들 가운데서는 그가 아버지에 대한 콤플렉스 때문에 하나님에 대한 잘못된 상을 형성했다고 말하는 이들도 있는데, 전혀 근거가 없다.[15] 오히려 루터는 부모를 신뢰했으며, 일평생 좋은 관계를 유지했다. 루터는 부모에 대하여 늘 자상함을 느꼈다고 말했다.[16]

루터와 음악

교회 역사에서 루터가 음악을 중요하게 생각한 최초의 인물은 아니다. 기독교회의 초기부터 음악은 늘 신앙의 중요한 요소였다. 이는 성경의 가르침에 근거한 것이다. 이미 구약성경에서 찬송은 하나님의 백성들의 중요한 고백 양식이었다. 출애굽한 이스라엘 백성들은 곧장 찬송을 하나님께 올려 드렸다. 출애굽기 15장에 나오는 모세의 노래와 미리암의 노래는 하나님의 놀라운 구원을 소리 높여 찬송한다. 성전에서는 레위 사람들이 하나님을 찬송했다. 시편은 그 전체가 찬송시라고 볼 수 있다. 이러한 전통은 신약성경에서도 그대로 이어졌다. 사도 바울은 "시와 찬미와 신령한 노래로 서로 화답하며, 여러분의 가슴으로 주님께 노래하며, 찬송"하라고 권면한다(엡 5:19; 골 3:16).

이런 전통을 따라 교부들은 음악을 매우 중요하게 생각했다.[17] 순교자 유스티누스, 알렉산드리아의 클레멘스, 안디오크의 이그나티우스, 테르툴리아누스, 사막교부들, 밀라노의 암브로시우스, 그레고리우스 대제, 크리소스토무스, 그리고 누구보다 아우구스티누스가 그러했다.[18] 특별히 아우구스티누스의 『음악론』(De Musica)은 이 분야에서 매우 중요한 작품이다.

중세와 르네상스 시기에도 역시 보에티우스, 클레르보의 베르나르, 토마스 아퀴나스, 장 게르송(Jean Gerson), 요한네스 팅크토리스(Johannes Tinctoris, ?1435-1511)* 등과 같은 신학자나 음악가들이 교회 음악에 대한 중요한 이론들을 남겼다.[19]

루터는 이러한 전통들 가운데 있으면서도 여러 면에서 자신만의 독특한 교회 음악 이론을 발전시켰다. 첫째, 루터의 교회 음악에 대한 이해는 하나님의 말씀에 대한 이해에 근거한다. '오직 성경'(sola scriptura)의 원리가 그의 교회 음악에 대한 이해에도 역시 작용했다. 그는 음악이 하나님의 말씀을 돕는 방편이라고 생각했다. 찬송을 부르는 사람의 마음은 하나님의 말씀을 더 잘 듣도록 변한다. 찬송은 하나님의 말씀의 선포에 종속되어 말씀을 섬기는 역할을 한다.[20]

둘째, 루터는 찬송 자체가 가진 고유한 영적 능력을 강조했다. 찬송은 말씀을 따라 형성된 경건을 더욱 강하게 해 주는 역할을 한다. 그런 점에서 찬송 자체가 신자의 가슴속에서 '말씀-형성'(Wortförmigkeit)의 역할을 한다.[21] 음악은 우리 내면에 하나님의 신령한 즐거움과 기쁨을

- 베르나르, 아퀴나스, 게르송은 모두 유명한 중세 신학자다. 팅크토리스는 르네상스 작곡가이자 음악 이론가다. 그는 프랑스 오를레앙에서 공부한 것으로 알려져 있고, 1472년에 나폴리로 가서 생애의 대부분을 이탈리아에서 보냈다.

형성시키는 독특한 능력이 있다. 경건한 음악은 사탄을 내쫓는다. 이렇게 보자면 찬송은 단지 말씀에 종속된 것이 아니라, 그 자체로 영적이다.

셋째, 루터의 사상 속에서 음악은 그 자체로 하나님의 최상의 선물이다.[22] 루터는 음악이 가진 고유한 성격을 강조했다. 그것은 자유, 기쁨, 경쾌함, 즐거움 등이다. 루터는 복음이 "하나의 아름다운 음악"이라고 말한다.[23] 음악은 아주 효과적이고 표현적인 그 성격 때문에 말씀을 담는 최상의 형식이다. 음악이 말씀을 대신하지는 못하지만, 음악은 하나님의 말씀과 성례전적 조화를 이룬다. 다시 말해, 음악은 설교와 결합하여 하나님의 은혜를 전달하는 통로인 것이다.[24]

넷째, 루터는 음악을 그리스도와 연결 지어 생각했다. 그는 시편 전체가 그리스도에 대한 노래라고 생각했고,[25] 음악을 통해 그리스도를 기억하고자 했다. 루터가 작곡한 많은 찬송가들이 그리스도를 노래하는 것은 이 까닭이다.[26] 음악을 통해서 하나님의 빛이 그리스도 안에서 신자들에게 스며들도록 하는 것이 루터가 음악을 사용한 중요한 목적이다.

이처럼 음악에 대한 루터의 이해는 철저하게 말씀에 중심을 두면서도, 음악 자체의 힘과 특성을 부각시키며, 특별히 예수 그리스도의 복음으로 이끄는 기능에 주목했다. 앞에서 보았듯이 루카스 크라나흐의 미술 작품이나, 루터 자신이 작사, 작곡한 교회 음악은 종교개혁을 촉진시키는 데 중요한 기능을 했다. 종교개혁은 단지 신학 작업만이 아니라, 다양한 예술을 통해서도 확산되었다. 신학이 문화의 옷을 입을 때에 얼마나 큰 힘을 발휘하는지를 알 수 있는 좋은 예다.

확신이 강했던 사람

루터는 젊어서부터 용감했다. 그는 아무 생각 없이 대중을 따르지 않는 사람이었으며, 아주 주관이 투철한 사색가였다. 그는 세속적 권세나 로마 교회의 권세에 복종하지 않았다. 루터는 1520년에 『독일 귀족들에게』(*An den christlichen Adel deutscher Nation*)라는 작품을 썼다.[•] 이 책에서 그는 이렇게 말한다.

> 생각해 보십시오. 저 로마 가톨릭주의자들은 우리 안에 참된 믿음과 성령과 이해와 말씀과 그리스도의 마음을 가진 좋은 그리스도인들이 있음을 인정해야만 합니다. 그렇다면 도대체 우리가 왜 말씀을 버리고, 또한 좋은 그리스도인의 이해를 버리고, 교황을 따라야 한단 말입니까? 교황은 신앙도 성령도 없는데 말입니다. 교황을 따른다는 것은 기독교회뿐 아니라 신앙 자체를 저버리는 것입니다.[27]

교황의 명령에 따라 사람의 목숨이 왔다 갔다 할 수 있던 시대에 이런 말을 했다는 점은 루터가 얼마나 자신의 신념에 투철했는지를 보여 준다. 종교개혁은 이렇게 한 사람의 강력한 확신과 용기에서 시작했다.

• 루터는 1520년에 세 작품 『독일 귀족들에게』(8월, 독일어로 작성), 『교회의 바빌론 포로』(라틴어 제목=*De captivitate babylonica ecclesiae praeludium*, 독일어 제목=*Von der Babylonischen Gefangenschaft der Kirche*; 10월, 라틴어로 작성), 『그리스도인의 자유』(*Von der Freiheit eines Christenmenschen*; 11월, 독일어로 작성)를 저술했다.

3장

대학생과 수도사

루터, 대학에 가다

1501년에 루터는 17세의 나이로 에르푸르트 대학에 입학했다. 에르푸르트 대학은 1379년에 세워져 1392년부터 학술적 교육을 제공했다.● 에르푸르트는 인구 2만가량의 큰 도시였다. 지금도 에르푸르트에는 오래된 성당들이 많이 있어서 루터 당시 이 도시가 얼마나 대단한 위용을 자랑했을지 짐작케 한다. 그때에 실제로 대략 80개의 종교 기관이 있어서 '북부의 로마'라는 별명이 있었다.[1]

에르푸르트 대학은 유명론(唯名論, nominalism)이 성행했다. 유명론이란, 보편 개념이 단지(唯) 이름(名)만으로 존재하며, 인간의 인식 바

● 에르푸르트 대학은 1379년에 설립되었다. 프러시아 정부에 의해서 1816년에 폐교되었다가, 1990년 독일이 통일된 이후 1994년에 다시 개교하게 된다. 셸더하위스, 『루터, 루터를 말하다』, p. 51와 Hendrix, *Martin Luther*, p. 28에서는 1392년에 에르푸르트 대학이 설립되었다고 한다. 에르푸르트 대학에서 공식적으로 제공하는 정보에 따르면 대학은 1379년에 설립되었지만, 1392년부터 제대로 된 교육이 이뤄졌다고 한다. https://www.uni-erfurt.de/en/university-of-erfurt/portrait/history-and-buildings/

깥에서는 존재하지 않는다는 주장이다. 이것은 고대 그리스 철학의 실재론(實在論)을 거부하는 견해다. 실재론은 보편자가 실제로 존재한다고 주장하기 때문이다.• 그래서 아리스토텔레스의 철학을 따르는 신학 방식이 '옛 길'(via antiqua)이라면 유명론은 이와 다른 방법과 내용을 추구한 '새로운 길'(via moderna)이다. 유명론은 오컴의 윌리엄(William of Ockham, ?1287-1347)을 거쳐 정교해졌고 더욱 널리 전파되었다. 루터는 에르푸르트 대학에서 오컴의 후예 중 한 사람인 가브리엘 빌(Gabriel Biel, ?1410-1495)에게서 유명론의 영향을 받았다.•• 빌은 튀빙겐 대학의 교수였다.

특별히 루터는 빌의 신학을 통하여 오컴이 말하는 "하나님의 수용"(acceptatio Dei) 개념을 배웠다.[2] 인간은 원죄로 인하여 "하나님의 비(非)수용"(non-acceptatio Dei) 상태에 있다. 은혜란 본질적으로 죄인인 인간을 하나님이 의지로 수용하시는 데 있다고 오컴은 주장했다.[3] 루터는 이런 점을 중요하게 인식했을 것이다. 하지만 오컴은 여전히 인간이 자연적 힘에 근거하여 하나님의 계명을 성취할 수 있다고 보았다는 점에서 이후에 발전한 루터 신학과 큰 차이가 있다.•••

• "그 보편자가 '어디'에 존재하느냐?" 하는 질문에 대하여 플라톤 철학과 아리스토텔레스 철학은 모두 "보이는 세계 안에 존재하는 것은 아니다"라고 말하지만 정확히 어디인지는 잘 설명하지 않는다.

•• 로제, 『마틴 루터의 신학』, pp. 39-40. 한스-마르틴 바르트, 『마르틴 루터의 신학』, p. 66는 오컴의 세 가지 특징이 루터와 관련하여 중요하다고 한다. 경험의 강조, 계시의 강조, 하나님의 능력에 대한 이해가 그것이다. 여기에 덧붙이자면, 오컴이 제시했던 '하나님의 수용' 개념과 오컴이 교황에 대해 도전했던 사건 역시 루터에게 영향을 미쳤을 것으로 볼 수 있다.

••• 그런 점에서 오컴 역시 반(半)펠라기우스주의적 성향 혹은 신인협력론적 성향이 있다고 봐야 한다.

중세 대학의 교육

중세 고등교육의 중심은 "일곱 개의 자유 학문"(seven liberal arts)이 었다.⁴ 중세 대학에서는 이 일곱 자유 학문을 "3학 4과"라고 부르면서 매우 중요시했다. 3학(*Trivium*)은 문법(Grammar), 변증법/논리학(Dialectic/Logic), 수사학(Rhetoric)이었다. 문법은 말을 바르게 말하는 기술(*ars recte dicendi*)을, 변증법은 말을 참되게 말하는 기술(*ars vere dicendi*)을, 수사학은 말을 멋있게 또는 설득력 있게 말하는 기술(*ars bene dicendi et persuadendi*)을 배우는 학문이다. 이것은 시민 사회 형성에서 가장 필요한 의사소통과 설득의 소양을 배양하는 학문이다.

4과(*Quadrivium*)는 산술학(Arithmetic), 기하학(Geometry), 천문학(Astronomy), 음악(Music)이었다. 사실 이 4과는 모두 수학과 관련이 있다. 산술은 수학적 계산이다. 기하는 수학적 공간 이해다. 천문은 수학적 우주 이해다. 음악의 선율은 매우 정교한 수학에 바탕을 둔다. 고대로부터 식자(識者)들은 수학을 가장 정교한 학문이라 생각했다. 따라서 수학에서부터 파생한 이들 4과 역시 학문의 중요한 부분을 차지하면서 인간 삶을 풍요롭게 하는 기초가 된다고 보았던 것이다.

이 일곱 자유 학문의 근원은 고대 그리스로까지 거슬러 올라간다. 이것을 '자유' 학문으로 부르는 이유는 자유로운 시민이 공공 활동에 참여하기 위해 필요한 학문으로 여긴 데 있다. 철학은 이 '3학 4과'와 더불어 모든 학문의 기초로서 중요하게 다뤄졌다. 특히 아리스토텔레스의 철학을 중요하게 생각했기 때문에 아리스토텔레스의 물리학, 형이상학, 도덕 철학은 중요 과목으로 편성되었다. 이런 경향은 종교개혁 시기까지 지속된다. 종교개혁 시기와 그 후에 대학의 교과목이 바뀌긴 했지만, 17세기의 많은 대학들이 여전히 아리스토텔레스의 철학을 중요하게 다루었다. 한편, 중세 대학에는 세 주요 학과가 있었는데 이는 신학, 법학, 의학이다. 신학은 사람의 영혼을 치유하고, 법학은 사람의 마음을, 의학은 사람의 몸을 치유한다고 생각했기에 이 세 학문은 중요했다. 루터가 받았던 대학 교육 역시 그러했다. 루터도 신학, 법학, 의학 중에 하나를 택해서 전공으로 삼기 전에 자유 학문을 배웠고, 라틴어와 철학도 배웠다.

대학에서의 맹세

에르푸르트 대학은 당시 독일에서 가장 훌륭한 대학 중 하나였다.[5] 그래서 자식 교육에 특별히 관심을 기울였던 루터의 아버지는 아들을 그곳으로 보냈다. 루터의 부모는 아들을 잘 지도했고, 그의 삶의 방향에 애정을 가지고 관여했다.[6] 1502년에 루터는 철학 학사가 되었다. 대학의 첫 단계 과정을 끝낸 것이다. 그리고 1505년에 문학으로 석사 학위(*magister artium*)를 취득했다. 그해에 졸업한 17명 중 차석이었다.[7]

이제 루터가 신학, 법학, 의학 중에 하나를 택해야 할 시기가 되었다. 아버지는 신학과 의학을 반대했다. 아버지의 계획은 분명했다. 아들이 대학을 가서 석사 학위를 받고 나면 바로 법학을 공부해야 한다고 생각했다.[8] 그에 따라 루터는 법학을 전공하게 되었다.

당시 입학할 때에는 다음과 같은 질문들에 답하는 맹세를 해야 했다.[9]

학교장에게 순종하겠는가? 대학의 질서에 순종하겠는가? 대학의 이익과 명예를 증진하겠는가? 학교장의 명령에 기꺼이 순종하겠는가? 또한, 게으르고 불순종하고 방탕할 경우 학교장의 명에 따라 기꺼이 대학을 떠나겠는가? 그렇다고 한다면 하나님 앞에서, 거룩한 복음 전파자들 앞에서 맹세하라.

루터 역시 이 맹세를 했다. 졸업할 때까지 성실하고 부지런하게 공부했던 루터, 과연 그는 에르푸르트 대학의 이익과 명예를 증진했을까? 역사가 증명하는 지금, 당연히 그렇다고 말해야 할 것이다.

성 안나여, 도와주소서. 저는 수도사가 되겠습니다!

1505년 7월 2일 수요일은 루터 인생의 큰 전환점이다. 22살의 루터는 만스펠트에 있는 부모님 댁을 방문하고 에르푸르트로 돌아가면서 슈토테른하임(Stotternheim) 마을 근처에서 폭풍우를 만난다.* 번개를 피하던 그는 다리를 다쳤다. 청년 루터는 겁이 났다. 죽음의 공포가 그를 사로잡았다. 그는 이렇게 기도하며 외쳤다. "성(聖) 안나여, 도와주소서. 저는 수도사가 되겠습니다!"

많은 학자들은 루터가 사실 이 사건 이전부터 법학 공부에 회의를 느끼고 수도사가 되고 싶다는 생각을 하고 있었을 것이라 본다.[10] 하지만 이 사건은 루터가 자신의 결심을 굳힐 수 있는 확고한 근거를

---

* 셸더하위스, 『루터, 루터를 말하다』, p. 59는 루터가 자신이 하는 법학 공부에 대해 의구심이 들었고 이것을 부모님과 상의하기 위해 집으로 갔을 가능성이 제일 크다고 한다.

슈토테른하임 벌판에 있는 루터 기념 비석
(앞) "바쳐진 땅, 종교개혁의 전환점, 하늘로부터 번개가 쳤을 때, 바로 여기에서 젊은 루터는 길을 보았다."
(뒤) "성 안나여, 도와주소서. 저는 수도사가 되겠습니다!" (사진)

마련해 주었다. 그렇게 루터는 성 안나에게 최후의 서원을 했다.

7월 2일은 마리아가 엘리사벳을 방문한 것을 기념하는 날이었다. 그런데도 왜 루터는 마리아에게 기도하지 않았을까? 어떤 사람은 안나가 광부들의 수호성인이었기 때문에 그렇게 했다고 설명한다.[11] 하지만 루터의 아버지는 농장 경영자이고 광산 소유주이긴 했지만, 광부는 아니었다. 또한 루터는 자신의 아버지를 농부로 소개했다. 그렇기에 때 이른 죽음의 위기에서 구해 주는 성인으로 성 안나가 숭배되었기 때문이라는 설명이 보다 설득력 있다. 안나는 84세 이상을 살았다.[12] 중세에는 갑작스런 위기의 상황에서 안나에게 기도하면 위기를 모면하고 생명을 건질 수 있다는 믿음이 있었다. 루터는 그 신앙에 의지한 것이다.[13]

중세인은 삶의 어려움을 하나님이 주시는 일종의 계시로 해석했다. 루터 역시 중세에 속한 사람으로서 그 폭풍우 경험을 살아 계신 하나님의 무시무시한 현존으로 받아들였다. 그 사건 이후 루터는 자신의 삶을 송두리째 하나님의 뜻에 굴복시켜야 한다는 의무감을 느꼈다. 이렇게 슈토테른하임 사건은 교회사에서 가장 잘 알려진 소명(召命, calling) 이야기 중에 하나가 되었다.

루터는 수도사가 되기로 맹세했다. 수도사는 당시에 가장 거룩한 직업으로 꼽혔다. 루터가 성인에게 기도를 했고, 바로 그 기도 때문에 수도사가 되었다는 사실이 현대인들에게는 이상하게 보일 것이다. 하지만 루터 역시 그 시대의 아들이었다. 당시 모든 사람에게 성인 숭배는 일반적 관습이었다. 루터는 수도사가 된 후 21명의 성인을 숭배했는데, 매일 3명씩 숭배하여 일주일 주기로 맞아떨어지게 했다. 그 습관이 어찌나 강했던지, 루터는 종교개혁을 일으키고 로마 가톨릭으로부터 떨어져 나온 후에 쓴 1530년의 논문에서도 자신의 유년 시절부터 항상 반복해 온 성인숭배에서 자유하기가 여전히 참으로 힘들다고 적었다.[14]

수도원에 들어가다

1505년 7월 17일, 루터는 정말로 수도원에 들어갔다. 당연히 부모의 반대가 극심했다. 특히 아버지는 루터가 계속 법학을 공부하기를 원했다. 루터는 "내가 수도사가 되겠다고 말씀드렸을 때 아버지는 거의 미친 사람처럼 분노했습니다. 아버지는 완전히 분노했고 결코 허락하지 않았습니다. 그럼에도 나는 아버지의 인정과 허락을 받고 수도원에 들어가고 싶었습니다"라고 썼다.[15] 루터는 결국 아버지의 반대를 무릅쓰고 수도원에 들어가고 말았다. 이 결정에 대해 루터의 친구들도 놀랐다. 루터는 자신의 책들 일부를 팔았고, 그 값으로 받은 돈과 자신의 소유 전부를 수도원에 헌납했다. 그는 친구들에게 "너희들이 지금은 나를 보지만 앞으로는 다시 볼 수 없을 것이다"라고 작별 인사를 했다.[16]

루터가 수도원에 들어간 데는 죽음과 그 이후의 삶에 대한 공포도 한몫했을 것이다. 다른 중세인들과 마찬가지로 루터도 자주 죽음을 생각했다.[17] 1503년 혹은 1504년 부활절 무렵, 루터는 에르푸르트에서 집으로 가는 길에 우연히 단도에 허벅지를 찔려 동맥을 다쳤다. 아무리 해도 피가 멈추지 않자 동행한 친구가 에르푸르트에서 의사를 불러와서 겨우 상처를 싸매었다. 하지만 그날 밤에 상처는 다시 터졌고, 계속 피가 나서 죽음에 이를 뻔했다. 루터는 25년이 지난 1531년에도 그때의 경험을 생생하게 회상한다.[18] 그는 죽음이 생각보다 가까이 있다는 것을 깨달았다.

죽음에 대한 강박은 다른 이들의 죽음을 접하면서 더욱 커졌다. 1505년 루터는 페스트로 동생 하인츠(Heintz)와 바이트(Veit)를 잃는다. 페스트는 피부에 검은색 종기를 생성시키기에 '흑사병'이라고도 불렀다. 1347년부터 1355년 사이에, 유럽 인구의 3분의 1에 달하는 약 2천 5백만 명이 페스트를 앓고 죽었다.[19] 1505년 여름, 에르푸르트 대학에서도 세 명의 교수가 흑사병으로 죽었다. 6월 13일 이들을 위한 장례식에서 루터는 그 세 교수 가운데 두 명이 마지막으로 남긴 말을 듣고 충격을 받았다. "아, 내가 수도사였다면 얼마나 좋았을까?"라는 말이었다.[20] 수도사로 죽는 것이 법학자로 죽는 것보다 더 분명한 구원의 확신을 줄 수 있기 때문이었다. 루터가 수도사가 되는 데 이런 경험들이 중요한 계기들이 되었음에 틀림없다.

과연 루터는 에르푸르트의 수도원에 들어갔다. 그 수도원은 아우구스티누스 탁발수도회였다. 어떤 사람들은 아우구스티누스 수도원이 에르푸르트에서 가장 엄격한 수도원이었다고 추정한다.* 그렇기 때문에 루터가 그 수도원에 들어갔다는 것이다. 하지만 당시에는 카르투지오 수도원이 아우구스티누스 수도원보다 더 엄격했다. 루터는 자신이 생각한 바와 비슷한 것을 가르치는 수도원이 아우구스티누스 수도원이라서 그곳에 들어갔을 가능성이 더 크다. 물론 이것 역시 확실하지는 않다.[21] 그러나 많은 학자들은 이때부터 루터가 아우구스티누스의 영향을 받았을 것이라 추정한다. 이미 1509년경에 루터는 아우구스티누스 작품들의 여백에 많은 주기(朱記)를 남겼기 때문이다. 아우구스티누스의 영향력은 루터의 1차 시편 강의(1513-1515)와 로마서 강의(1515/1516)에도 그대로 드러난다.[22] 1515년경 루터는 아우구스티누스의 반(反)펠라기우스적 작품들을 연구했다.[23] 아우구스티누스에 대한 지속적 연구는 루터의 신학 형성에 큰 영향을 미쳤다.[24]

---

* 최주훈, 『루터의 재발견』, p. 77는 아우구스티누스 수도원이 "에르푸르트에서 가장 엄격하다고 알려"져 있다고 주장한다. 한편, Hendrix, *Martin Luther*, p. 28는 루터 자신이 그 수도원에 들어간 이유를 직접 밝힌 적은 단 한 번도 없다고 말한다.

3장 대학생과 수도사

중세의 종단과 수도원

중세에 수도회는 여러 종단들로 구분되어 있었다. 알베르투스를 지지했던 도미니쿠스 종단, 토마스 아퀴나스를 지지했던 도미니쿠스 종단, 스코투스를 지지했던 프란체스코 종단, 보나벤투라를 지지했던 프란체스코 종단, 시토 종단 등이 대표적이다. 그 다양한 종단들 중에 루터는 아우구스티누스 종단에 속했다. 아우구스티누스 종단도 중세에 3개 이상 있었는데, 특별히 루터가 속한 종단은 아우구스티누스 종단 내에서도 개혁파 운동을 했던 그룹에 속했다. 이 종단은 14-15세기에 흥왕했는데, 은혜를 매우 강조하는 신학을 전개했다.[25]

이 종단은 '신(新) 아우구스티누스 학파'(schola Augustiniana moderna)라고 불리기도 한다. 이 학파의 대표자는 리미니의 그레고리우스(Gregorius, ?1300-1358)였다. 그는 은혜 신학, 이중 예정 이론을 주장했다. 하지만 알리스터 맥그래스(Alister McGrath)는 루터가 수도원에서 따른 아우구스티누스주의는 신 아우구스티누스 학파의 신학과 '새로운 길'(via moderna)의 신학이 함께 작용했을 것이라고 주장하며, 그 둘로부터의 영향 관계를 구분하는 것은 매우 힘든 일이라고 말한다.[26]

여기서 중세의 철학적 흐름과 구원론과의 관계를 살펴볼 필요가 있다. 중세의 특정 철학 유파를 따른다고 반드시 예정론자가 되거나 신인협력론자가 되는 것은 아니었다. 신인협력론이란 구원을 이루기 위해서는 하나님의 은혜와 함께 인간 행위의 공로가 반드시 필요하다는 주장이다. 여기서 중요한 점은 인간의 행위를 구원의 필수 조건으로 보는 '공로주의'다.

앞에서 본 것처럼, 중세 후기에 보편자가 실제로 존재하는 것이 아니라 다만 이름만 존재한다는 유명론, 즉 '새로운 길'이 등장했다. 유명론자들 중에는 구원론에 있어서 다양한 견해를 가진 자들이 섞여 있었다. 예를 들어 리미니의 그레고리우스는 유명론자이면서 예정론자였다. 하지만 유명론자 중에는 신인협력론을 주장한 자도 있었다. 가브리엘 빌이 대표적이다. 그는 유명론자였는데 하나님이 인간의 선택에 대한 선지식에 근거하여 예정하신다는 주장으로 신인협력론자가 되었다. 오컴도 마찬가지로 유명론자이면서 신인협력론자였다.• 이처럼 특별한 철학적 배경을 가졌다고 하여, 특별한 교리적 결론이 자연히 따라오지는 않는다는 점에 유의해야 한다.[27]

이와 더불어 우리는 중세와 종교개혁기의 역사를 보다 조심스럽게 파악해야 한다. 역사 교과서에 보통 기술된 패턴은, 토마스 아퀴나스에게서 중세적 종합이 이뤄지고, 그것을 스코투스가 반대했으며, 또다시 유명론자가 스코투스의 신학을 반대했고, 최종적으로 종교개혁 신학이 그런 중세 신학 모두를 반대했다는 식이다. 하지만 이런 역사 이해는 사태를 너무 단순하게 직선적으로만 본 것이다.

중세는 훨씬 다양하고 복잡했다. 여러 학파가 동시다발적으로 존재했다. 물론 어떤 의미에서는 토마스 아퀴나스가 종합해 낸 것이 맞다. 그러나 그 종합은 토마스 아퀴나스가 자신이 속한 도미니쿠스 종단 내에서 해낸 것이다. 가령 가브리엘 빌은 아퀴나스의 종합을 따르

• 한편, 멀러 교수는 오컴의 신학이 루터의 이신칭의론의 근거가 되었을 가능성은 확실하지 않다고 본다. 이 내용은 리처드 멀러 교수의 강의에서 발췌한 것이다(2012년 4월 16일 캘빈 신학교 봄 학기 중세 신학 강의).

지 않았다. 중세에 토마스 아퀴나스의 신학은 종단 바깥에서 그렇게 영향력 있지 않았다. 프란체스코 종단에서는 보나벤투라가 종합을 이뤘다. 오늘날에도 보나벤투라를 따르는 대학들은 아퀴나스식의 종합을 비웃는다. 일반 교과서는 토마스 아퀴나스를 스코투스가 다 쓸어버리고, 그다음에 오컴이 나타나서 스코투스를 다 쓸어 버리고, 그다음에 종교개혁이 일어났다고 하지만, 구체적 사료들이 실제로 보여 주는 것은 중세 교회의 지적 전통 안에 다양한 학파와 논쟁과 시도가 있었다는 것이다. 루터는 그 많은 흐름 가운데 개혁적 성향이 강했던 아우구스티누스 종단의 수도원에 들어간 것이다.•

철학에 대한 루터의 생각

여기서 잠시 철학에 대한 루터의 생각을 살펴보자. 교회와 신학의 개혁자 루터는 철학 및 이성에 대해 양면적 생각을 갖고 있었다. 루터는 한편으로는 아리스토텔레스 철학과 이성을 혹독하게 비판했다. 95개조 논제를 발표하기 전인 1517년에 루터는 이미 중세 스콜라 신학을 반대하는 100여 개의 논제를 발표했다(『스콜라 신학 반대』). 거기서 그는 가브리엘 빌, 던스 스코투스, 스콜라주의 등을 비판한다.[28] 루터는 아리스토텔레스의 윤리도 비판했는데, 그것이 "인간의 자아확립을 목

• 중세에 대한 이러한 역사 기술은 멀러 교수의 입장인데, 오늘날 많은 중세사가들이 제안한 새로운 관점을 따른 것이다. 특히 멀러 교수는 헤이코 오버만 학파의 중세와 초기 근대의 지성사 해석을 존중한다(2012년 4월 16일 캘빈 신학교 봄 학기 중세 신학 강의).

표로 하고 있기 때문"이었다.[29]

　루터는 죄인이 가진 이성의 한계 네 가지를 지적했다. 첫째, 이성의 범위가 제한되어 있다. 이성으로는 하나님을 알 수 없다. 그래서 참된 철학자는 자신이 아무것도 알지 못한다는 사실을 안다.[30] 둘째, 이성은 '육'의 선입견에 사로잡혀 있으며 결코 '객관적이지' 못하다. 죄인의 이성은 인간중심적으로 사고하도록 유혹하며 철학은 그런 이성에게 아첨한다.[31] 셋째, 이성은 하나님께 부족할 뿐 아니라 인간에게도 부족하다. 이성은 스스로 자신의 척도가 된다. 이성은 이성의 도움을 받아서 이성을 규정하는 순환론적 오류에 빠진다. 하나님의 도움이 없이 인간은 인간에 대해서도 거의 아무것도 알 수 없다.[32] 넷째, 이성은 하나님에 대하여 그 어떤 확신도 가져다줄 수 없다. 이성은 하나님에 대해 알지 못하지만, 불안한 인간은 자신의 이성이 옳다고 스스로 단정지어 버린다. 하지만 믿음은 기쁘고 자랑스러운 확실성 안에 산다.[33]

　이처럼 루터는 철학과 이성을 혹독하게 비판했지만 동시에 이성을 하나님의 선물로 보기도 했다. 그는 타락 이후에도 하나님이 인간의 이성을 보존하셨다고 믿는다.[34] 하나님은 이성에서 위엄을 빼앗지 않으시고 도리어 확증해 주셨다고 루터는 말한다. 그리고 그는 중세 대학의 3학 4과를 신학 연구를 위한 전제로 인정했다.[35]

　그렇다면 철학 및 이성에 대한 루터의 결론은 무엇인가? 루터는 철학과 이성이 제한적임을 주장하고자 했다고 볼 수 있다. 그는 성령의 조명을 받지 못한 이성이 가진 한계를 지적했다. 루터는 죄의 심각성을 아는 사람만이 건전한 사유를 할 수 있다고 보았다.[36] 특히 종교적 문제에 있어서는 더욱 그러했다.

당시의 수도원 열기

중세의 수도원은 상당히 독특했다. 금욕과 경건을 위해 세워졌지만 역설적으로 수도원에는 돈이 많았고, 오래되었을수록 더욱 부유했다. 중세 사람들은 수도원이나 교회에 헌금을 많이 함으로써 구원을 위한 '공로'를 쌓을 수 있다고 보았고, 따라서 당시에는 부유한 수도원이 적지 않았다. 독일에는 수도원이 아주 많았는데도 수도원마다 수도사들이 가득했다. "1500년대 독일에서는 한 마을 인구의 10퍼센트가 성직자라 해도 크게 이상한 일이 아니었다"라고 스콧 헨드릭스는 말한다.[37]

중세 독일에 수도사들이 많았던 것은 돈 때문이 아니라 구원 때문이었다고 보는 편이 좋다. 중세에는 수도사가 되는 사람은 구원을 위해서 엄청난 공로를 쌓는 것으로 생각했다. 그때는 결혼, 성(性), 여성이 거룩함을 거스른다고 생각했다.[38] 그래서 결혼한 사람은 이미 공로가 많이 부족한 셈이다. 반대로 결혼하지 않고 독신으로 살면서 사제가 되거나 수도사가 되면 공로를 많이 쌓은 것으로 여겼다.

루터 당시에 성직자들 중에는 진정한 경건을 추구한 사람도 있었지만, 그렇지 않고 돈에 눈이 먼 사람도 있었다. 후자에 해당하는 사람들은 사람들에게 겁을 주어 돈을 더욱 끌어모았다. 특히 사탄과 지옥을 극복할 수 있는 길을 제시한 사람들에게 사람들은 수많은 '경건한 기부'를 했다.

수도사 루터의 훈련

루터는 수도사로서 최선을 다해서 경건을 훈련했다. 당시 수도원 삶의 모습은 금식, 기도, 노동이었다. 일반적으로 수도사의 일과는 새벽 3시에 시작하는데, 첫 번째 기도를 그때 드렸다. 그리고 성경을 묵상했다. 이런 수도원에서의 생활이 루터가 일평생 성경 연구와 기도, 묵상에서 떠나지 않도록 도움을 준 것은 분명하다.

루터가 신학의 중요한 요소를 '기도'(oratio)와 '묵상'(meditatio)과 '시련'(tentatio)으로 본 것도 수도사 시절에 이미 훈련된 요소였다고 볼 수 있다.[39]

당시의 중세 신학이 성경 읽기, 묵상, 기도, 관상의 순서로 진행되었다면, 루터는 신학이 '기도'로부터 시작되길 원했다.[40] 그는 모든 신학이 기도로 시작되어야 한다고 보았다. 그것은 인간의 이성만이 아니라 성령의 도움을 받은 전인(全人)이 신학을 하는 것을 의미한다.

'묵상'이란 성경을 계속 주목하고 숙고하는 것이다. 적당히 읽고 성경을 다 이해했다고 생각하거나 성경 묵상에 싫증을 내는 사람은 결코 특출한 신학자가 될 수 없다고 루터는 생각했다. 그는 "성경 묵상을 포기하는 사람들은 익기 전에 떨어지는 과일과 같다"고 말했다.[41] 루터에게 묵상이란 우리 안에서 성령이 설교하시는 것을 듣는 것이다. 그는 다음과 같이 충고한다. 만일 말씀을 묵상하며 기도하는 중에 "좋은 생각들이 그렇게 풍성하게 떠오를 경우, 다른 기도들은 그대로 두고, 그러한 생각들을 수용하여, 조용한 맘으로 그것을 경청하고, 그것을 결코 방해해서는 안 된다. 왜냐하면 성령이 직접 거기서 설교하며, 그의 설교 한 마디는 우리가 하는 천 마디의 기도보다 더 낫기 때문이다."[42]

마지막으로 '시련', 즉 '안페히퉁'(Anfechtung)이란 하나님이 성경에서 말씀하신 바를 실제로 경험하기 위해 그리스도를 묵상하면서 자신에게 주어진 고난을 기꺼이 감내해 내는 태도를 말한다.[43] 이것은 교회와 신학과 삶 속에서 겪는 경건한 저항을 포함한다. 루터는 시련이야말로 하나님의 말씀을 진정으로 구하도록 이끈다고 주장했다.[44]

루터의 신학 방법은 이처럼 매우 실제적이다. 그는 "앎, 독서, 사색으로가 아니라, 삶, 죽음, 저주받음으로 신학자가 된다"(*Vivendo, immo moriendo et damnando fit theologus, non intelligendo, legend aut speculando*)라고 했다.[45] 그만큼 루터는 철저하게 신학을 하길 원했다. 그렇기에 수도사 생활은 그에게 더욱 깊은 고민을 안겨 주었다.

수도사 루터의 고뇌

루터는 수도원에서 생활을 시작할 때부터 "죄인인 인간이 어떻게 하나님 앞에서 설 수 있는가?"를 고민했다.[46] 어떻게 하나님 앞에서 좋게 여겨질 수 있는가? 어떻게 의롭게 될 수 있는가? 이런 질문들이 루터의 큰 고민이었다. 하나님과 악마 사이에서 루터는 몹시도 괴로워했다.[47] 하나님을 대면하고자 하는 그에게 찾아오는 것은 악마의 유혹이었기 때문이다. 하나님이 그를 기뻐하지 않으실 수 있다는 두려움이 수도사 루터의 영혼을 짓누르곤 했다.

이러한 고뇌는 루터의 유명한 자서전적 찬양인 "사랑하는 그리스도인이여, 다 함께 하나가 되어"라는 곡의 가사에 녹아 있다.

> 나는 사탄의 사슬에 꽉 묶여 누워 있네
> 죽음이 나를 어둡게 품고 있네
> 죄악이 밤낮으로 나를 고문하네
> 어머니가 죄악 가운데서 나를 낳으셨다
> 하지만 여전히 매일 더 깊게 넘어지네
> 내 삶은 살아 있는 지옥이네
> 그렇게 죄악이 나를 강하게 소유했네
>
> 내 모든 선행은 아무것도 아니라네
> 어떤 은혜나 공로도 얻을 수 없을 뿐
> 내 자유의지가 하나님의 심판을 넘어서 보려고 분투하지만
> 결국 선한 것이라곤 하나도 남지 않네
> 내 두려움은 변하여 절망이 될 뿐
> 나는 지옥의 고통을 겪고 있다네[48]

수도사 루터는 금욕적인 고행의 삶을 살면서도 전혀 마음의 안식을 누릴 수 없었다. 그러던 그에게 한 줄기 빛이 찾아들었다. 그 빛은 신학박사 학위를 받은 후 대학에서 성경을 강의하던 시기에 찾아왔다.

4장
하나님의 의와 '돌파'

신학 박사 루터

1507년에 루터는 사제로 안수받고 에르푸르트 대학에서 신학 공부를 시작한다. 신학 공부를 하는 중 루터는 인문주의의 영향을 받게 되었다. 당시 유럽에서 인문주의는 고대 그리스 로마 작품들의 부흥, 역사 연구, 원전(原典)에 대한 관심 등 다양한 모습으로 나타났다. 이 모든 것은 '원천으로'(ad fontes)라는 말로 요약된다. 특별히 루터는 성경을 원전으로 읽는 일에 영향을 받았다. 신학생 루터는 성경 원어인 헬라어 공부에 열중했다.

1511년에 루터는 로마로 여행한다.[1] 하지만 그곳에서 오히려 더 큰 실망을 경험한다. '거룩한 도시' 로마는 한편으로는 쾌락으로, 다른 한편으로는 성유물로 가득 찬 도시였다. 로마 방문을 통해 당시 교회에 대한 루터의 환멸은 더욱 커지게 되었다.

1512년(29세) 루터는 신학 박사가 되고 비텐베르크 대학에서 강사직을 맡았다. 비텐베르크 대학은 1502년에 선제후 프리드리히

(Friedrich III 혹은 Frederick the Wise 혹은 Friedrich der Weise, 1463-1525)가 설립했으니, 루터가 가르칠 때에는 설립된 지 10년이 조금 넘은 때였다.²

중세에 중요한 교육 기관은 수도원과 대학이었다. 특히 대학의 등장은 중세의 중요한 특징이다. 볼로냐 대학교(Università di Bologna)는 1088년 설립되어 유럽 최초의 대학이 되었고, "유럽 대학들의 어머니"라고 불린다. 그러나 학자들에 따라서는, 1208년에 설립된 파리 대학교(Université de Paris)가 진정한 의미로 최초의 대학이라고 말하는 사람들도 있다. 학과와 교수진이 편성되었기 때문이다. 하지만 대학의 역사를 서술할 때에, 파리 대학교는 1793년부터 1896년까지 중단된 시기가 있으므로, 일반적으로는 파리 대학교를 제외하고 볼로냐 대학교를 유럽 최초의 대학으로 여긴다. 옥스퍼드 대학교(University of Oxford)는 정확하게 언제 설립되었는지 알 수 없지만 1096년도부터 강의가 있던 것으로 추정된다. 스페인의 살라망카 대학교(Universidad de Salamanca)는 1134년에 설립되었다. 케임브리지 대학교(University of Cambridge)의 설립 연도도 정확하게 알 수는 없지만, 대략 1209년이라고 추정된다. 파도바 대학교(Università degli studi di Padova)는 1222년에, 나폴리 대학교(Università degli studi di Napoli Federico II)는 1224년에 설립되었다.³ 이렇게 보자면 비텐베르크 대학은 신생 대학이라고 볼 수 있다. 그만큼 새로운 사상의 실험이 가능했다.

하나님의 의

루터는 요한 폰 슈타우피츠(Johann von Staupitz, ?1460-1524)의 뒤를 이어서 성경을 가르치는 교수가 되었다. 에르푸르트의 아우구스티누스 수도원장이자 비텐베르크 대학의 신학 교수였던 슈타우피츠는 수도원에서부터 루터의 스승이자 멘토로 그를 지도했다.[4] 루터는 슈타우피츠가 자신의 영적 고뇌를 이해하지 못했다고 적기도 했지만,[5] 그가 아니었다면 자신이 "하나님의 은혜를 모르는 저주받은 교황주의의 당나귀"가 되고 말았을 것이라고 하면서, 그의 도움을 크게 칭송했다.[6]

시편, 로마서, 갈라디아서, 히브리서를 강의한 시기(각각 1514-1515, 1515-1516, 1516-1517, 1517-1518)에 루터는 '하나님의 의' 개념을 붙들고 씨름했다.[7] 시편에서 이 개념의 단초를 발견한 루터는 마침내 로마서에서 하나님 앞에서 사람이 의롭게 되는 것은 예수 그리스도를 믿음으로써 가능하지, 다른 어떤 선행으로 가능한 일이 아님을 깨닫게 되었다.[8]

루터는 그때의 깨달음을 다음과 같이 적고 있다.

나는 사실상 로마서의 바울을 이해하기 위한 특별한 열정으로 불타올랐다. 나를 사로잡은 것은 로마서 1장 17절의 말씀이었다. "복음에는 하나님의 의가 나타나서…." 이 말씀이 갑자기 내 길을 가로막고 섰다. 나는 "하나님의 의"라는 말을 몹시도 싫어했는데, 나의 다른 모든 선생들의 가르침과 용법에 따르자면…그것은 "죄인을 벌하시는 하나님은 의로우시다"라는 의미였기 때문이다.

나는 수도사로서 별로 책잡힐 것 없는 삶을 살았지만 그럼에도 하나님 앞에서는 양심에 무거운 가책을 느끼며 살았다. 도무지 하나님이 나를 마음에 들어 하시리라고 믿을 수 없었다. 나는 하나님의 의를 사랑하지 않았고 도리어 그것을 미워했다…사실 나는 하나님께 화가 나 있었다. 나는 원죄로 말미암아 영원히 상실된 사람이었고, 십계명조차 지키지 못해 불행에 휘몰리고 있었다. 복음은 오히려 이런 나를 더욱 괴롭게 만들었다. 복음에는 하나님의 의와 진노가 나타났기 때문이다. 그럼에도 불구하고 나는 바울이 도대체 로마서 1장 17절에서 무엇을 말하고자 하는지 계속해서 파고들었다. 바울이 원하는 바를 깨닫기 위해 열심을 냈다.

그렇게 밤낮으로 그 말씀을 묵상하는 중에 급기야 나는 깨닫게 되었다. 그 본문에서 "복음에는 하나님의 의가 나타났다"라는 말씀은 다름이 아니라 "의인은 믿음으로 살 것이다"라는 말씀과 같은 의미라는 사실이다. 하나님의 의는 믿는 우리를 의롭게 하시는 의였다. 그 순간 나는 거의 새로 태어나는 듯했다. 그리고 활짝 열린 문을 통과하여 천국에 들어가는 것 같았다.

그때부터 나는 성경 전체를 기억 속에서 훑기 시작했다. 그리하여 성경에는 그와 비슷한 유비가 많이 있음을 깨달았다. 하나님의 일이란 하나님이 우리 안에서 일하신다는 의미다. 하나님의 능력이란 우리를 강하게 만드신다는 뜻이다. 하나님의 지혜란 우리를 지혜롭게 만드신다는 의미다. 그런 식으로 나는 하나님의 힘, 하나님의 구원, 하나님의 영광에 대해 묵상하기 시작했다.[9]

루터는 로마서 1장 17절을 통하여 인간은 자신의 선행이나 노력으로 하나님께 인정받을 수 없음을 깨닫게 되었다. 오히려 하나님 앞에서 인간이 의롭게 되는 유일한 길은 바로 하나님 자신이 제공하시는 의이신 예수 그리스도를 믿음 가운데 붙잡는 것이다. 우리는 우리의 노력으로 하나님의 사랑을 얻어 낼 수 없다. 구원이란 하나님으로부터 시작하는 것이다. 구원의 하나님은 인간 안에서 구원을 이루시는 하나님이지 인간이 스스로 구원을 이루기를 기다리시는 하나님이 아니다.

루터는 오랜 세월 중세적 영성 속에서 구원이란 인간의 공로에 달려 있다고 믿어 왔다. 심지어 그는 이신칭의의 복음을 전파한 지 꽤 시간이 지난 다음에도 이신칭의의 복음을 믿는 것이 얼마나 힘든 일인지 고백했다. 인간 본성의 근저에는 하나님 앞에서 자기를 내세우고자 하는 교만이 너무나 확고하게 자리 잡고 있다. 그러나 드디어 루터는 로마서에서 바울의 정신을 깨닫고 그 교만이 부질없는 것임을 알게 되었다.

'돌파'와 관련한 논의들

루터는 바로 이런 놀라운 복음을 비텐베르크 수도원의 탑에서 깨닫게 되었다. 이 경험을 '돌파'(breakthrough) 또는 '탑 경험'(tower experience)이라고 부른다. 이에 대한 논의는 매우 분분하다. 왜냐하면 그 중요성에 비해, 루터가 직접 그 사건에 대해 기록한 글은 아주 적기 때문이다. 『탁상담화』에 조금, 그의 라틴어 저작들을 엮어서 펴낸 책(1545년판)의 서문에 몇 줄 적혀 있을 뿐이다.

이 사건이 워낙 중요하기에 루터의 '돌파'에 대한 연구는 방대하지만 그 논의들은 제각각이다. 첫째로, 루터의 위대한 '돌파'의 장소에 대한 논의가 있다. 이 사건이 보통 비텐베르크의 수도원의 탑에서 일어났다고들 보지만, 어떤 이들은 "루터의 위대한 돌파는 탑 속에서가 아니라 '화장실'에서 이뤄졌다"라고 주장한다.•

'루터와 화장실 이야기'는 헤이코 오버만(Heiko Obermann)이 널리 유포시킨 가설이다.¹⁰ 루터의 『탁상담화』를 보면, 루터는 자신의 형편없는 처지를 "cl."에서 깨달았다고 말한다. 보통은 이를 수도원의 탑을 뜻하는 'claustrum'(클라우스트룸)의 약자로 보고서, 루터가 탑 속에서 이 경험을 했다고 추측한다.

하지만, 루터의 『탁상담화』의 편집자였던 에른스트 크로커(Ernst Kroker)는 이를 'cloaca'(클로아카)의 약자로 해석하여 '중세의 하수구 혹은 화장실'로 보고서는, 이를 '비유적 의미'로 해석했다.¹¹ 오버만도 역시 "cl."을 'cloaca'의 약자로 보았다. 하지만 오버만은 에른스트 크로커와는 달리 이를 단순히 비유로 보지 않고, 정말 '화장실'이었다고 본다.

고증의 대가 오버만은 이를 다음과 같이 문헌으로 증명한다. 아우구스티누스 시대에 리켄티우스의 제자 중 한 사람이 용변을 보면서 시편 찬송을 불렀다. 이에 아우구스티누스의 어머니 모니카는 이런

• 여기서 '화장실'이라는 말보다 조금 덜 고상한 '변소'라는 말이 적절할 수도 있다. 중세의 화장실은 오늘날과 전혀 달랐다. 그야말로 '똥통'이었다. 중세는 위생상 아주 지저분했다. 중세 여인들이 꽃을 들고 다닌 이유도 낭만적 이유 때문이 아니라, 잘 안 씻어서 냄새가 나기 때문이다.

행동을 아주 싫어하여 야단쳤다. 하지만 아우구스티누스 자신은 그런 것이 크게 문제없다고 생각했다.[12] 이처럼 '화장실에서 은혜를 누리는 경험'은 아우구스티누스 때부터 있었다는 것이다.

중세에 '클로아카'는 보통 사탄이 활동하는 장소로 통했다. 그러나 루터에게 그 자리는 그리스도의 임재의 장소였다. 왜냐하면 인간의 부족함과 연약성과 죄성을 깨닫고 겸손하게 하나님의 은혜를 바라는 자리였기 때문이다. 이렇게 오버만은 루터의 '겸손의 신학'(humilitas theology)이 화장실에서 탄생했다고 추정한다.[13] 오버만의 가설이 맞다면, 루터가 이신칭의 교리를 깨달은 성경의 자리는 시편과 로마서였겠지만, 그는 심지어 화장실에서조차 그것을 묵상했다고 볼 수 있다.••

둘째로, 루터의 '돌파'의 시기에 대해서도 논의가 분분하다. 예전의 학자들은 이 사건이 1513년과 1515년 사이에 일어났다고 한다.[14] 하지만 오늘날 역사학자들 대부분은 그보다 후기로 잡는데, 심지어 어떤 학자는 1518년에 일어난 사건으로 본다.[15] 어떤 학자는 이 돌파가 1513년에 시작해서 1518년경에 완성된 것이라고 말하기도 한다.[16]

셋째로, 루터가 과연 이신칭의의 복음적 '돌파'를 혼자서 해냈는지, 아니면 멜란히톤의 도움으로 해냈는지에 대한 논의도 분분하다. 예를 들어, 루터 학자 카를 홀(Karl Holl)은 루터의 이신칭의는 원래 "치유적 개념"이었는데 멜란히톤이 그것을 "법정적 개념"으로 왜곡시켜 버

•• 오버만의 이러한 추정은 비텐베르크의 탑이 1519년까지는 아직 건설되지 않았다는 고증을 통해 더욱 힘을 얻곤 한다. 1830년 이후, 결국 탑은 파괴되었고 그곳에 루터의 시대에는 존재하지 않았던 수도원 정원이 만들어졌다. 그렇기에 오늘날 비텐베르크에서 볼 수 있는 탑은 루터 시대의 것이 아니다. 셀더하위스, 『루터, 루터를 말하다』, p. 134.

렸다고 한다.[17] 다른 한편으로, 로웰 그린(Lowell Green)은 멜란히톤이 루터의 '법정적 개념' 이신칭의론에 영향을 주었고, 그래서 '돌파'에도 기여했다고 한다.[18] 어떤 견해가 옳은지 지금으로서는 알 수 없지만, 결국 루터의 이신칭의 개념이 기본적으로 '법정적 개념', 즉 죄인이 예수 그리스도를 믿을 때에 그가 의롭다고 법정적으로 선언하신다는 개념이라는 사실에는 학자들 대부분이 동의한다.

크라나흐의 "율법과 복음"

대 루카스 크라나흐는 1529년에 루터의 이신칭의 구원관을 잘 보여 주는 "율법과 복음"(Gesetz und Gnade)이라는 그림을 그렸다. 그림의 왼쪽 부분은 아담의 타락을 보여 준다. 위쪽을 보면 선악과를 먹고 있는 아담과 하와를 이미 하늘 위에서 그리스도가 보고 계신다. 아담은 타락 이후에 에덴에서 쫓겨나는데, 영적으로는 죄와 사망이라는 쌍둥이 권세의 지배를 받게 되었고, 육신적 삶에서는 노동의 고통과 삶이 주는 무게에 눌리게 되었다. 거기에 더해 이스라엘의 역사에서 모세를 통해 율법이 주어지는데, 이것은 결코 범죄한 아담의 후손인 인류에게 온전한 구원이 되지 못했다. 오히려 (루터의 신학에 따르면) 율법은 죄를 깨닫게 하고 절망하게 한다. 하지만 구약에서도 소망이 없지는 않았다. 그리스도는 이미 광야 시절의 이스라엘에 놋뱀의 모습으로 예표되기도 했다.

　그림의 오른쪽 부분을 보면, 십자가에 달리신 그리스도가 있다. 어린 양이신 그리스도가 죄와 사망의 권세를 짓밟고 있다. 십자가의 그

크라나흐, "율법과 복음" (1529)

리스도를 가리키고 있는 사람은 세례 요한이다. 그는 타락한 아담의 후손인 인류에게 참된 구원, 온전한 구원은 오직 십자가의 그리스도에게서 발견된다는 것을 알려 주고 있다. 이제 그리스도는 가장 밝은 빛 가운데 계신다. 그분은 이미 이루신 구원을 믿음을 통해 우리에게 전해 주신다. 세례를 베푸는 욕조는 믿음의 표지다. 이 그림은 그리스도만이 우리의 반석이심을 잘 보여 준다.

5장

교회의 비판자

1517년, 95개조 논제

보통 종교개혁의 시작을 루터의 '돌파' 시기가 아니라, 1517년 10월 31일로 잡는다. 그래서 2017년은 루터의 종교개혁 500주년이 되는 해다. 왜 1517년 10월 31일이 중요한가? 바로 그날 루터가 유명한 "95개조 논제"를 비텐베르크 성채교회당에 걸었기 때문이다. 그러나 이 사건을 두고도 학자들의 견해가 갈린다. 학자들은 루터가 "95개조 논제"를 그날 공개한 것은 부인하지 않는다. 논란의 초점은 루터가 그것을 어떻게 공개했느냐 하는 것이다. 루터는 그 논제를 비텐베르크 성채교회당에 걸었는가? 아니면 비텐베르크 대학에 걸었는가? 아니면 면벌부 담당관이었던 브란덴부르크의 알브레히트에게 편지로 보냈는가? 또한 왜 루터는 그것을 공개했는가 하는 질문도 있다. 토론을 위해서였는가, 아니면 비판을 위해서였는가? 이 모든 질문에 대해서 분명한 결론을 내릴 역사적 기록이 충분하지 않다.

그럼에도 중요한 것은 이 논제가 면벌부 판매를 공개적으로 비판한다는 사실이다. 그 당시에는 신학 교수가 자신이 토론하고 싶은 주제를 논제로 제시하는 일이 흔했다. 면벌부를 비판한 것도 루터가 처음은 아니었다. 하지만 루터의 "95개조 논제"에 나타난 면벌부 비판이 예기치 않게 폭발적 반응을 일으킨 것은 대중의 불쾌감이 팽배해 있었던 배경 때문이다.[1]

원래 논제는 라틴어로 기록되어 있었다. 그러나 인문주의자들이 그것을 독일어로 번역했고, 얼마 지나지 않아 라틴어를 모르는 사람들에게도 알려졌다. 1517년 말에는 이미 라이프치히, 뉘른베르크, 바젤에서 출간되었다. 루터가 작성한 95개조 논제는 당대 최신 기술인 활판 인쇄술의 도움을 받아 마치 들불처럼 삽시간에 유럽 전역으로 퍼져 나갔다. 루터는 금세 유명인이 되었으며, 이 일을 통하여 사람들은 인쇄술의 위력을 크게 경험했다. 루터는 한 장소에서 전한 설교를 인쇄술을 통하여 다른 장소의 여러 대중에게 비교적 빠른 시간 안에 널리 퍼뜨릴 수 있음을 최초로 가장 분명하게 보여 준 사람이 되었다.[2] 복음이 최신 기술을 활용하여 큰 효과를 발휘한 대표적 사례를 남긴 셈이다. 이를 통해 우리는 출판이 기독교에 얼마나 중요한가 하는 것 역시 알게 된다. 하나님의 말씀으로 사람들을 일깨우는 좋은 책은 시대를 변화시키는 추동력이 될 수 있다.

요한 테첼의 면벌부 장사

95개조 논제는 사람들의 마음을 움직였고, 큰 호응을 받았다. 중세에는 지옥에 대한 두려움이 만연했다.[3] 사람들은 구원을 얻기에 부족한 자신들의 공로 때문에 늘 불안해했다. 구원의 확신을 가진 사람은 사제들을 제외하면 드물었다. 그런 상황에서 부족한 공로를 채워 줄 수 있다는 면죄부 혹은 면벌부는 획기적 아이디어였다. 보통 영어 'indulgence'를 '면죄부'(免罪符)라고 번역하지만, 보다 정확한 번역은 '면벌부'(免罰符)일 것이다. 당시 그 증서는 일반적으로 참회의 성례를 통해서 이미 죄를 사면받은 사람이, 지상에서나 연옥에서 받을 것으로 예상되는 일시적 형벌을 면제받기 위해 도입되었기 때문이다. 물론 면벌이 결국 면죄와 관련 없는 것은 아니므로 면죄부라고 해서 틀린 것은 아니다. 하지만 보다 정확하게 당시의 신학적 논리를 반영한 번역은 "면벌부"다.[4]

시간이 지나자, 점차 사람들은 면벌부 구매를 통해서 형벌을 면제받을 뿐 아니라 구원을 살 수도 있다고 생각했다. 또한 면벌부 외에도 성인들의 유물이 계속 거래되었다. 하루하루 먹고살기에도 힘든 사람들이 영원한 구원을 위해서 면벌부나 유물 구입을 통해 공로를 쌓으려 했다는 것은 중세 후기의 암울한 상황을 잘 보여 준다. 중세 후기의 성직자들은 구원을 두고 장사를 했다.

이 장사를 가장 잘했던 사람 중 하나가 도미니쿠스회 수도사 요한 테첼(Johann Tetzel, 1465-1519)이다.[5] 그는 면벌부 판매를 담당한 사제였다. 그는 면벌부를 통해 죄를 완전하게 사면받을 수 있으며, 연옥의 벌을 피할 수 있고, 친인척의 죄와 이미 죽은 사람의 죄까지도 용서받을 수 있다고 주장했다. 이것이 잉여공로설이다. 중세 후기의 공로 신학을 극대화한 설교자인 그가 남긴 이 말은 매우 유명하다. "연보궤에 돈이 짤랑하고 떨어지는 순간 영혼이 연옥으로부터 훌쩍 풀려난다."[6]

면벌부는 재산과 사회적 지위의 정도에 따라서 값이 달랐다. 왕, 추기경, 주교, 부유한 사람들은 면벌부를 사기 위해 금화 23길더를 내야 했다.[7] 1길더는 목수의 2주치 급여에 달한다. 따라서 23길더는 목수가 46주를 일해야 벌 수 있는 돈이었다. 가난한 사람은 금화 반 길더를 내야 했는데, 이는 통상 주급이었다. 더 가난한 사람들은 기도나 금식 등을 통해서 면벌부 비용을 대신할 수 있었다.[8]

테첼의 면벌부 신학은 중세의 참회 시스템에 근거했다. 중세 로마 가톨릭은 참회에 크게 네 단계가 있다고 보았다. 회개, 죄의 고백, 사면, 선행을 통한 만족이다. 많은 사람들은 면벌부 구입을 통해 참회의 네 번째 단계인 선행 부분을 채울 수 있다고 보았고, 더 나아가 면벌부 구입으로 구원 자체를 획득할 수 있다고 본 이들도 생겨났다. 로마 가톨릭의 연옥 교리는 면벌부 판매를 증가시켰다. 연옥은 공로가 부족한 사람들이 바로 천국에 가지 못하고 벌을 받는 장소였다. 테첼은 면벌부가 연옥에서 받는 형벌을 감해 준다고 주장했다.

면벌부를 공격하다

1507년 이후, 독일에서 면벌부 판매는 더욱 가열되었다. 교황청과 독일 가톨릭교회가 극심한 재정난에 시달렸기 때문이다. 독일의 면벌부 담당관은 브란덴부르크의 알브레히트(Albrecht von Brandenburg, 1490-1545)였다. 그는 부자와 가난한 자를 가리지 않고 면벌부를 더 많이 사도록 쪼아 댔다.[9] 루터는 이런 상황을 견딜 수 없었다.

루터는 1517년 10월 31일 이전에도 이미 면벌부에 반대하는 설교를 했다. 교회 지도자들에게 테첼의 만행을 금지하기를 촉구하는 편지를 썼지만 테첼은 더욱더 공격적으로 면벌부 판매를 선전했다. 그는 심지어 마리아를 강간한 사람이라도 면벌부가 있다면 형벌을 피할 수 있다는 말까지 했다. 또한 사도 베드로가 다시 교황이 된다고 하더라도 면벌부보다 더 큰 은혜를 하사할 수는 없을 것이라고 주장했다.[10] 바돌로매 사도가 남긴 성유물과 연관된 어떤 면벌부는 연옥에서의 형벌을 190만 년 줄여 준다는 소문이 돌기도 했다.[11]

루터는 목회자의 심정으로 사람들을 바라보았다. 그들은 지옥에 대한 두려움으로 면벌부를 열심히 구매하고 있었다. 결국 루터는 브란덴부르크의 알브레히트에게 직접 편지를 써서 면벌부 판매를 자제할 것을 요구했다. 이것이 바로 95개조 논제와 "면벌부에 대한 논문"이다.[12] 루터는 면벌부를 공격한다. 사실 루터는 면벌부 자체를 없애기보다는 남용을 막기 원했다. 루터는 그 남용으로 고통받는 사람들을 불쌍히 여겼다. 그만큼 루터의 목회적 관심은 컸다. 95개조 논제 역시 그런 측면에서 이해할 수 있다. "루터 신학은 목회적·치료적 관점에서 서술되고 숙고되고 비판되고 계속 연구되어야 한다"라고 주장한 한스-마르틴 바르트의 말은 그런 면에서 옳다.[13]

95개조 논제의 내용

루터는 "95개조 논제"를 1517년 비텐베르크에서 발표했고,[14] 그것이 종교개혁의 발단이었다. 1-7조는 성경적으로 본 회개의 의미를 다루고, 8-29조는 연옥에 있는 영혼을 위해 면벌부를 사용하는 것의 부당함을 지적하고, 30-80조는 살아 있는 자를 위해 면벌부를 판매하는 것을, 81-91조는 면벌부 판매 관행을, 92-95조는 면벌부 판매의 그릇된 동기를 비판한다.[15] "95개조 논제" 가운데 중요한 내용을 여기에 싣는다.

1. 우리의 주이며 스승이신 예수 그리스도께서 '회개하라'(마 4:17)고 하신 것은 믿는 자들의 **삶 전체의 회개**를 원하신 것이다.
5. 교황은 자신의 권위나 교회법의 권위로 부여한 벌을 제외하고는 어떠한 벌도 면제하려 하거나 면제할 수 없다.
7. 사람이 모든 일에 겸손해져서 하나님께 복종하고 동시에 자신의 교구 사제에게 복종하지 않는 한, 하나님은 결단코 그 사람의 죄를 사해 주지 않으신다.
8. **참회의 법은 단지 살아 있는 사람에게만 부과되는 것이다.** 죽어 가는 자의 형벌을 그 법에 따라 사할 수는 없다.
10. **죽어 가는 자들에게 연옥에서의 참회의 법을 예비시키는 사제들은** 무식하고 악한 자들이다.
13. 죽은 사람은 죽음으로써 모든 형벌로부터 사면받았고, 이제 교회의 법에 대해 죽었으므로 그것으로부터 풀려날 권리가 있다.
21. 그러므로 교황의 **면벌부를 통해 인간이 모든 형벌을 면하고 구원받을 수 있다고 말하는 면벌부 설교자들은** 잘못을 범하고 있다.
22. 사실상 교황은 연옥에 있는 영혼들이 교회법에 따라 이 세상에서 치러야 할 벌을 사하여 줄 수 없다.
27. 연보궤에 돈이 짤랑하고 떨어지는 순간 영혼이 연옥으로부터 풀려난

다고 말하는 이들은 **인간의 교리**를 가르치는 것이다.

32. 면벌부를 구입했으므로 자신의 구원이 확실하다고 믿는 사람은 그렇게 가르친 사람과 더불어 영원한 저주를 받을 것이다.

36. 진정으로 회개하는 그리스도인은 면벌부 없이도 벌과 죄책으로부터 완전한 사함을 받을 수 있다.

37. 진정한 그리스도인은 살았든 죽었든 모든 그리스도의 축복과 교회에 참여하게 된다. 하나님은 이를 면벌부 없이도 허락하신다.

38. 그럼에도 불구하고 결코 교황의 축복과 용서를 무시해서는 안 된다. [제6조에서] 언명했듯이, 그것은 하나님의 용서를 선포하기 때문이다.

43. 그리스도인은 가난한 자에게 나누어 주고, 꾸고자 하는 자에게 꾸어 주는 것이 **면벌부를 사는 일보다 선한 행위**임을 알아야 한다.

47. 그리스도인은 면벌부를 사는 것이 자유로운 선택의 문제이지, 명령이 아님을 알아야 한다.

53. 면벌부 판매를 선전하기 위해 몇몇 교회에서 하나님의 말씀 전파를 금하는 자들은 그리스도의 적이며 교황의 적이다.

54. 설교에서 하나님의 말씀보다 면벌부에 더 많은 시간을 할당하는 것은 하나님의 말씀을 훼손하는 일이다.

62. 교회의 진정한 보물은 하나님의 영광과 은혜를 증언하는 가장 거룩한 **복음**이다.

73. 교황은 어떤 식으로든 면벌부 판매에 해를 끼치는 이들을 정당하게 꾸짖을 수 있다.

74. 하지만, 교황은 면벌부를 거룩한 사랑과 진리에 해를 끼치기 위한 구실로 사용하는 이들을 그보다 더 꾸짖어야 한다.

76. 반대로 우리의 주장은, 아무리 하찮은 죄라도 죄책과 연결되어 있는 한 교황의 면벌부로 사할 수 없다는 것이다.

93. 그리스도의 백성들에게 십자가가 없는 곳에서 "십자가, 십자가"를 외치는 모든 선지자들에게 복이 있을 것이다.

94. 그리스도인들은 머리이신 그리스도를 형벌, 죽음, 지옥을 거치면서 부지런히 따르도록 교훈 받아야 한다.

95. 그러므로 천국은 평화에 대한 보장을 통해서가 아니라 많은 고난을 통해 들어가게 된다는 것을 확신해야 한다(행 14:22).

95개조 논제는 루터가 아직까지도 로마 교회를 완전히 잘못된 교회로 생각하지 않았음을 보여 준다. 또한 그는 교황에 대해서도 여전히 상당히 우호적이다. 동시에, 95개조 논제는 루터가 당시의 교회를 성경과 복음의 진리로 개혁하고자 하는 의지를 갖고 있었음을 분명히 알려 준다. 무엇보다 루터의 비판은 회개에 대한 로마 가톨릭의 이해와 상충했다. 교회의 보물은 그리스도의 복음이며, 진정한 그리스도인의 삶은 회개와 구제와 사랑의 실천이라고 루터는 주장한다.

'팸플릿 전쟁'

처음에 주교들은 루터의 95개조 논제가 별 문제가 아니라고 생각했다. 주교들이 이 하극상 같은 사건을 교황에게 보고하자, 교황은 이 문제가 적절한 선에서 덮일 것이라 생각했다. 1518년 2월 5일, 교황 레오 10세(Leo X, 1475-1521; 1513-1521 재위)는 아우구스티누스 수도원의 추기경 에지디오 다 비테르보(Egidio da Viterbo)에게 필요한 조치를 취하도록 명령했다. 그는 이렇게 적었다. "나는 당신 휘하에 있는 마르틴 루터의 문제를 잘 다루어 주기를 원합니다. 당신이 잘 알고 있듯이 루터는 한 번도 들어 보지 못한 새로운 사실을 보급하고 독일에 있는 우리 백성들에게 새로운 믿음을 가르치고 있습니다. 만일 그대가 이 과업을 신속하게 마무리 짓는다면 내 생각에 이 불길은 곧 진화될 것입니다."[16]

교황은 이 사건이 루터가 속한 아우구스티누스 수도회와 테첼이 속한 도미니쿠스 수도회 사이에 벌어진 수도승끼리의 싸움일 뿐이라고 생각하고 달리 개입하지 않았다. 그러나 테첼은 교황의 측근에 있는 사람들에게 영향력을 행사하면서 루터의 숨통을 조이기 시작했다. 그는 두 차례 루터의 주장을 공격했고,[17] 그 외에도 루터를 공격하는 여러 저작을 냈다. 일종의 '팸플릿 전쟁'이 시작된 것이다.

루터의 옛 친구이자 잉골슈타트 대학의 신학 교수였던 요한 에크(Johann Eck, 1486-1543)는 루터의 신학을 비판하며 『오벨리스크들』(Obelisci)을 써냈다. '오벨리스크'는 표시를 해 두기 위해서 사용하는 단검 문양(†)을 뜻한다. 에크는 "95개조 논제"에서 자신이 보기에 문제가 되는 지점마다 오벨리스크로 표시하고 반박을 적었다. 아우구스티누스 수도회 수도사인 벤제슬라우스 링크(Wenzeslaus Linck)가 이를 루터에게 전달했고, 루터는 즉각 이에 대응하여 다시 링크를 통해 에크에게 답변을 보냈다.[18] 루터와 에크의 논의는 이후 다시 공개 토론으로 이어졌다.

종교재판관이자 서적감시관이었던 추기경 마졸리니(Mazzolini,

1456-1523) 역시 루터를 이단으로 고발했다.[19] 그는 『교황의 권위에 대해 결론 내린 루터의 오만함에 대하여』라는 글을 썼다.[20]

그러자 루터는 자신의 주장을 글로 설명해 낼 필요를 느꼈다. 1518년에 루터는 『95개조 논제 설명』을 써낸다. 앞서 언급했듯 이는 "95개조 논제"와 루터 자신에 대한 오해가 거세지자 해명을 목적으로 작성한 해설문이다.[21] 이 원고는 1518년 2월에 완성됐으나, 8월에야 출판됐다.[22]

이어서 루터는 독일어로 된 최초의 소책자 『면벌부와 은혜에 관한 설교』(*Ein Sermon von Ablaß und Gnade*, 1518)를 출간했는데, 이것은 1518년 한 해에만 18쇄가 찍힐 정도로 많이 팔렸다. 당시 책 한 권 가격은 닭 한 마리 가격 정도였는데, 책을 샀다고 말하기보다 빼앗아 갔다고 말해야 할 정도로 사람들은 그 책을 열렬히 구해 읽었다.•

루터는 『95개조 논제 설명』에 십자가 신학을 힘주어 표현했다. 또한 십자가 신학과 대조되는 당시 로마 가톨릭의 스콜라 신학을 "속이는 신학"이라 부르며 신랄하게 공격했다. 루터는 교회의 성물(聖物) 숭배 또한 강하게 비판했다.

루터는 가톨릭교회에 남아 교회를 개혁하길 바랐지만 자신의 뜻을 굽힐 생각은 없었다. 오해를 풀기 위해 글을 썼지만, 다가오는 눈사태를 멈출 수는 없었다. 1518년 교황청은 루터를 사기꾼 같은 이단자로 규정하며 격렬한 반응을 보였다. 곧이어 엄중한 조사가 시작되었다. 교황의 뜻을 전하기 위해 아우크스부르크에 로마 추기경 카예탄(Cajetan,

---

• 이상규, 『교양으로 읽는 종교개혁 이야기』, p. 130. 최주훈, 『루터의 재발견』, p. 123에서는 이 설교집이 "1518년 독일에서만 16판이 인쇄"되었다고 한다.

1468-1534)이 왔지만 루터는 자신의 주장을 번복할 마음이 없었다.

그럼에도 루터는 여전히 자신을 '로마 가톨릭'에 속한 사람으로 인식했다. 그는 사실상 죽을 때까지도 자신을 가톨릭교회에서 벗어난 사람이라기보다는 '진정한 가톨릭교회'에 속한 사람으로 여겼다.** 제도적 지역 교회 안에 항상 포함되어 있길 원했다는 점에서, 그리고 자신이 진정한 보편교회의 가르침을 따라가고 있다고 늘 생각했다는 점에서, 루터는 오늘날 말하는 '가나안 성도'가 되어 본 적이 한 번도 없다.*** 오히려 루터는 누구나 자신을 따라도 좋을 만한 '진정한 공교회적 성도'가 되기를 원했다.

** 루터도 이때까지는 로마 가톨릭에 속했다고 봐야 한다. 당시는 개신교와 가톨릭의 구분이 아직 명확하지 않았기 때문이다. 우리는 루터를 중세 말기의 사제로 시작하여 복음적 교회를 세우는 일에 힘썼던 교회의 개혁자라고 보아야 할 것이다. 16세기의 다른 종교개혁자들과 마찬가지로 루터는 자신이 가톨릭교회를 벗어난 사람이라기보다는 '진정한 가톨릭교회'에 속한 사람으로 생각했다. 이에 대해서는 다음 논문을 참조하라. David C. Steinmetz, "The Catholic Luther: A Critical Reappraisal", *Theology Today* 61, no. 2 (2004): pp. 187-201.

*** 최주훈, 『루터의 재발견』, p. 84는 로마의 부패상을 보고 온 루터가 "일종의 '가나안 성도'('안 나가'를 거꾸로 한 표현으로 한국 교회 교인들의 탈교회 현상을 가리킨다)가 된 것"이라고 하는데, 루터는 1510년 이후에도(출교를 선언하는 교황의 칙서를 받은 1520년까지도!) 제도적 로마 가톨릭교회 안에 머물러 있었다는 점에서 소위 '가나안 성도'가 된 적은 없다. 1526년 이후 개신교가 독립적 체제를 갖추게 되고서 루터는 더더욱 제도권 개신교회 안에 머물렀다. 따라서 '가나안 성도' 측면에서 루터의 교회 개혁을 이해해서는 안 되며, 오히려 "루터와 그의 신학을 개인적 신앙의 차원에서만 논의하거나 무교회주의적으로 주장하는 것은 루터의 교회관을 잘못 이해한 것"(p. 163)이라는 관점이나, 로제의 주장 즉 "그리스도인이란 루터에 의하면 교회의 공동체 안에서만 가능하다…교회에 나가지 않고 그리스도인이 될 수 있는가의 문제는 루터에게 불가능한 것"(pp. 163-164)이라는 관점에서 루터의 교회 개혁과 교회론을 이해해야 한다.

라이프치히 논쟁

잉골슈타트 대학의 교수였던 요한 에크가 1519년 6월 말부터 약 2주간 루터와 라이프치히에서 논쟁을 벌였다. 이를 '라이프치히 논쟁'(Leipzig Debate)라고 한다.[23] 라이프치히 논쟁은 루터가 교황의 권위에 처음 공개적으로 도전한 자리였기에 의의가 크다. 에크는 카를슈타트와 논쟁하다 결국 루터와도 논쟁하게 되었다. 에크는 매우 명민한 로마 가톨릭 학자였다. 그는 그리스도가 교황을 지상 교회의 머리로 세우셨다고 했다. 루터는 이에 반대하여 "오직 그리스도"(solus Christus)만이 하늘과 땅에 있는 교회의 머리라고 했다. 루터는 교황의 직분 자체를 공격하지는 않았지만, 그 직분이 인간에 의해 세워진 것일 뿐이라 말했다. 에크는 콘스탄츠 회의(1415)에서 로마 가톨릭교회가 정죄한 존 위클리프(John Wycliff)와 얀 후스(Jan Hus)의 사상이 루터를 통해 다시 나타났다며 그를 비난했다. 그러자 루터는 위클리프와 후스의 사상 가운데는 참된 기독교 교리가 들어 있다는 놀라운 답변을 남긴다. 무엇보다 루터는 성경이 교황과 공의회보다 더 높은 권위를 가지고 있다고 역설했다.[24]

에크는 '라이프치히 논쟁'에서 자신이 승리했다고 주장했지만, 대중은 점점 더 루터에게로 모여들기 시작했다. 같은 해에 막시밀리안 황제가 죽자, 후계자를 찾는 과정에서 논쟁은 잠시 소강상태가 되었다. 그러나 1519년 카를 5세가 신성로마제국의 황제로 등극하자, 루터와 그의 추종자들에 대한 반대와 탄압은 다시 시작되었다.[25] 루터에 대한 조사는 1520년에 재개되었다.

1520년의 세 저작과 사제주의 비판

1520년은 개신교 역사에서 매우 중요한 해다. 그해에 루터가 중요한 '종교개혁 문서' 세 권을 잇달아 출간했기 때문이다.• 『독일 귀족들에게』, 『교회의 바빌론 포로』, 『그리스도인의 자유』가 그것이다.[26] 이 저작들은 로마 가톨릭의 문제를 성경에 근거하여 비판하고, 그리스도인의 신앙과 삶의 새로운 기반을 놓았다는 점에서 중요하다. 특히 이 저작들은 사제주의를 강하게 비판하는 동시에 만인 제사장직 교리••를 강조하고 있다.[27] 1520년대까지는 반사제주의(anticlericalism; Antiklerikalismus)가 널리 퍼지지 않았다. 물론 이전에도 교회 제도에 대한 비판은 있었다. 가령 1500년대 문헌에서도 이미 사제주의에 대한 비판들이 산발적으로 발견된다. 하지만 반사제주의가 로마 가톨릭이 전통적으로 지켜 온 성례론과 직분론을 정면으로 비판하며 널리

• 주요 저술과 관련해 다음 연대표를 기억해 두면 이해에 도움이 될 것이다. 1520년 『독일 귀족들에게』(8월), 『교회의 바빌론 포로』(10월), 『그리스도인의 자유』(11월) 저술; 1521년 독일어 신약성경 번역; 1523년 직분론에 대한 저술; 1524년 토마스 뮌처의 급진적 종교개혁 발생; 1525년 독일 농민 전쟁 발발; 1532년 『몰래 들어와 숨어 있는 설교자들』 저술.

•• 루터의 만인 제사장직 교리(혹은 만인 사제직 교리, 평신도 사제직 교리, 보편적 제사장직 교리)는 영어로는 'universal priesthood', 'the common priesthood', 'the priesthood of all believers'라고 하고, 독일어로는 'Allgemeines Priestertum'(보편 제사장직), 'Priestertum aller Glaubigen'(모든 신자들의 제사장직), 'Priestertum aller Getauften'(모든 세례 받은 자들의 제사장직)이라고 한다. 여기서 'Priestertum'을 '제사장직'으로 번역할 수도 있고, '사제직'이라고 번역할 수도 있다. 브라이언 게리쉬가 지적한 것처럼 루터는 이 한 단어에 두 가지 의미를 부여하여 사용했으며, 때로는 자신이 뜻하는 바를 분명히 하기 위해 부가 설명을 달기도 했다. Brian A. Gerrish, "Priesthood and Ministry in the Theology of Luther", *Church History* 34, no. 4 (1965), p. 419.

「독일 귀족들에게」　　　　「교회의 바빌론 포로」　　　「그리스도인의 자유」

퍼지게 된 계기가 된 것은 바로 루터의 이 세 저작들이다.[28] 루터의 비판은 이후 반사제주의 흐름을 지속시키는 데 크게 기여했다. 또한 루터의 반사제주의는 오직 성경, 오직 믿음, 오직 은혜, 오직 그리스도, 오직 하나님께 영광이라는 다섯 가지 원리와 함께했다.

『독일 귀족들에게』와 만인 제사장직 교리

1520년의 세 저작들 중 먼저 『독일 귀족들에게』를 살펴보자. 제목처럼 독일 귀족들에게 호소하는 글로서 독일어로 기록한 이 책에서, 루터는 로마 가톨릭교회가 자신의 권위를 유지하기 위해 쌓아 놓았던 세 가지 장벽(障壁)을 공격한다.

첫 번째 장벽은 세속 군주보다 더 높은 교황의 지위다. 당시 독일 군주들은 교회의 권위 아래 복종해야 했다.

두 번째 장벽은 성경을 해석하는 최종 권한이 교황에게만 있다는 것이다. 로마 가톨릭에는 '가르치는 교회'(ecclesia docens)와 '배우는 교회'(ecclesia discens) 개념이 있었다.[29] '가르치는 교회'란 교황과 주교들을 뜻하며, '배우는 교회'란 일반 사제들과 평신도들을 뜻한다. 로마 가톨릭은 오직 교황과 주교들만이 성경을 제대로 이해하고 해석하고 가르칠 수 있다고 주장했다. 반면, 일반 성도들은 성경을 바르게 해석할 수 없다고 보았다. 성경을 해석하고 가르치는 일은 오직 주교 집단이 독점했고 그 최종 권위는 교황에게 있었다.

세 번째 장벽은 공의회를 소집하는 권한이 오직 교황에게만 있다는 것이다. 아무리 신학적으로 잘못되어도 교황이 공의회를 소집하지 않으면 그 누구도 전체 교회에 문제를 제기할 수 없었다. 루터가 제기한 세 가지 장벽 비판은 사실상 모두 교황을 향한 공격임을 알 수 있다.[30] 그 공격이 너무나 노골적이고 강력한 나머지 루터의 벗이자 선제후 프리드리히의 고문관인 게오르크 슈팔라틴(Georg Spalatin)과 아우구스티누스 수도회의 충실한 탁발 수도사인 요한네스 랑(Johannes Lang), 벤제슬라우스 링크는 심히 걱정했다. 교황 체제를 그토록 신랄하게 공격한다면, 로마와 타협하는 것이 거의 불가능할 터이기 때문이었다.[31]

하지만 루터는 아랑곳하지 않고 독일 귀족들이 로마 가톨릭의 세 장벽을 극복해야 한다고 역설했다. 따라서 『독일 귀족들에게』는 사실상 로마 교황으로부터 독일의 독립을 선언하는 독립선언서와 같은 역할을 한 셈이다. 이 문헌의 앞부분에 만인 제사장직 교리가 드러난다. 루터는 이렇게 주장한다.

세례를 통해 우리 모두는 제사장으로 임명되었다. 이것은 사도 베드로가 베드로전서 2장에서 말한 것과 같다. "여러분은 왕 같은 제사장이며, 제사장 같은 나라입니다"(벧전 2:9). 요한계시록도 이렇게 말한다. "주님은 주님의 피로 우리가 제사장과 왕이 되게 하셨습니다"(계 5:10). 만일 교황이나 주교가 주는 임명보다 더 높은 [하나님의] 임명이 없다고 한다면, 교황이나 주교의 임명도 결코 제사장을 세울 수 없을 것이며, 어느 누구도 설교를 전하거나 사죄를 선언할 수 없을 것이다.[32]

여기서 루터가 강조하는 것은, 교황이나 주교의 권한이 아니라 오직 하나님이 제사장을 세우신다는 사상이다.● 교황이나 주교의 임명은 결코 한 사람을 그리스도인이나 영적인 사람으로 세우지 못한다. 그것은 오직 하나님의 역사다. 세례를 통하여, 즉 하나님의 부르심으로 말미암아, 모든 성도들은 왕 같은 제사장이 된다.●● 교황이나 주교의 권한도 결국에는 하나님의 권세 아래 종속된 권세다. 루터는 성경의 두 구절을 근거로 제시한다. 베드로전서 2장 9절과 요한계시록 5장 10절이다. 이 중에서 베드로전서 2장 9절은 만인 제사장직 교리 형성에 매우 중요한 구절이다.[33] 루터는 『독일 귀족들에게』의 다른 부

● 이에 대해 목회자가 공적으로 세워지는 것은 만인 제사장직 교리에 근거한 것인지, 아니면 하나님의 직접적 임명에 근거한 것인지 하는 문제로 긴장이 있다. 또한 목회자가 회중의 대사로 부름받은 사람인지, 아니면 목사들의 모임에서 그 직분을 인정받고 임명받아 세워지는 사람인지에 대해서도 역시 루터의 신학 내에서 긴장이 있다. 이에 대해서는 Gerrish, "Priesthood and Ministry in the Theology of Luther", pp. 408-409, 418를 참조하라. 게리쉬는 공적 목회자가 세워지는 과정은 회중의 위임과 목사회의 임명 모두 다 루터에게 중요했다고 주장한다(p. 418).

●● 루터의 만인 제사장직 교리를 독일어에서 "Priestertum aller Getauften"(모든 세례 받은 자들의 제사장직)이라고 표현하는 까닭도 여기에 있다.

분에서 성도가 그리스도 안에서 모두 평등한 한 몸임을 가르치기 위해 이 구절을 인용한다.

> 이 모든 사실에서 알 수 있는 것은 평신도들, 사제들, 군주들, 주교들, 그리고 그들이 말하는 "영적인 것들"과 "세속적인 것들" 사이에는 그 어떤 실제적 차이도 없다는 점이다. 차이가 있다면 직분과 직무의 차이이지 '지위'의 차이는 아니다. 왜냐하면 그들은 모두 동일한 지위에 속하기 때문이다. 참된 사제들, 주교들, 교황들 모두 마찬가지다. 비록 그들이 같은 일에 종사하지는 않지만, 그것은 모든 사제들과 수도사들이 같은 일을 하고 있지 않은 것과 마찬가지다. 이것은 성 바울이 로마서 12장 4절, 고린도전서 12장 12절에서 가르친 것이다. 그리고 성 베드로가 베드로전서 2장 9절에서 가르친 것이다. 앞서 말했듯이, 우리 모두는 하나의 머리이신 그리스도의 하나의 몸이다. 우리는 서로에게 지체들이다. 그리스도는 하나는 세속적이며 다른 하나는 영적인 두 개의 다른 몸을 갖지 않으셨다. 그분은 하나의 머리이시며 하나의 몸을 갖고 계신다.[34]

루터는 당시 교회의 수직적 위계질서를 부정한다.[35] 그는 "평신도들"과 사제, 세속 군주와 주교들 사이에 어떤 위계적 차이도 없다고 주장한다. 그는 교회 안의 직분에도 전혀 위계적 차이가 없다고 말한다. 모든 성도들은 그리스도 안에서 동일하며, 그리스도의 몸의 지체일 뿐이다.••• 따라서 모든 그리스도인들은 서로가 서로를 몸의 지체로

••• 여기서 표현상 '평신도'라는 단어를 사용했지만 루터의 어법에 맞게 이해해야 한다. 그리고 루터의 정신에 따르자면 '성직'이라는 표현도 그리 적절하지 않다. 루터가 자신

서 섬겨야 한다.[36] 루터는 고린도전서 14장 30절을 근거로 그리스도인 한 사람 한 사람이 서로에게 하나님의 말씀을 전하고 배울 수 있음을 강조했다.[37]

여기서 루터 사상의 중심을 관통하는 것은 언제나 하나님과 그리스도의 절대적 주권이다. 그가 만인 제사장직 교리를 주장할 때도 역시 하나님만이 한 사람을 제사장으로 세울 수 있는 권세를 가지신다고 주장했다. 그가 모든 성도의 평등성을 주장할 때도 역시 오직 그리스도만이 머리이시고 성도들은 그분의 몸일 뿐임을 강조한다. 이러한 평등사상의 결과로 앞의 세 가지 장벽이 무너지게 된다. 독일 군주들은 더 이상 로마 교황의 지시 아래에 있지 않으며, 일반 성도들도 성경을 해석할 수 있으며, 교회에 문제가 있을 시에 군주들도 공의회를 소집할 수 있다.[38]

『교회의 바빌론 포로』와 만인 제사장직 교리

『교회의 바빌론 포로』는 신학 논쟁서의 일종이므로 라틴어로 기록되었다.[39] 이 책의 주요 논점은 성례론이다. 로마 가톨릭교회에는 7성사가 있었다. 성세성사, 견진성사, 성체성사, 고해성사, 종부성사, 신품성

의 '소명설'에 따라 중세적 직업 구분을 거부했기 때문이다. 중세 사람들은, 사제직은 거룩한 일이라서 성직이며 그 외의 직업은 그보다 가치가 적은 일이라고 생각했다. 루터는 그런 생각을 몰아내고, 하나님의 말씀과 성령에 따라 행한다면 모든 직업이 소명에 따라 수행되는 소중한 일이라고 보았다. 이에 대한 자세한 설명은 이 책의 9장을 참조하라.

사, 혼인성사가 그것이다.• 『교회의 바빌론 포로』에서 루터는 이러한 7성사의 문제점들을 비판하고 성례론을 보다 성경적으로 수립하려고 시도했다. 무엇보다 루터는 성찬식에서 포도주를 일반 성도들에게 주지 않고 오직 사제들만 마시는 관습을 "포로 상태"로 표현했다. 그는 이 책에서 다음과 같이 주장했다.

첫째, 모든 그리스도인은 제사장이므로 성찬식에서 떡과 포도주를 다 받을 수 있다.••

둘째, 죄 사함을 받기 위해 반드시 사제에게 나아가야 하는 것은 아니다. 모든 성도들은 제사장이므로 다른 형제 앞에서 죄 사함을 위해 죄를 고백하면 사죄받을 수 있다(약 5:16).⁴⁰

셋째, 한 그리스도인을 신품성사를 통해 사제로 세우는 것이 아니다. 모든 그리스도인은 세례 시에 성령의 기름 부음을 받아 제사장이 되었기 때문이다.

루터는 일반 성도와 사제 사이에 있는 위계적 구분을 만인 제사장직 교리를 통하여 폐기하려고 한다.

왜냐하면 베드로전서 2장 9절에서 "여러분은 택함 받은 족속이며, 왕 같

• 성세성사는 세례, 견진성사는 일종의 입교식, 성체성사는 성찬식, 고해성사는 고해, 종부성사는 병자에게 기름을 바르는 것, 신품성사는 사제 임명, 혼인성사는 결혼과 관련된다.
•• 당시 로마 가톨릭의 성찬론은 화체설(化體說)이었다. 성찬에 대해서는 뒤에서 자세히 설명하겠다.

은 제사장이며, 제사장 같은 나라입니다"라고 말하고 있기 때문이다. 따라서 우리가 그리스도인인 한 우리 모두는 제사장이다. 하지만 우리가 부르는 바처럼 사제들이 있는데 그들은 우리 가운데 선택된 사역자다. 그들은 우리의 이름으로 모든 일을 행한다. 그리고 사제직은 사역 외에는 아무것도 아니다. 이것이 우리가 고린도전서 4장 1절에서 배우는 바다. "사람이 우리를 그리스도의 사역자요 하나님의 비밀을 나눠 주는 자로 여기도록 하십시오."[41]

따라서 루터는 일반 성도와 사제 사이의 구분도 모든 사람이 제사장이라는 대원칙 아래에서 유효한 구분이며, 바로 그 이유 때문에 일반 성도와 사제 사이에는 그 어떤 위계와 신분의 구분이 있을 수 없다고 역설한다.[42] 루터는 이렇게 모든 성도들이 하나님 앞에서 동등하며 또한 하나님께 곧장 나아갈 수 있다는 사실을 가르친다. 하나님과 성도 사이에 어떤 특정 신분의 사람들이 매개자로서 끼어들 필요가 없다는 말이다.

만인 제사장직 교리는 세 가지 실제적 변화를 가져왔다. 첫째, 모든 성도들이 성찬식에서 떡과 포도주를 둘 다 받을 수 있게 되었다. 둘째, 모든 성도들이 직접 성경을 읽고 해석할 수 있게 되었다. 실제로 이를 위해 루터는 1521년에 신약성경을 번역했다. 셋째, 사제들도 결혼을 할 수 있게 되었다.[43] 사제들은 더 이상 특수 신분을 가진 사람이 아니므로 일반 성도들처럼 결혼할 수 있게 되었다.•

• 루터는 수녀였던 카타리나 폰 보라와 1523년 4월에 결혼한다. 당시 루터는 41세였고, 카타리나는 26세였다.

『그리스도인의 자유』와 만인 제사장직 교리

『그리스도인의 자유』는 교황 레오 10세에게 보내는 공개서한이다.** 이 서한에서 루터는 하나님의 백성들이 누리는 죄 사함의 은총에 대해 서술한다. 이제 용서받은 자로서 그리스도인들은 율법에 의해 강제당하지 않는다. 오히려 그들은 자유롭고 자발적으로 하나님과 이웃을 섬긴다. 유명한 루터의 말이 이 책의 가장 앞부분에 나온다.

"그리스도인은 그 어떤 자에게도 종노릇하지 않고 모든 자들로부터 온전히 자유로운 왕이다. 그리스도인은 모든 자에게 종노릇하며 모든 자들에게 온전히 의무를 다하는 종이다."⁴⁴

루터는 『그리스도인의 자유』에서 만인 제사장직 교리를 여러 차례 강조한다. 그는 그리스도께서 날 때부터 기도와 설교에 대한 권리를 지니셨듯이, 그리스도와 결혼한 우리 성도들 역시 그 두 권리를 보유한다고 주장했다. 결혼한 여인은 남편에게 속한 것에 대해 소유권을 주장할 수 있기 때문이다.⁴⁵ 루터는 이어서 이렇게 말한다.

따라서 우리는 모두 그리스도 안에서 제사장이며 왕이다. 그리스도를 믿는 자는 누구나 다 그러하다. 베드로전서 2장 9절은 이렇게 말한다. "여러분들은 택하신 족속이며, 특별한 백성들이며, 왕 같은 제사장이며, 제사장 같은 나라입니다. 그리하여 여러분들은 여러분들을 어둠 가운데서부

** 이 작품은 LW 31:327-377에 실려 있고, 원본은 WA 7:42-49에 나와 있다. 교황이 실제로 그 편지를 읽었는지는 알 수 없다. 루터는 이 책에서 성도의 자유, 만인 제사장직 교리, 이신칭의의 교리 등을 두루 발전시킨다.

터 그분의 놀라운 빛으로 불러내 주신 그분의 덕을 드러내야 합니다."⁴⁶

루터는 이처럼 그리스도인이라면 누구나 제사장으로서 하나님의 덕을 드러내야 할 의무가 있음을 역설했다. 성도 각자는 예수 그리스도와 "동료 제사장"으로서 하나님께 담대하게 "아바 아버지"라고 부르며 기도할 수 있다. 이것은 성도 한 개인이 갖고 있는 고유한 권리이자 의무다.

하지만 이와 동시에 한 가지 기억해야 할 것이 있다. 루터의 만인 제사장직 교리가 다만 '개인주의적 신앙'으로 치부되어서는 안 된다는 사실이다. 『독일 귀족들에게』에서처럼 이 책에서도 루터는 성도 상호 간의 관계를 매우 중요하게 여겼다. 그는 이렇게 말한다.

> 우리는 왕들 가운데 가장 자유로운 자들일 뿐 아니라, 영원한 제사장들이다. 이것은 왕이 되는 것보다 훨씬 더 훌륭한 일이다. 왜냐하면 우리는 제사장들로서 하나님 앞에서 **서로를** 위해 기도하며, 또한 하나님께 속한 것을 **서로에게** 가르치기 때문이다.⁴⁷

루터가 『교회의 바빌론 포로』에서도 만인 제사장직 교리의 관계적이고 상호적인 측면을 계속 강조하고 있다는 사실을 기억해야 한다.● 만인 제사장직 교리에서는 성도 한 사람이 제사장으로서 하나님께 직접 나아갈 수 있다는 사실과 성도들이 서로 간에 제사장 역할을

● 이것은 루터가 1523년에 쓴 『사역에 관하여』(*Concerning the Ministry*)에서도 잘 나타난다(LW 40:21 참조).

해야 한다는 사실이 모두 나타난다."⁴⁸

직분으로서의 제사장직과 보편적 제사장직의 구분

지금까지 언급한 루터의 만인 제사장직 교리를 교회가 문자 그대로 적용한다면 극단적 회중교회처럼 될 수도 있다. 거기에는 목회자와 일반 성도들 사이에 그 어떤 차이도 없을 것이다. 그 문제를 인식한 루터는 『그리스도인의 자유』에서 직분자로서의 제사장과 만인 제사장 사이에 구분이 있다고 가르친다.⁴⁹

루터는, 성경은 모든 그리스도인을 제사장이라 부르지만 동시에 "직분자들", "종들", "청지기들"(맡은 자들)이란 표현 또한 사용한다고 지적한다. 이것은 그리스도인들 모두가 동일하게 제사장이지만 우리가 모든 그리스도인들을 "공적으로" 사역자라고 부를 수 없는 이유가 된다. 루터는 다시 한 번, 고린도전서 4장 1절을 인용한다.⁵⁰ 이 구절은 앞에서 보았듯『교회의 바빌론 포로』에서 인용된 구절인데, 여기서 루터는 모든 성도들이 제사장들이라고 말하면서도, 사제들은 (공적 임명을 받은) "사역자"라고 말한다. 따라서 루터는 이미 1520년의 저작에서도 사역자들의 공적 특성을 놓치지 않았음을 알 수 있다. 다시 말해서 루터는 모든 성도가 가진 직분(*officium*)으로서의 제사장직(*priestertum*)과 공적 사역자의 직분(*ministerium*)으로서의 제사장직의 구분을 항상 중요하게 생각했던 것이다. 베른하르트 로제의 지적과 같이, 루터는 사역자로서의 직분을 가리키는 단어 'ministerium'을 만인 제사장직에 의도적으로 사용하지 않았다.⁵¹

루터가 이러한 사역자들의 위치를 특별히 강조하지 않은 것은 그 글을 쓴 목적이 부패한 로마 교회의 사제직을 공격하는 데 있었기 때문이다. 『그리스도인의 자유』에서 사제들이 공적으로 부름받은 사역자들임을 말하는 바로 다음 단락에서 루터는 "지금은 이러한 청지기직이 권력의 허세에 깊이 빠져들었고 끔찍한 독재자가 되었기에, 세속 제국이나 지상의 권세도 그것에 비교할 수 없을 정도이며, [사제들이 아닌] 일반 성도는 더 이상 그리스도인이 아니라고 여기는 지경까지 왔다"라며 탄식하는 까닭도 거기에 있다.[52]

루터는 『사역에 관하여』라는 작품에서 교회에는 질서가 있어야 하며, 그것이 없을 경우에도 역시 바빌론 포로처럼 될 것이라고 했다.[53] 또한 오직 목사만이 설교를 할 수 있는 것은 아니라고 했다. 모든 사람이 가정에서 그리고 친구들 사이에서 하나님의 말씀을 나눌 수 있기 때문이다. 하지만 교회에서 공적으로 예배를 드리는 자리에서는 회중의 동의를 얻은 목사가 공적 직무를 수행해야 한다고 보았다.[54] 하지만 한 공동체가 건전한 목회자를 구할 수 없는 특수한 상황에서는 일반 신자라도 공적 설교를 할 수 있다고 루터는 말했다.[55]

종교개혁의 5대 원리(다섯 '오직')

이처럼 루터의 1520년대 작품들을 보면, 종교개혁의 다섯 가지 '오직'의 원리가 잘 드러난다. 그 다섯 가지 원리는 '오직 성경'(sola Scriptura), '오직 은혜'(sola gratia), '오직 그리스도'(solus Christus), '오직 믿음'(sola fide), '오직 하나님께 영광'(soli Deo gloria)이다.

첫째, 루터는 '오직 성경'을 강조했다. 그는 로마 가톨릭의 권위가 성경의 권위에 복속해야 한다고 주장했다. 교황조차도 절대적 권위를 휘두를 수 없다. 루터가 고대 교회의 공교회적 결정을 중요하게 생각하긴 했으나, 그것 역시 어디까지나 성경과 일치하는 결정이기 때문에 수용한 것이었다. 루터에게 모든 교리는 성경의 해석에서부터 도출되어야 했다.[56] 이와 더불어 루터는 또한 "모든 성경"을 강조했다. 무엇을 단지 성경이 말하고 있다고 해서 가르치는 것이 아니라, 전체 성경의 가르침을 조화롭게 가르치기를 원했던 것이다. 루터는 정말 성경을 사랑했다. 그는 이렇게 말했다. "우리 그리스도인은 이 땅에 사는 동안 늘 학자로 남아야 합니다. 우리가 성경의 단 한 절의 깊이도 다 측량하지 못하기 때문입니다. 우리는 고작 a, b, c를 쥐고 있을 뿐이며, 그것조차 불완전합니다."[57] 그는 늘 겸손한 태도를 지키며 성경을 연구했다. 일평생 성경 연구에 힘을 쏟았음에도 루터는 죽기 전에 이런 말을 남겼다. "선지자들과 함께 교회를 100년 정도 이끌어 보지 않은 사람이 성경의 맛을 충분히 느낀다는 것은 불가능하다.…이 신령한 『아이네이스』*를 함부로 만지려 들지 말고, 오히려 멈춰 서서 굽혀 경배하라.…우리는 걸인이다(Wir sind Bettler). 참으로 그렇다."[58] 루터는 일평생 성경으로부터 겸손히 배우는 사람이 되기를 원했다.

둘째, 루터는 '오직 은혜'를 강력하게 주장했다. 죄인이 용서받는 것은 하나님의 은혜에 근거한 것이지 결코 인간의 공로나 선행에 근거하는 것이 아니다. 물론 루터가 선행과 성화의 중요성을 말하지 않

---

* 고대 로마의 시인 베르길리우스의 서사시 제목이다. 여기서는 성경책을 상징하는 표현으로 쓰였다.

5장 교회의 비판자

은 것은 아니다. 하지만 그는 인간이 자기 힘으로 하나님의 구원을 취할 수 있다는 생각을 철저하게 거부했다.[59] 루터는 인간이 얼마나 철저하게 그 뿌리부터 하나님께 의존적인지를 자주 강조했다.

셋째, 루터는 '오직 그리스도'를 강조했다. 죄인을 의롭게 하시는 분은 오직 그리스도뿐이다. 그리스도 외에는 다른 어떤 구원의 길도 없다. 인간은 그리스도를 믿고 그분과 연합함으로써 구원을 받는다. 그리스도 외에 하나님을 알 수 있는 길은 없다. 그리스도만이 우리에게 숨어 계신 하나님을 드러내 계시하실 수 있다. 특별히 루터는 성경에서 "그리스도를 추구하는 것"(Was treibet Christum)을 강조했다. 다시 말해 그는 성경에서 "그리스도라는 대의를 증진시키는 부분"(whatever advances the cause of Christ)을 다른 부분보다 더 중요하게 생각했다.* 이처럼 '오직 그리스도'의 원리가 성경 해석의 중심 원리로 적용된 예는 이미 교부 신학에서부터 찾아볼 수 있다.** 루터는 그것

---

* "ob sie Christum treiben oder nicht"(그리스도를 추구하는지[이끄는지] 아닌지)라는 표현은 루터가 번역한 독일어 성경의 서문에서 발견된다(Vorrede zum NT/Ep. Jacobi; WA DB 7, 384). 이 원리를 정경 판단의 근거로 삼은 루터는 야고보서를 지푸라기 서신으로 분류하는 잘못을 범하기도 했지만 나중에는 자신의 견해를 수정하고 야고보서의 가치를 인정한다. 하지만 꼬이만은 루터가 야고보서를 폄하하는 자신의 이전 태도를 이후에 정정했다는 이론을 반박한다. W. J. Kooiman, *Luther en de Bijbel* (Uitgever: Baarn Ten Have 1977), pp. 189-190; J. 캄퍼이스, 『교회사가 비춰주는 종말론과 정경』, 허순길 역(영문, 1992), p. 145 주1. 이에 대한 가장 적절한 이해는, 루터가 그리스도 중심 원리에 따라서는 야고보서를 추천하지 않았지만 그럼에도 불구하고 야고보서를 정경에서 빼지는 않았다고 보는 것이다.
** 예를 들어, 아타나시우스는 성경 해석에서 철저하게 그리스도 중심의 성경 해석을 추구했다. 그는 주석의 목적이 성경에서 그리스도를 찾아 경배하는 것이라고 보았다. John J. Brogan, "Athanasius (c. 296-373)", ed. Donald K. McKim, *Dictionary of Major Biblical Interpreters*, 2nd ed. (InterVarsity Press, 2007), pp. 130-133.

을 보다 철저하게 성경 해석과 신학에 적용했다. 그는 성경의 근본이 그리스도의 십자가라고 서슴지 않고 말했다.[60] 에라스무스와 자유의지에 대해 논쟁하면서 루터는 "성경에서 그리스도를 덜어 내어 보라. 그러면 무엇이 더 남겠는가?"라고 묻는다.[61] 성경은 그리스도로 채워져 있어서, 그리스도를 제외하면 성경의 핵심 모두를 다 놓치는 것이된다. 루터에게 전체 성경은 오직 그리스도만을 담고 있는 것이다.[62]

로마 가톨릭은 '암묵적 신앙'(*fides implicita*) 혹은 '광부의 신앙'(*fides carbonaria*)에 대해 말한다.[63] 그것은 신앙의 내용에 대해 명백한 깨달음이 없어도 교회가 믿는 바를 믿는다고 고백하며, 교회가 베푸는 성사에 그저 참여함으로 구원받을 수 있다는 것이다. 이것을 '광부의 신앙'이라고 부른 이유는 광부들이 하나님에 대해 잘 알지 못한다는 가정 때문이다. 하지만 개신교의 원리는 그렇지 않다. 루터는 그리스도에 대한 분명한 신앙고백이 있어야 한다고 주장했다. 그리스도를 통하지 않고서는 하나님을 알 수도 없고, 하나님께로 나아갈 수도 없다. 그리스도 밖에서 만나는 하나님은 진노의 하나님뿐이다.[64] 오직 그리스도만이 구원의 길이 되신다. 따라서 신자는 그리스도에 대한 분명한 신앙고백이 있어야만 한다. 루터가 대교리문답과 소교리문답을 작성해 가르친 것도 그 때문이다.

넷째, 루터는 '오직 믿음'을 설파했다. 이는 그가 로마서 1장 17절을 통해서 깨달은 진리다. 그 안에 복음의 핵심이 들어 있다. 구약과 신약의 모든 하나님의 백성은 오직 믿음으로 구원을 받았다. 율법주의적 종교가 교회에 자리 잡아서는 안 된다. 의롭게 되는 일은 오직 믿음을 통해서만 가능하다. 루터에게 '믿음'이란 옳으신 하나님을 인정하는 일이었기에, 믿음의 신학은 곧 겸손의 신학이었다. 하지만 루터는 겸손이 은혜를 받기 위한 새로운 조건이 되지 않도록 늘 주의했다.⁶⁵

다섯째, 루터는 '오직 하나님께 영광'의 원리를 강조했다. 라틴어 'soli Deo gloria'(솔리 데오 글로리아)의 직역은 '영광이 오직 하나님께'이다.* 영광이 오직 하나님께만 있다는 뜻이다. 성경에서는 하나님의 존재와 성품이 충만히 나타날 때 '영광'이라고 표현한다. 그리고 하나님의 백성이 그 성품을 드러낼 때 역시 '영광'을 돌린다고 말한다. 하나님의 구원이 일어날 때 역시 '영광'이 나타났다고 말한다. 영광은 오직 하나님께만 있다. 그러나 루터가 보기에 로마 교황청은 그 영광을 차지하려 드는 자들이었다. 루터는 로마 교회 신학자들을 '영광의 신학자들'이라고 부르며 비판했다.

루터는 십자가의 신학, 겸손의 신학을 지향했고 자기 이름을 드러내는 것을 극히 싫어했다. 그는 자신을 따르는 사람들에게 '루터파'라는 이름이 붙자 화를 내며 이렇게 말했다. "내 이름은 숨겨 주십시오. 루터파라고 부르지 말고 그냥 그리스도인이라고 부르십시오. 도대체 루터가 무엇입니까?…저는 그 누구를 위해서도 십자가에 못 박히지 않았습니다. 저는 다만 더러운 구더기 부대 자루와 같을 뿐입니다.…우리의 주인은 오직 그리스도 한 분뿐입니다."⁶⁶ 루터는 종종 자신을 가리켜서 "더러운 구더기 부대 자루"라고 불렀다. 이것은 그가 하나님 앞에서 자신의 죄악된 모습을 늘 인식했음을 보여 준다.

이후 개신교 신학자들은 '하나님께 영광을 돌린다'는 말을 이러한

---

* 이 구절이 '오직 하나님께만 영광을'로 번역되기도 하는데, 엄밀히 말하자면 틀린 번역이다.

관점에서 이해했다. 한 예로 『웨스트민스터 대교리문답』은 하나님의 영광을 위하는 삶을 십계명 제1계명을 해설하며 자세히 설명한다(제103-106문답). 하나님의 영광을 위한 삶은 하나님이 홀로 참되신 하나님이시며 우리의 하나님이심을 알고 인정하며, 하나님만을 생각하고 명상하고 기억하고 높이고 공경하고 경배하고 좋아하고 사랑하고 사모하고 경외함으로 예배하고 영화롭게 한다.[67] 또한 하나님을 믿고 의지하고 바라고 기뻐하고 즐거워하고, 하나님에 대한 열심을 가지고 모든 찬송과 감사를 그분께 드리고, 전인격적으로 그분께 늘 순종하고 복종하며 그분을 기쁘시게 하기 위하여 범사에 조심하고 만일 무슨 일에든지 하나님을 노엽게 하면 슬퍼하며 겸손히 하나님과 동행한다(제104문답). 그런 사람은 우상숭배를 하지 않고 자신의 마음을 성령으로 통제한다(제105문답).••

하나님께 영광을 돌리는 삶의 태도는 하나님을 위해 어떤 위대한 일을 하는 것이 아니라, 삶의 모든 자리에서 하나님을 찾는 것이다. 이처럼 개신교 신앙이 철저하게 하나님께만 영광을 돌리는 것을 지향한다면, 그 뿌리는 루터의 십자가 신학, 겸손의 신학에서 찾을 수 있다.[68]

•• 리즐리는 하나님을 영화롭게 하는 것은 하나님의 온전한 속성을 찬양하며 그것을 다른 사람들에게 전파하는 것이라고 넓게 규정한 뒤에 보다 구체적으로 다음의 8가지를 구체적으로 제시한다. 하나님을 영화롭게 하는 것이란, (1) 죄를 고백하는 것, (2) 하나님을 다른 어떤 것보다 사랑하고 기뻐하는 것, (3) 하나님을 믿고 신뢰하는 것, (4) 하나님 명예에 대해 뜨거운 열정을 갖는 것, (5) 우리가 가진 재능을 개발하여 열매를 맺는 것(요 15:8), (6) 하나님 앞에서 겸손하고 감사하며 기쁘게 행하는 것, (7) 천상의 마음을 가지고 하나님과 함께 거하기를 좋아하는 것, (8) 하나님이 원하시는 뜻에 온전히 복종하는 것이다. Thomas Ridgley, *A Body of Divinity:…Being the Substance of Lectures on the Assembly's Larger Catechism* (R. Carter, 1855), 1:4-5.

6장
이단자, 자유자

출교당한 루터

루터에 대한 조사는 앞에 소개한 책들이 나오기 전인 1520년 6월에 이미 최고조에 달해 있었다. 교황 레오 10세는 마침내 루터를 출교하겠다고 경고하는 교서를 그달 발행했다. 그는 루터가 자신의 가르침을 완전히 포기하도록 종용했다. 교서의 이름은 "주님이여 일어나소서"(*Exsurge Domine*)인데, 그중 일부는 다음과 같다.

> 주님이여 일어나소서.
> 주님의 의를 발하소서.
> 당신의 이 교회, 이 포도원을,
> 숲속에서 나온 야생 돼지가 파괴할 것입니다.
> 이 흉측한 야생 동물은
> 교회를 통째로 갉아 먹고 있습니다.

루터와 그 추종자들은 교회를 위협하는 세력으로 낙인찍혔다. 그 교서는 그들을 출교하고 성도 간의 교제권을 박탈할 것이라고 경고하며, 루터의 글을 압류하고 불태워야 한다고 말한다. 루터에게는 이단적 가르침을 철회할 것을 숙고하도록 60일의 시간이 주어졌다. 루터가 그렇게 하지 않을 경우, 그를 사제로 뽑은 선제후 프리드리히는 그를 로마로 송환해 심문받게 해야 했다.

루터는 "로마 교황청에 대하여"에서 기독교는 교황이 아니라 예수님만이 통치하신다고 답했다. 교황이 적그리스도이며 진정한 기독교에 반하는 종말론적 대적자라는 확신이 루터 안에서 점점 커져 갔다.

1520년 12월 10일, 비텐베르크에서 루터는 학생들 및 동료들과 함께 교황의 칙령과 교회법 서적을 비롯해 루터를 반대하는 저자들의 서적들을 태워 버린다.• 루터는 이렇게 소리쳤다. "너희, 경건치 못한 책들로 인해 아버지의 거룩하심이 슬픔을 겪고 수치를 당했으니, 이제 영원한 지옥의 불에 애통해하며 소멸해 버려라."[1] 출교당한 루터가 교황과 그 세력들을 지옥의 불에 집어 던진 셈이다.

앞에서 이야기했듯, 아이제나흐에서 보낸 어린 시절에 루터는 요한 힐텐이라는 예언자의 격렬한 교회 비판에도 교회가 요지부동으로 변하지 않는 것을 목격했다.[2] 루터는 하나님의 도우심을 구하며, 변하지 않는 교회를 향하여 더욱 소리 높여 개혁을 외치기 시작한다.

• 이 장소는 오늘날 '루터의 떡갈나무'라는 이름으로 불린다.

루더에서 루터로

95개조 논제를 출판하고 나서 루터는 자신의 성(姓)을 루더(Luder)에서 루터(Luther)로 바꾸었다.** 처음에는 '자유자'라는 의미의 엘레우테리우스(Eleutherius)라는 이름을 썼다. 복음이 주는 자유를 누리기 시작했기 때문이다. 루터는 1517년 11월부터 1519년 봄까지 쓴 스물여덟 통의 편지에 엘레우테리우스라는 이름으로 서명했다.³ 그러다가 점차 엘레우테리아(*eleutheria*)라는 단어에서 앞뒤의 모음들을 떼고 철자를 약간 변형한 루터(Luther)라는 이름을 쓰기 시작했다.

십자가의 신학자와 숨어 계시는 하나님

루터는 로마 가톨릭의 '영광의 신학자'(*theologus gloriae*)와 자신을 뜻하는 '십자가의 신학자'(*theologus crucis*)를 강하게 대비했다.⁴ 이 둘을 구분하는 기준은 '숨어 계신 하나님을 아는가 모르는가'였다.⁵ '영광의 신학자'는 '십자가에 달리신 숨어 계신 하나님'을 전혀 알지 못하며, 아리스토텔레스 철학으로부터 신학을 구성한다. 그리하여 하나님을 마냥 좋은 분으로만 생각한다. 그에게 형벌이란 무조건 피해야 할 나쁜 것이다. 그는 영광만을 추구하기 때문이다. 하지만 '십자가의 신학자'는 바울 사도의 말씀을 깨닫는 자다. 그는 인간이 오히려 마땅히 형벌을 받아야 할 존재임을 상기시킨다. 그리고 거저 주어지는 그리

** 앞에서 루터가 세례받은 장면에서 언급했듯이, '루더'라는 이름에는 중세 독일어에서 유혹, 매복, 방탕함, 창녀 등의 부정적 의미가 있었다.

스도의 공로만을 통하여 그 형벌을 면할 수 있음을 가르친다.•

루터에게 '십자가에 달리신 숨어 계신 하나님'은 '영광의 신학자'가 말하는 면벌부가 제공할 수 없는 진정한 구원을 주시는 분이다. 우리가 마땅히 형벌받아야 할 존재라는 것을 우리는 그분 앞에서 깨달아야 한다. 그리고 동시에 우리는 그분의 공로로 우리가 형벌을 피하고 구원받을 수 있음을 믿어야 한다. 여기서 우리는, 율법의 정죄와 복음의 능력을 모두 십자가에서 발견하는 루터를 본다. 그가 말한 '죄인이자 의인'의 역설은 십자가의 신학에서만 제대로 이해될 수 있다.[6]

하이델베르크 논쟁

'영광의 신학자'와 '십자가의 신학자'의 날카로운 대조는 1518년 4월 26일의 '하이델베르크 논쟁'(Heidelberg Disputation)에서도 발견할 수 있다.[7] 루터의 스승 중 한 사람이었던 요한 슈타우피츠는 루터에게 하이델베르크에서 열리는 아우구스티누스 엄수파 수도원 총회에서 토론에 참여할 것을 제안했다.[8] 이 토론에서 루터는 로마 교회의 공로 사상을 비판했고, 마르틴 부처(Martin Bucer, 1491-1551)와 요한 브렌츠(Johann Brenz, 1499-1570)와 테오발트 빌리카누스(Theobald Billicanus,

---

• 종교개혁 신학은 로마 가톨릭의 공로 신학을 뿌리부터 근절시켰다. 종교개혁을 따르는 신학자들에게 공로란 오직 예수 그리스도께서 주시는 것이다. 인간이 공로를 획득할 수는 없다. 우병훈, "칼빈과 바빙크에게 있어서 예정론과 언약론의 관계", 「개혁논총」 제26집(2013): pp. 304, 309-310; B. Hoon Woo, "The Difference between Scotus and Turretin in Their Formulation of the Doctrine of Freedom", *Westminster Theological Journal*, 78 (2016): pp. 249-269를 참고하라.

?1490-1554) 등의 동료들을 얻었다.⁹

하이델베르크 논쟁에서 루터는 28개의 신학 논제와 12개의 철학 논제를 발표함으로 대학의 개혁을 촉구했다. 루터는 스콜라 신학을 매몰차게 비판했으며 교리의 개혁을 외쳤다. 그는 "인간의 행위들은 비록 아름답고 선하게 보일지라도 죽음의 죄(Todsünde)를 쌓을 뿐이다. 하나님의 역사는 형체가 없고 나쁘게 보일지라도 참되며 불멸의 공로가 된다"라고 주장한다.¹⁰ 이어서 그는 "타락 이후의 자유 선택[자유의지]은 이름만 남은 것에 불과하다. 자기 안에 있는 능력으로만 선행을 하는 것은 죽기 위해 죄를 짓는 일"이라고 하여 로마 가톨릭의 반(半)펠라기우스적 신인협동설을 반대한다.¹¹ 철학의 사용에 있어서도 루터는 "영혼에 위험하지 않게 아리스토텔레스 철학을 추구하고자 한다면 그리스도 안에서 어리석어져야만 한다(참고. 고전 3:18). 결혼한 자에게만 욕정의 사용이 정당화되듯이, 어리석은 자, 즉 그리스도인만이 철학을 할 수 있다"라고 주장한다.¹² 이처럼 그는 이 작품에서 당시 로마 가톨릭의 신학을 여러 면에서 비판했다.

숨어 계신 하나님이란?

루터는 하이델베르크 논쟁에서 하나님의 숨어 계심을 강조했다. 그는 "피조물을 인식하며 하나님의 비가시성을 보는 자가 아니라, 고난과 십자가를 인식하며 하나님의 가시성과 그 이후에 따르는 것들을 이해하는 자야말로 신학자라 불릴 수 있다"고 단언한다.¹³ 그는 다음과 같이 천명한다.

사람들이 [인간적] 행위들로써 하나님의 지식을 오용했기 때문에, 하나님은 다시 고난을 통해 알려지기를 원하셨고, 그들의 보이지 않는 지혜를 [전도와 설교를 통한] 보이는 지혜로 정죄하기 원하셨다. 그리하여 나타난 하나님을 행위로 예배하지 않는 자들이, 고난 가운데 숨어 계신 하나님을 예배하도록 하셨다. 이것은 고린도전서 1장[21절]과 같다. "이 세상은 그 지혜로 하나님을 알지 못하였습니다. 하나님의 지혜가 그렇게 되도록 한 것입니다. 하나님께서는 어리석게 들리는 설교를 통하여 믿는 사람들을 구원하시기를 기뻐하신 것입니다." 따라서 이제 십자가의 겸비(謙卑)와 수치 가운데 계신 하나님을 알지 않고서, 영광과 위엄 가운데 계신 하나님만을 아는 자들은 그 누구도 만족시킬 수 없으며 도움이 되지 않는다. 그렇게 하나님은 지혜로운 자의 지혜를 무너뜨리신다(고전 1:19; 사 29:14). 이사야가 말한 바와 같다. "구원자이신 이스라엘의 하나님, 진실로 주님께서는 자신을 숨기시는 하나님이십니다"(사 45:15).[14]

루터는 하나님을 "고난 가운데 숨어 계신", "십자가의 겸비와 수치 가운데 계신" 분으로 묘사한다. 그 하나님을 알기 원하는 사람은 이 세상의 지혜로 접근해서는 안 되며, 오히려 고난을 통하여 그분을 알아 가야 한다. 영광과 위엄 가운데 계신 하나님을 우리는 역설적이게도 오직 겸손과 십자가의 치욕의 모습에서만 제대로 인식할 수 있다. 이제 신학자는 영광의 신학을 추구할 수 없다. 하나님은 오직 십자가에서만 자신을 계시하기로 하셨기에 우리는 고통 가운데 숨어 계신 하나님만을 알고 경배할 수 있다.[15] 루터의 이러한 진술은 에라스무스가 "주님의 사역 가운데 파악되는 하나님"과 "주님의 고난 가운데 파악되는 하나님"을 구분했던 것과 방향이 확연히 다르다. 루터가 보기에 "주님의 사역 가운데 파악되는 하나님"은 타락 이후에는 불가능하게 되었기 때문이며, "주님의 고난 가운데 파악되는 하나님"만이 남아 있기 때문이다.[16]

이처럼 루터의 십자가 신학을 이해하기 위해서는 '숨어 계신 하나님' 개념을 이해해야 한다. 루터의 '숨어 계신 하나님' 개념에 대해서 현재까지 제시된 분석 틀 가운데 가장 적절하다고 평가받는 것은 시카고 대학에서 종교개혁사와 개신교 신학을 가르쳤던 브라이언 게리쉬(Brian A. Gerrish)의 분석이다. 게리쉬는 '숨어 계신 하나님' 개념을 이해하기 위해 '숨어 계심 I'(Hiddenness I)과 '숨어 계심 II'(Hiddenness II)를 구분했다. '숨어 계심 I'은 '자신의 계시 가운데 숨어 계심'을 뜻하고, '숨어 계심 II'는 '자신의 계시 밖에 숨어 계심'을 뜻한다. 게리쉬의 구분은 루터의 '숨어 계신 하나님' 개념을 이해하는 데 상당히 유용한 관점을 제공해 왔다. 무엇보다, '숨어 계신 하나님' 개념을 '계시된 하나님' 개념에 단순히 대조하고서 하나님은 계시 이전에는 숨어 계시다가 계시를 통하여 드러나신다는 잘못된 해석을 거부할 수 있도록 이끌어 준다.[17]

정리하자면, 1518년의 『95개조 논제 설명』과 하이델베르크 논쟁에서 루터는 로마 가톨릭과 그 영광의 신학자들을 비판하면서 하나님은 고난과 십자가 가운데 숨어 계신 하나님이기에 우리 역시도 십자가의 겸비와 수치 가운데서만 하나님을 제대로 알 수 있다고 주장했다. 특히 '숨어 계심 I'이 '자신의 계시 가운데 숨어 계심'을 뜻한다고 할 때, 하이델베르크 논쟁의 숨어 계신 하나님은 그 극단적 의미를 보여 준다. 하이델베르크 논쟁에서 루터는 십자가의 하나님 외에 다른 하나님을 생각할 여지를 전혀 허용하지 않기 때문이다.

예배의 개혁: 말씀, 성찬, 기도, 찬송, 신앙고백

루터는 면벌부와 교황청과 사제주의를 공격하는 동시에, 교회를 세우는 작업도 함께 진행했다. 그중 중요한 것이 '예배의 개혁'이다. 종교개혁은 무엇보다도 예배의 개혁이었다고 볼 수 있다.• 잘못된 중세 로마 가톨릭 예배의 많은 부분이 종교개혁으로 말미암아 폐기되거나 대체되었다.

첫째로 예배가 말씀 중심으로 변화했다. 중세의 미사에는 말씀 없이 주어지는 성사 행위가 많았다. 사제들은 '암시적'이고 '미숙한' 신앙 개념으로, 사람이 하나님의 말씀을 명확하게 깨닫지 못하더라도 신앙을 가질 수 있다고 보았다. 교회가 성사를 통해서 은혜를 중재하기 때문이다. 그러나 루터는 이에 반대했다. 로마 가톨릭이 그런 신앙 개념으로, 하나님을 신뢰하는 마음의 움직임이나 자녀다운 사랑과 경외함 없이 드리는 예배까지도 허락했기 때문이다.[18] 하지만 예배에서 하나님의 백성은 먼저 율법을 통해 죄를 깨닫고, 그 후에 그리스

• 하르낙(Harnack)은 루터의 종교개혁 전체를 "하나님에 대한 예배의 개혁"으로 묘사할 수 있다고 보았다. Harnack, *History of Dogma*, 7:191: "The whole Reformation of Luther may be described as a Reformation of 'divine worship', of divine worship on the part of the individual and on the part of the whole community." 임승훈 역시 "종교개혁의 중심에는 '예배의 개혁'이 자리 잡고 있다"고 주장한다. 임승훈, "마틴 루터(Martin Luther)의 예배 개혁 연구", 「신학논단」, 제72집(2013): pp. 137-165(인용은 p. 137에서).

도와 복음을 통해 용서를 경험한다. 루터는 예배의 핵심이 설교 말씀을 통해 그리스도를 향한 신뢰를 회복하고 확고히 하는 것이라고 보았다.**

둘째, 성찬은 그리스도의 몸과 피의 '실재적 임재'를 말씀과 믿음 가운데 경험하는 사건이었다. 당시 로마 가톨릭교회의 성찬론은 화체설(化體說)이라 부른다. 화체설은 떡과 포도주가 정말 예수님의 몸과 피로 변한다는 사상이다. 따라서 사제들은 결코 떡과 포도주가 땅에 떨어져 주님의 몸과 피가 훼손되는 일이 없도록 해야 했다. 떡은 웨이퍼(얇은 과자) 모양으로 만들어 사제들이 성도들의 입 안에 넣어 주어서 한 조각이라도 흘리는 일이 없게 했다. 포도주는 더욱 흘리기 쉬우니 사제들만 마시도록 해서 한 방울이라도 흘리는 일이 없게 했다. 이처럼 포도주를 일반 성도들에게 나눠 주지 않는 것은 화체설에 근거한 관습이며,*** 제1차 트리엔트 공의회(*Concilium Tridentinum*, 1545-1563)에서 교리로 채택되었다. 거기서 로마 가톨릭 신학자들은 살아 계신 그리스도는 나누어질 수 없으므로 떡과 포도주 어느 하나만 받으면 그리스도의 살과 피를 함께 수여받는 것과 같다고 하는 '콘코미

** 최주훈, 『루터의 재발견』, pp. 174-183가 개신교 예배의 핵심을 잘 설명한다. 특히 다음 핵심 문장들은 중요하다. "루터에게 예배란 인간의 행위에 초점이 있는 것이 아니라 '하나님이 일하시는 행동'에 방점이 있다"(p. 180). "루터는 1544년 10월 5일…이런 설교를 하게 된다. '하나님은 말씀을 통해 우리에게 말씀하시고, 우리는 기도와 찬양으로 하나님께 말한다'"(p. 182).

*** 나는 2017년 8월 5일(토요일)에 직접 쾰른 대성당에서 미사를 참관할 수 있었다. 거기서도 역시 사제가 아닌 신도들은 포도주를 나눠 받지 않았다. 그리고 사제는 포도주를 마신 후 하얀 천으로 잔을 닦았는데, 포도주를 한 방울도 땅에 흘리지 않기 위한 행동일 것이다.

탄티아'(concomitantia) 교리를 천명했다.* 화체설의 문제는 성례와 함께 주어진 말씀의 내용에 대한 분명한 이해가 없어도 교회가 베푸는 성사에 그저 참여함으로써 그 은덕을 누릴 수 있다고 가르치는 데 있다. 로마 가톨릭의 7성사는 끝내 하나님의 은혜를 교회의 위계적 구조 속에 가둬 버렸다.

그러나 루터는 그리스도의 몸과 피의 현존은 성찬의 위에, 아래에, 옆에 공존한다고 주장했다. 이것을 공재설(共在說)이라고 한다. 그는 그리스도의 신성과 인성의 결합을 설명할 때에, 인성이 신성처럼 전 우주에 퍼져 있다고 보았다.** 여기서 중요한 것은 그리스도의 실재적(實在的) 임재다. 루터는 그런 실제적 임재를 모든 성도들이 누리고 경험할 수 있다고 주장했다. 그리고 그런 임재는 말씀과 성례가 연결될 때 가능했다. 따라서 루터는 예배에 라틴어를 쓰지 않고, 각 나라 말로 성례와 설교를 집행하도록 했다.

셋째, 루터는 기도와 찬송을 개혁했다. 그는 로마 가톨릭의 미신적 기도 행위를 거부했다. 더 이상 어떤 같은 말을 반복하는 데서 기도의 효력을 기대하지 않고, 참된 믿음으로 그리스도를 붙드는 데서 기

---

* 루터는 화체설과 콘코미탄티아 교리를 모두 반대했다(LW, 17:82주19 참조). 멜란히톤이 작성하고 루터도 승인했던 아우크스부르크 신앙고백(1530)의 제22조에서는 "추기경 쿠사누스(Cusanus, †1464)는 이러한 방법이 시행되었다고 말하지만, 성찬의 한 요소만 취하는 이러한 관행이 언제 누구로부터 시작했는지는 아무도 모른다"라고 한다.
** 이런 견해에 칼뱅은 동의하지 않았다. 칼뱅은 그리스도가 성찬에 영적으로 임재하신다고 주장했다. 이것을 '영적 임재설'이라고 한다. 흥미롭게도 16세기 교회사를 연구하는 마리우스 판 라벤스바이(J. Marius J. Lange van Ravenswaay)에 따르면, 오늘날 독일의 루터교 신자들은 실제적으로 루터파의 공재설보다 칼뱅의 영적 임재설을 더 신봉한다고 한다(2017년 7월 26일에 나눈 대화).

도의 응답을 보장받게 되었다. 또한 사제의 기도라고 해서 더 효력이 있다는 믿음도 몰아냈다. 이제 교회의 기도는 마리아나 성인들이나 사제들과 같은 중재자에 의존하지 않는다. 모든 신자가 제사장으로서 하나님께 나아갈 수 있고, 또한 서로를 위해 기도해 줄 수 있다. 찬송도 마찬가지였다. 중세에는 찬양을 맡은 사제들이 따로 있었으나, 루터는 이런 관습을 폐하고 모든 신자가 찬송에 참여하도록 했다.

넷째, 신앙고백서를 작성했다. 중세에는 신앙고백 없는 믿음이 만연했다. 하지만 루터는 각 사람이 자신이 믿는 바를 분명하고도 확실하게 붙잡지 않으면 구원을 받을 수 없다고 주장했다. 은혜는 사제를 통해서 중재되어 전달되는 어떤 물질 같은 것이 아니다. 은혜는 말씀에 대한 깨달음에 근거한다. 성령은 말씀을 통해 역사하신다. 이를 경험하기 위해서는 올바른 교리 교육이 필수적이었다. 교회는 배우는 공동체다. 그리스도의 장성한 분량까지 자라기 위해서는 영적 진리를 배워야 한다. 1529년에 루터는 직접 대교리문답과 소교리문답 등을 작성하여 교회 교육에 힘썼다.

보름스의 루터

루터가 위대한 종교개혁 문서들을 연이어 출판한 1520년 이후, 그 문헌들의 파급 효과도 커져 갔다. 앞에서 언급했듯 이미 교황은 "주님이여 일어나소서"라는 교서로 루터에게 최종 경고를 전했다.[***] 하지만 독

●●● 교황은 1521년 10월 3일 루터를 출교했다.

일 지역을 통치하던 황제 카를 5세는 루터에게 벌을 내리지 못하고 주저했다. 여기엔 종교적 이유와 정치적 이유가 있었다.

루터의 신앙을 받아들이는 사람들이 점점 늘어났기 때문에, 황제도 그런 종교적 상황을 무시할 수 없었다. 또한 정치적으로 볼 때도 루터는 황제의 통치에 해를 끼치기보다는 유익을 주었다. 황제의 통치 영역에 작용하는 교황의 힘이 루터의 영향으로 점차 줄어들었기 때문이다.• 종교개혁은 비단 영적 문제뿐 아니라 정치적 상황과도 깊이 얽혀 있었다.

당시 21세였던 황제는 보름스 종교 재판으로 향하는 루터의 안전을 위해 호위를 지시했다. 루터는 보름스로 가는 여정에서도 계속해서 설교했다. 보름스에 도착한 루터를 2천 명이 넘는 사람들이 응원하며 환호했다. 마침내 1521년 4월 16일, 루터가 보름스 제국의회에 모습을 드러냈다.

당시 상황을 엿볼 수 있는 글이 있다. 교황청의 대사로 온 추기경 알레안더는 독일의 상황에 정통한 사람이었다. 그는 루터의 영향으로 교회가 쪼개어질 수 있다고 보았다. 동방 교회와 서방 교회가 분리된 1054년만큼이나 위중한 상황으로 여겼다. 그는 1521년 2월에 교황에게 이런 편지를 썼다. "독일 전국이 민란에 시달리고 있습니다. 열 중 아홉은 '루터, 루터!' 하면서 소리를 지르고 있으며, 나머지는 '로마 교황청에 죽음을!'이라고 외칩니다." 결국 알레안더는 루터가 이단이라

• 카를 5세가 다스리던 '신성 로마 제국'은 오늘날의 독일 지역뿐 아니라 체코, 헝가리, 크로아티아, 슬로바키아, 슬로베니아, 스페인, 이탈리아의 일부, 룩셈부르크, 네덜란드 등을 포함했다. 셸더하위스, 『루터, 루터를 말하다』, p. 38.

고 정죄하는 편지를 로마 교황청에 보냈다.

카를 5세는 로마 가톨릭의 견해 쪽에 서 있었다. 그래서 황제는 교회 실권자들과 마찬가지로 루터가 보름스에서 그의 가르침을 철회하길 원했다. 하지만 루터를 지지한 군주들은 앞으로 일어날 일들을 통해 독일을 압박하는 로마의 힘이 약해지길 기대하고 있었다. 독일의 상황은 이처럼 아주 미묘했다.

1521년 4월 17일과 18일, 루터는 황제와 여러 교황 대사들 앞에 두 차례 서서 자신의 견해를 옹호했다. 황제 앞에 설 때마다 루터는 그 가르침과 저술을 번복하라는 말을 들었다. 하지만 루터는 자신의 주장을 철회해야 할 그 어떠한 성경적 근거도 찾을 수 없었다. 그는 1521년 4월 18일, 최종적 변론에서 이렇게 말했다.

> 제가 성경의 증언들이나 명백한 이성에 의해 설득되지 않는 이상, 저는 교황과 공의회의 결정들만 믿을 수는 없습니다. 왜냐하면 그들은 종종 오류를 범하며, 자기들끼리도 충돌하기 때문입니다. 저는 저에게 주어진 성경에 굴복하며, 양심은 하나님의 말씀 안에 사로잡혀 있기에, 그 어떤 것도 철회할 수 없으며 그렇게 하고 싶지도 않습니다. 왜냐하면 양심에 반하여 행동하는 것은 안전하지도 건전하지도 않기 때문입니다. 저는 달리 행할 수 없습니다. 제가 여기 서 있습니다. 하나님 저를 도와주소서. 아멘.[19]

루터의 이 유명한 말은 성경을 최우선적 권위로 삼는 개신교 전통을 형성시켰다.[20] 종교적 확신에 근거한 양심에 따른 자유 또한 개신교 신앙의 특징으로 자리 잡게 되었다.[21] 루터는 사람의 양심이 사람 중앙에 독립적으로 있는 것이 아니라 하나님과 사탄의 전쟁터 위에 있는 것과 같다고 이해했다. 양심은 하나님과 하나님의 말씀에 복종함으로써 비로소 자유로워진다. 루터는 자신의 마지막 말을 남기고 하나님께 모든 결과를 맡겼다.

보름스 칙령

보름스에 모인 황제와 교황청 대사들에게는 다른 선택의 여지가 없었다. 1521년 5월 26일 카를 5세는 보름스 칙령을 공표했다. 루터가 이단이며, 절대 루터를 따라서는 안 된다는 내용이었다.

> 우선, 전능하신 하나님께 영광을 돌리며 그리스도를 대리하는 이 땅의 거룩한 아버지 교황님과 교황청에게 경외를 표합니다. 우리는 우리의 일반적 관습과 우리 앞의 선조들을 따라 공교회의 신앙을 수호하고 거룩한 로마 교회를 보호하기 위해 열정과 애정으로 호소합니다.
> 우리는 우리의 선한 것들을 지키기 원합니다. 이를 위해 우리의 힘, 우리의 영토, 우리의 친구들, 우리의 종들을 드리겠습니다. 만일 필요하다면 우리의 생명과 피조차 바치겠습니다. 하나님이 우리의 기도를 기쁘게 들으신다면 그 무엇이라도 감수하겠습니다.
> 우리에게 주어진 권세로 군주들, 고위 성직자들, 기사들 그리고 우리 회의에 모이신 많은 신사들의 권유에 의해, 우리는 이 명령으로 모든 대사관과 그 지역의 언어를 쓰는 모든 지역에서 마르틴 루터의 그릇된 교리에 대항한 형벌을 시행하겠습니다.

이 칙령은 마르틴 루터를 우리와 멀어진 회원으로 간주하며, 썩어서 교회의 몸으로부터 잘려 나간 회원으로 선언합니다. 우리는 이 칙령이 담고 있는 모든 내용을 여기서 영원히 선언하는 바입니다.

루터는 완고하며, 종파를 분리하는 이단자입니다. 모든 분들이 그렇게 여기시길 우리는 바랍니다.

이러한 이유로, 우리는 지금부터 마르틴 루터를 말 혹은 행동으로 받아 주거나 그를 보호하거나 그에게 호의를 베푸는 모든 행동을 금합니다.

다시 이야기하자면, 우리는 루터가 마땅히 악명 높은 이단자로 간주되어 처벌받기를 원하며, 그가 우리 앞에 개인적으로 소환되기를 원합니다. 만일 그를 붙잡는다면 우리가 그를 고발할 때까지 잘 감금하시길 바랍니다. 그러면 우리는 루터를 적절한 방법으로 심판할 것입니다.[22]

루터는 세계사의 중심은 물론 하나님의 말씀과 그 말씀을 수호하는 양심의 증거자로 우뚝 섰다.[23] 카를 황제와 그의 편에 선 자들은 신앙의 최종 권위가 '교회'에 있다고 천명했으나, 루터는 '오직 하나님의 말씀인 성경'만이 신앙과 삶의 최고 기준이라고 고백했다. 하지만 그 신앙적 용기 때문에 그는 큰 위기에 처하게 되었다. 그 어떤 법적 신변 보호도 받지 못하게 되었으니 말이다. 하나님의 말씀에 사로잡혀 살았지만 결국 이단자로 낙인 찍힌 루터, 그의 인생은 풍전등화와 같았지만, 격변하는 당시 세계의 정치적 흐름 속에서 다시 활로에 들어서게 된다.

7장
급진적이며 보수적인

보름스 칙령의 정치적 결과와 이후의 역사

보름스 칙령이 발표된 이후 루터는 범법자의 처지로 전락했다. 아무런 제재 없이 살해당할 수도 있었다. 그때 정치적 변수가 발생했다. 보름스 제국의회 이후 카를 황제가 칙령을 강행하기 어려운 상황이 된 것이다. 국경 지역에서 튀르크족과 프랑스인의 위협이 가중되었기 때문이다. 그러다가 뉘른베르크 제국의회(1523)와 슈파이어 제국의회(1526)에서는 정치적 상황을 고려해 이 법령 시행을 연기하자는 안이 결의되었다. 튀르크인들의 위협이 커지자 카를 5세의 동생 페르디난트(Ferdinand I)는 루터를 지원하는 군주들에게 튀르크인들에 대항할 병력의 파병과 재정 지원을 요청했다. 루터파 군주들은 그 대가로 종교적 자유를 허락받게 되었다.[1]

1529년의 슈파이어 제국의회는 연기된 법령을 도로 강화했다. 루터를 지지하는 군주들은 이 결정에 반대하여 일어났고, 이때 그들은 '프로테스탄트', 즉 항의자들로 불리게 되었다. 그 후 1532년 뉘른베르크 평화 회의와 프랑크푸르트 평화 회의에서는 다시 개신교도들에게 종교적 자유를 허락했다. 그러나 루터가 죽은 후 슈말칼덴 전쟁(Schmalkaldischer Krieg, 1546)이 발발했고, 루터교도들은 그 전쟁에서 황제에게 패하고 만다. 아우크스부르크의 일시적 결의에 의해 개신교도들은 강제로 로마 교회로 돌아가기도 했다.

그 후 개신교도와 황제 사이의 2차 전쟁(1550)이 발발했다. 양 진영은 팽팽한 상황을 유지하다가 1555년 아우크스부르크 종교 평화 회의를 통해, 제국 내에서 개신교가 로마 가톨릭과 법적으로 동등한 인정을 받는다는 합의에 이르게 되었다.

선제후 프리드리히의 보호

루터는 보름스 칙령이 발표된 이후 즉각 체포되지 않았다. 그 지역을 벗어날 수 있는 안전권을 21일 동안 보장하는 편지를 받았기 때문이다. 물론 그 편지를 갖고 있다고 해서 안전이 확보된 것은 아니었다. 언제든지 자객에 의해 살해당할 수 있었다. 그때 선제후 프리드리히가 그를 보호하려 나섰다. 선제후는 자신의 영웅과도 같은 이 신학자를 로마로 송환할 생각이 없었다. 로마로 보내면 루터는 곧장 죽게 될 것이기 때문이었다. 선제후는 보름스 칙령을 완전히 무시하기로 결정했다.[2]

보름스 칙령이 공포된 1521년 5월부터 루터는 선제후의 보호를 받는다. 선제후는 아주 기묘한 꾀를 냈다. 바로 루터를 납치하는 것이었다. 물론 루터에게는 미리 알려 주었다. 루터는 자신이 납치당할 것을 알았지만, 어디로 옮겨질지는 알지 못했다.[3] 한편으로는 루터의 안전

바르트부르크 성

을 보장하기 위한 것이었고, 다른 한편으로는 혼란한 상황(루터가 죽었다는 소문이 돌 정도였다)⁴ 가운데 잠시 동안 루터를 잠적시키기 위함이었다. 이 납치극은 루터를 보호할 뿐만 아니라, 선제후 자신 역시도 곤경에 빠지지 않는 수였다. 만일 범법자이며 이단자인 루터를 도운 것이 공공연하게 알려지면 선제후도 피해를 입을 수 있었기 때문이다.

바르트부르크 성에서 번역한 '9월 성경'

1521년 5월에 선제후 프리드리히의 작전에 따라 안전하게 납치된 루터는 아이제나흐의 바르트부르크 성으로 보내졌다. 바르트부르크 성은 그 규모가 아주 크며, 산꼭대기에 있다.• 교황의 하수인들이 쉽게

• 바르트부르크 성은 루터 관련 유적지들 가운데 꼭 가봐야 할 아름다운 곳으로, 유네스코 세계문화유산으로 지정되어 있다.

7장 급진적이며 보수적인

접근하기 힘든 곳이었음은 지금 봐도 알 수 있다.

　루터는 거기서 14개월 동안 은둔했는데, 자신을 "기사 외르크"(Junker Jörg)로 불렀다. 그리고 머리카락과 수염을 길러 나름 외모도 숨겼다. 정말 기사처럼 행세했기에 그의 친구들도 몰라볼 정도여서, 루터는 근처 도시인 아이제나흐에 다녀오기도 했고, 때로 사냥도 할 수 있었다.[5] 바르트부르크 성에서 루터는 신약성경 번역에 착수한다. 당시엔 독일어 성경 역본들이 산재해 무려 18종이나 있었지만 대개 성경의 일부분만을 담았을 뿐이었다. 그리고 역본들 대부분은 번역 수준이 형편없었다. 루터는 멜란히톤의 조언과 격려에 힘입어 우선 신약성경부터 번역했다. 그가 원본으로 삼은 것은 에라스무스의 헬라어 신약성경(1519, 제2판)이었다.[6] 루터가 헬라어 신약성경을 독일어로 번역하는 데는 약 11주가 걸렸다. 세 달도 안 되는 짧은 기간에 신약성경 전체를 번역한 것이다. 이를 멜란히톤이 편집했고 1522년 9월에 출판되었다.[7]

　이 성경은 '9월 성경'(September Testament)이라 불리기도 한다.[8] 초판은 9월에 열린 라이프치히 무역 박람회에 맞춰서 출판되었다. 초판은 3천 부를 찍었는데, 2달 만에 모두 팔려 품절될 정도로 인기가 있었다.[9] 책값은 한 권당 금화 반 길더였고, 이는 목수의 주급 수준이었다. 이후 10년 동안 이 성경은 85쇄를 찍었고 15년 동안 20만 부가 팔려 나갔다. 이처럼 '9월 성경'은 개신교도 사이에서 상당한 인기를 끌었으며 정형화된 독일어 문어체 발전에 크게 기여하기도 했다. 이 성경은 로마서 3장 28절에 "오직"을 추가했고,• 루터는 그로 인해 가톨릭의 많은 비판을 받았다.[10]

이 성경에는 크라나흐가 삽화를 그려 넣었고, 이후 구약의 일부를 번역해 추가했다. 열두 해가 지난 1534년 9월에는 독일어로 구·신약 전체가 완역된 성경전서가 출간되었고 이 역시 많은 쇄를 거듭해 출간되었다. 루터가 살아 있는 동안 그의 성경은 비텐베르크에서만 전체 또는 부분적으로 91쇄를 찍었다. 루터가 사망하기까지 그가 번역한 성경이 약 50만 권이나 팔린 것을 보면, 루터의 저작들 가운데 가장 큰 영향력을 끼친 것은 그의 성경이라는 말도 일리가 있다.[11]

루터는 성경 번역을 교회 개혁의 일환으로 생각했다. 그는 성경의 올바른 번역을 통해 부패한 교회와 잘못된 교회법과 죄악된 관행을 바로잡고자 했다.[12] 일평생 성경 번역에서 손을 떼지 않았던 것은 그런 마음가짐 때문이었다. 그는 원어를 열심히 탐구했을 뿐 아니라, 적절한 독일어를 찾기 위해 시장에서 쓰는 일반 사람들의 언어를 연구했다.[13] 루터는 헬라어에는 상당히 능숙했지만 히브리어 실력은 조금 부족했으므로 구약 번역은 번역위원회를 구성하여 진행했다. 위원회는 성경의 정확한 번역을 위해 매주 모였는데, 그 회의록의 일부가 아직 보존되어 있다. 때로 원어에 합당한 번역어를 찾기 위해 3-4주에 걸쳐 노력을 기울였으나 결국 찾지 못한 경우도 있었다고 하니, 성경의 올바른 번역을 위해 얼마나 노력했는지 짐작할 수 있다.[14]

루터는 자신이 번역한 성경의 저작권이나 인세를 요구하지 않았다. 그래서 출판에 따른 수익은 고스란히 인쇄업자들에게 돌아갔다. 루터는 불평하지 않았다. 다만 사본을 충분히 받지 못한 데 대해서는 불

- "사람이 율법의 행위와는 상관없이 [오직] 믿음으로 의롭다고 인정을 받는다고 우리는 생각합니다"(롬 3:28).

쾌감을 표시했다. 루터는 자신이 번역한 성경을 불법적으로 출간하지 못하게끔 특정 출판사에 출판 권한을 주었다. 정식 인쇄본을 인증하는 두 삽화를 포함시켰는데 하나는 루터의 장미였고 다른 하나는 십자가를 짊어지고 가는 어린 양이었다. 그럼에도 많은 인쇄업자들이 그의 번역 성경을 불법적으로 인쇄해 판매했다.[15] 이 점은 루터 성경이 그만큼 많은 사람들에게 사랑을 받았다는 반증이기도 하다.

루터의 '두 왕국 이론'

작센의 게오르크 공(1471-1539)은 루터를 열렬하게 반대한 사람 중 한 사람이다. 작센의 선제후 프리드리히가 루터를 적극 후원한 반면, 프리드리히의 사촌인 게오르크는 루터를 대적했다. 1522년 11월에 게오르크는 그가 통치한 지역에서 '9월 성경'의 판매를 금지했다. 그 법령의 시행은 루터가 『세속 정부에 대하여, 어느 정도까지 그 권위에 순종해야 하는가?』라는 정부 권력에 대한 중요한 논문을 발표하는 계기가 되었다.[16] 이 논문은 루터의 정치신학, 특히 그의 '두 왕국 이론'을 잘 보여 준다.[17]

　루터의 두 왕국 이론은 그 전체를 일관되게 이해하기가 어렵기로 유명하다. 문제를 더욱 복잡하게 만드는 것은 현대 신학자들이 만들어 낸 잘못된 패러다임 때문이다.[18] 특히 국가와 교회의 관계성에 대한 루터의 견해에 '두 왕국 이론'(Zwei-Reiche-Lehre)이라는 이름을 붙인 사람은 칼 바르트(Karl Barth)다(1922년 처음 사용).[19] 바르트는 루터가 '두 왕국 이론'을 가지고 국가와 교회를 분리시켰고, 그 때문에 루터파 신학에서 교회의 정치적 책임성이 말살되어 버렸다고 비판했다.[20] 하지만 바르트의 해석은 두 가지 점에서 문제가 있다.

첫째, 그의 해석은 증명될 수 없는 조직신학적 체계를 루터에게 덮어씌우는 동시에 그에 따른 결과를 너무나 부당하게 요구한다.[21] 바르트는 "독일 국민은 지극히 위대한 기독교적 독일인의 유산으로 인해, 즉 율법과 복음의 관계, 세상적·영적 질서와 권세의 관계에 대한 마르틴 루터의 오류로 인해 고통을 겪고 있다…히틀러주의는 곧 루터교 형식 안에서 기독교화된 독일 이교도들의 현재적 악몽이다"라고 비판했다.[22] 물론 바르트의 지적처럼 많은 루터파 신학자가 히틀러주의와 결탁하여 오류를 범한 것은 사실이지만, 그 책임을 간단히 루터에게 지우는 것은 옳지 않다. 루터의 두 왕국 이론이 제대로 이해되었더라면 오히려 그런 오류를 막는 데 일조했을 것이다.

둘째, 바르트의 해석은 루터의 정치신학에 대한 잘못된 이해를 제공한다. 루터의 이론을 설명하기 위해 루터 학자들은 여러 시도들을 했다. 특히 하인리히 보른캄(Heinrich Bornkamm)은 '두 왕국'과 '두 정부'를 적절하게 구분했다. 두 왕국은 '통치 영역'을 의미하며, 두 정부는 '통치 방식'을 가리킨다.[23] 루터의 사상에서 그리스도인은 교회와 국가라는 두 통치 영역에 동시에 속해 살아간다. 하나님의 복음의 통치를 받지만 동시에 이 세상을 율법으로 다스리시는 하나님을 믿는다. 바르트는 루터의 두 왕국과 두 정부에 대한 사상에 담긴 이러한 포괄성과 역동성을 제대로 이해하지 못했다.

『세속 정부에 대하여』

이제 『세속 정부에 대하여』에서 루터가 말한 내용들을 살펴보자. 글을 시작하면서 루터는 세상 정부(worldly government)를 하나님이 만드셨다는 것을 성경적으로 지적한다. 로마서 13장 1-2절이 그 근거다.[24] 이 구절에서 사도 바울은 지상의 권세에 복종하라고 가르친다. 그런데 루터에 따르면, 성경의 다른 부분에서는 지상의 나라와 전혀 다른 형태의 삶이 제시된다. 예를 들어, 마태복음 5장 38-44절에서는 그리스도인이 세상의 권세처럼 무력을 사용하면 안 된다고 가르친다.[25] 왜 한 성경 안에 이렇게 모순되어 보이는 국가관이 나타나는가? 이 문제를 해결하기 위해 루터는 인간 세상을 두 왕국으로 구분한다. 그것은 그리스도의 왕국과 세상의 왕국이다. 아우구스티누스가 『신국론』에서 나눈 구별과 유사하다.[26] 대부분의 학자들이 루터가 『신국론』의 영향을 받았다는 데 동의한다.[27]

루터가 말하는 그리스도의 왕국은 참된 신자들로 구성된다. 참된 신자는 그리스도 안에 거하며, 그분의 통치를 받는다. 그리스도는 그분의 복음으로 그분의 백성을 다스리신다. 그렇기 때문에 그리스도의 왕국에 속한 자들에게는 실질적으로 지상의 권세자들이나 그들의 무력이 필요 없다. 그 백성은 지상 권세자들의 지배보다 훨씬 탁월한 그리스도의 지배를 성령 안에서 받기 때문이다. 성령은 그리스도의 나라에 있는 사람들이 서로 사랑하고 정의를 추구하도록 인도하신다.

루터는 신자들이 정당하게 행동하거나 잘못한 일이 아무것도 없다면, 지상의 국가가 제공하는 소송, 제소, 법정, 재판관, 형벌, 법뿐 아니라 칼이나 무력 등도 필요가 없다고 주장한다.[28] 루터는 이후 "산상설교 강해"에서도 동일한 주장을 하는데, 거기서 세상 나라와 영적 나라를 구분해야 한다고 말한다. 영적 나라에 속한 사람은 세상의 법과 무력이 필요하지 않다. 하지만 세상 나라 사람들에게는 그런 것이 필요하다. 루터는 교황이나 토마스 뮌처가 이러한 구분을 혼동해서 영적 나라에 무력을 도입했다고 주장한다.[29]

따라서 루터는 "산상설교"에 따라, 그리스도인의 삶에는 무력의 원리가 불필요하다고 주장한다. 그리스도인들은 지상의 모든 법과 가르침이 요구하는 바를 뛰어넘어 살고 있기 때문이다. 그들은 이미 그보다 훨씬 수준 높은 윤리적·도덕적 삶을 자발적으로 실천하고 있다. 따라서 세상의 무력적·법적 권세는 그리스도인의 삶에 사실상 쓸모가 없다.

그러면 무력과 법은 아무런 효용이 없는가? 루터는 그렇지는 않다고 말한다. 마치 율법이 그러한 것처럼, 세상 법과 무력은 무법한 자들을 위해 주어져서 그들이 죄를 깨닫도록 하는 역할을 하기 때문이다.[30] 율법은 사람의 정욕을 억제하고 범죄 행위를 예방한다. 그리하여 은혜의 필요성과 중요성을 깨닫게 한다. 이처럼 루터는 율법의 책망적 용도나 시민적 용도를 중요하게 생각했다.

율법의 세 가지 용도

잠시 율법의 용도에 대해서 더 살펴보자.* 『기독교강요』(*Institutio*

---

* 포괄적 설명을 위해 여기서는 칼뱅의 『기독교강요』를 가져와 설명하고, 이어서 루터에게 있어서의 율법과 복음을 다룰 때에는 루터를 중심으로 다시 율법의 용도를 설명한다.

Christianae Religionis), 2권 7장에서 칼뱅은 율법의 용도를 세 가지로 제시한다.[31] 제1용도는 흔히 '책망적 혹은 교육적 용도'(*usus elenchticus sive paedagogicus*)라 부르는 것으로 '죄를 깨우치는 역할'을 한다. 율법은 죄인으로 하여금 죄를 깨달아 하나님께 나아가게 한다(2.7.3-9). 율법의 제2용도는 보통 '정치적 혹은 시민적 용도'(*usus politicus sive civilis*)라 부르는 것이다. 율법은 '죄를 억제하는 기능'을 하여 악인들로부터 사회를 보호한다(2.7.10-11). 하나님은 악인들의 정욕이 날뛰는 것을 율법의 굴레로 억제하신다(2.7.11). 율법의 제3용도는 보통 '교훈적 혹은 규범적 용도'(*usus didacticus sive normativus*)라 불린다. 이것은 '믿음으로 구원받은 자가 하나님을 섬기게 하는 기능'으로, 성화의 삶을 위한 지침이 된다(2.7.12-13). 칼뱅은 이 세 번째 용도가 가장 중요한 것이며 율법의 본래 목적에 가장 가까운 것이라고 말한다.[32]

칼뱅과 달리 루터는 율법의 첫 번째와 두 번째 용도를 강조했다. 루터는 세상 나라의 법도 그런 측면에서 파악한다. 하나님은 세상 나라의 법을 통하여 사람들이 자신의 죄를 깨닫게 하시고, 시민들의 생활을 보호하신다.

그리스도의 나라가 참된 신자로 구성되어 있다면, 세상의 왕국은 그리스도인이 아닌 자와 그리스도인처럼 행하지 않는 자들로 구성되어 있다고 루터는 말한다. 그렇기에 세상 왕국의 사람들은 세상 권력자와 법의 통치 아래 있다.

루터는 이 세상에 참된 신자는 적다고 보았다. 그리고 명목상 그리스도인이라 불리지만, 실제로 그리스도인다운 삶을 사는 사람도 적다. 참된 신자와 불신자(혹은 명목상 신자) 사이의 차이는 아주 크다. 참된 그리스도인들은 악한 자들에게 복수하지도 않고 악을 행하지도 않기 때문이다(마 5:39). 반면에 불신자들이나 이름으로만 그리스도인이라 불리는 신자들은 계속해서 악을 행한다. 루터는 명목상 신자들이 복음이 주는 자유를 남용한다고 비판한다.[33]

하나님이 세상 권세자들에게 무력을 허락하시는 것도 이 세상에 악한 자들과 무법한 자들이 많기 때문이다.[34] 루터는 분명 재침례파를 의식하면서, 모든 현세적 법과 무력을 다 철폐하자고 하는 사람이 있으나 실제로 그렇게 된다면 어떤 일이 벌어지겠냐고 묻는다.[35] 그렇게 되면 세상 왕국에 사는 사람들뿐 아니라, 하나님 나라 백성들 역시도 큰 혼란을 겪게 될 것이다. 사람들 사이에서 끔찍한 폭력과 야생적 사악함이 아무런 제재도 없이 자행될 것이기 때문이다.[36] 따라서 루터는 로마서 13장과 관련하여, 무력은 그리스도의 왕국 밖에 거하는 악한 자들을 다스리기 위해 주어진 것이지만, 신자의 평화롭고 안전한 삶을 위해서도 필요하다고 역설한다.[37]

루터는 복음의 법칙을 세상 왕국에 적용하는 일은 소용이 없다고 주장한다. 세상 사람들은 복음의 법칙을 알려 주어도 무엇인지 깨닫지도 못하며 지키지도 않는다. 그리스도인들만이 복음이 주는 참된 자유를 소유하고 있다. 그렇기에 루터는 세상 모든 사람에게 복음적 자유를 주기 위한 유일한 방법은 온 세상을 전도하여 신자로 만드는 것이라고 주장한다. 그러나 사실 세상을 전부 복음화할 수는 없다. 오히려 참된 그리스도인은 언제나 소수로 남는다. 그렇기에 루터는 "일반적 기독교 정부가 온 세상 또는 한 국가 또는 상당한 규모의 조직을 지배한다는 것은 전혀 불가능하다. 이는 악한 자들이 선한 자들보다 항상 훨씬 많기 때문이다"라고 주장했다.

정리하자면, 루터는 은혜와 복음으로 다스려지는 영적 왕국과 법과 무력으로 다스려지는 세상 왕국을 구분했다. 루터는 그리스도인이 성령의 통치를 받기에 사실상 법과 무력의 통치가 필요 없다고 보았다. 하지만 그럼에도 여전히 세상 왕국의 통치가 필요한 이유가 있다. 첫째, 하나님은 창조 질서 안에서 세상을 그렇게 통치하시기로 하셨다. 둘째, 세상의 악한 자들은 법과 무력으로 다스려져야 한다. 셋째, 교회 내에도 악한 자들 곧 육적인 자들이 있는데 그들은 성령의 통치를 거부하기에 법과 무력으로 통치받아야 한다. 넷째, 사회적 공공선의 실현을 위해서 법과 무력이 필요하다.[38]

루터의 두 왕국 이론을 오해해서는 안 된다. 첫째, 루터는 기독교 왕국이 세상 나라와 적대해야 한다고 주장하지 않았다. 오히려 그리스도의 왕국 사람들은 세상 왕국 사람들보다 더욱 탁월한 도덕성을 보여 줌으로써 그들과 화평해야 한다. 둘째, 루터는 이 세상을 일종의 기독교 제국으로 만들어야 한다고 주장하지도 않았다. 그것은 불가능한 환상이다. 루터의 주장은 모든 사람을 두 개의 통치 범주로 구분해야 한다는 것이었다. 그로써 그리스도인들은 세상 안에서 하나님의 말씀으로 통치를 받게 되며, 비그리스도인들은 하나님이 세우신 입법자들로 통치를 받게 된다.

그리스도의 왕국과 세상 왕국의 관계

루터는 그리스도의 왕국과 세상 왕국이 각각 구체적 목적을 위해 존재한다고 믿었다. 이 두 왕국은 각자의 고유한 목적과 영향력이 있기에 한 왕국이 다른 왕국을 침해할 수 없다. 각자의 영역 안에서의 기능들이 존재한다. 여기에서 루터의 두 왕국 이론에 담긴, 정치와 종교의 분리에 대한 견해가 나타난다. 교회는 세상 권력의 근간을 이루고 있지 않으며, 세상 통치자 또한 영적 권위의 기초를 줄 수 없다. 각자의 영역이 다르기 때문이다. 물론 교회의 영적 권위와 왕의 세상적 권위 모두 하나님으로부터 기인한다. 그러므로 그들은 하나님께 순종하면서도 각자 자신에게 주어진 역할들을 이루어 가야 한다. 루터는 이렇게 정치와 종교 각자에게 주어진 영역이 있다고 주장했다.

무엇보다 루터는 각 왕국은 각자의 자리에 남아 있어야 한다고 주장했다. 그리스도의 왕국의 목적은 의로움을 낳는 것이다. 세상 왕국의 목적은 악행을 예방하고 외적 화평을 낳는 것이다. 이 둘은 모두 필요하다. 둘 중에 하나라도 없으면 인간의 삶에는 문제가 발생한다. 세상의 정부도 그리스도의 영적 정부의 도움 없이는 제대로 존속할 수 없다. 세상 정부는 하나님 눈에 의롭다 함을 받을 수 없기 때문이다. 반대로, 현세에서는 그리스도의 왕국도 세상 왕국이 필요하다. 그래야만 그리스도의 통치가 모든 사람에게 뻗어 나갈 수 있는 발판이 마련된다. 만일 세상 왕국이 없어서 세상이 무법천지가 된다면 복음의 길도 막힐 것이다. 그리스도인들은 비그리스도인들 가운데 항상 소수이기 때문이다. 이처럼 루터의 두 왕국 교리는 각각의 왕국이 자신의 백성을 다스릴 수 있는 고유한 권력을 허용하고 있다. 무엇보다 두 왕국의 법적 관할을 서로 침범할 수 없도록 했다.

이 마지막 지점, 즉 각 왕국이 서로의 영역을 침범할 수 없다는 것이 루터에게는 매우 중요했다. 세속 정부의 권력이 하나님의 왕국을 침범해서 간섭하고자 해서는 안 된다. 그들이 영혼과 믿음의 문제를 다스리려고 해서도 안 된다. 믿음은 개인 양심의 문제이기 때문이다. 영혼을 다스리는 일은 하나님이 홀로 주관하신다. 사람들은 하나님께 순종해야 한다. 하나님은 목회자를 통해 하나님의 말씀을 신자들의 삶에 적용시켜 다스리신다. 그렇기에 세속 군주가 그리스도인의 삶의 양식을 결정지으려고 해서는 안 된다. 그리스도인들은 하나님 말씀만으로 다스림을 받아야 하기 때문이다.

이러한 두 왕국 이론을 근거로 루터는 신약 시대 헤롯과 같은 군주들을 "그리스도의 살해자들"(murderers of Christ)이라고 부른다.[39] 루터가 보기에 작센의 게오르크도 역시 그러한 무리에 속했다. 그는 영적 영역을 침략하며 자기 마음대로 루터의 신약 번역본을 차단하려고 시도했기 때문이다.

루터의 두 왕국 이론은 이처럼 참된 그리스도인과 그 외의 사람들이라는 철저한 구분 속에서 형성된 이론이다. 한편으로 두 왕국 이론은 종교의 자유를 위한 토대를 놓았다. 루터의 두 왕국 이론 자체가 종교의 자유를 위해 나온 이론임을 기억하는 것이 중요하다. 루터는 국가가 교회 일에 절대로 간섭해서는 안 된다고 말하지 않았다. 좋은 쪽으로 돕기 위해서는 국가 권력이 유용할 수도 있다. 대표적으로 루터는 1520년대 중반에 농민전쟁이 심해지자 세속 정부가 이 문제에 개입하기를 적극적으로 요청했다. 이처럼 국가는 교회를 돕기 위해 개입할 수 있다.

또한 두 왕국 이론이 정치와 종교의 완전한 분리를 위한 것이 아님을 기억하는 것도 중요하다. 만일 정치와 종교가 완전하게 분리된다면, 정치적 악행을 종교가 전혀 제재할 수 없게 될 것이다. 실제로 나치하의 독일과 일제 강점기하의 조선 교회와 군사정권 하의 한국 교회는 그런 잘못을 범했다. 그러나 루터의 두 왕국 이론은 그런 잘못된 태도를 결코 가르치지 않는다.[40]

두 왕국 이론의 변화

한 가지 더 기억해야 할 사실은 루터의 두 왕국 이론이 1523년 이후 변했다는 점이다.[41] 1523년에 쓴 『세속 정부에 대하여』에서 루터가 취한 견해는 아우구스티누스의 것과 거의 비슷했다. 즉 한 사람이 세상의 나라와 하나님의 나라에 동시에 속하지 않는다고 보았다. 그러나 1523년 이후 설교들을 보면, 루터는 그리스도인이 두 영역의 시민이라고 주장한다. "내게는 양쪽의 시민권이 있다. 신앙을 따라서는 그리스도에게 복종하고, 몸을 따라서는 카이사르에게 복종한다."[42]

이는 율법과 복음에 대한 그의 날카로운 이분법이 약간 무뎌진 것과 관련이 있다. 루터가 그리스도인 역시 율법 아래에 산다고 할 때의 율법은 세상의 통치 질서로서의 율법을 가리킨다. 그는 세상 왕국이 죄의 나라이거나 사탄이 지배하는 나라가 아니며, 일종의 중립적 의미를 가진 외적 질서를 유지하는 나라라고 규정한다. 그리스도의 나라는 하나님과 인간 사이의 내적이고 인격적인 관계성을 지시하는 영역이 되었다.

이전의 사상에서 루터는 그리스도인에게 세상 왕국의 권세는 필요

없다고 주장했다. 그러나 1523년 이후로는 그리스도인도 세상에 속한 사람이자 죄인으로서 세상 왕국의 강제력에 종속된다고 주장한다.

세상 왕국은 인간의 타락 이후 이 세상을 보존하기 위해 하나님이 마련하신 질서다. 그것은 이성에 근거하여 운행된다. 단지 하나님의 분노의 왕국이 아니며, 오히려 하나님의 창조적 선에 근거하여 존립한다. 그리고 그 질서에는 세상 왕국뿐 아니라 결혼, 가족, 재산, 경제 등 세상의 모든 삶의 요소들이 속한다.[43]

요약하자면, 루터의 두 왕국 이론은 1523년 이후부터는 두 왕국 사이의 날카로운 이분법을 철회하고, 이 세상이 가진 중립적 질서의 의미를 보다 부각시키는 식으로 변화되었다. 그럼에도 불구하고 1523년의 논문에서 제시했던 주요 개념들은 여전히 유지되고 있다. 복음의 원리가 율법의 원리보다 탁월하다는 점, 그리스도인은 믿음 안에서 세상 사람들보다 더욱 탁월한 삶을 살아야 한다는 점, 하나님이 교회와 세상 모두를 다스리신다는 점이 그것이다.

급진 종교개혁

1522년 3월 1일 루터는 비텐베르크로 돌아왔다.[44] 이때는 급진적 개혁자들이 주도권을 쥔 상황이었다. 예를 들어, 안드레아스 카를슈타트(Andreas Karlstadt, 1486-1541)는 루터의 사상을 매우 과격하게 이해했다. 그는 즉각 미사를 중단하고 예배당에 있는 모든 성상을 파괴하라고 했다. 카를슈타트의 추종자들은 교회 내의 모든 그림들을 없애 버렸다. 또한 독신 서원을 정죄했다. 그들은 폭력적 방식으로 자신들의 의지를 관철하려 했다.[45] 카를슈타트는 성찬식을 집례할 때 성직복을 입지 않고 떡과 포도주를 나누어 주었다. 또한 예수님이 성례를 제정하신 말씀을 읽는 것 외의 모든 전례적 형식을 완전히 무시했다.[46]

비텐베르크에서 그러한 상황을 확인한 루터는 그런 식의 과격하고 폭력적인 개혁이 자신이 의도한 것이 아님을 분명히 했다. 그는 8일 동안 8번 설교하여 이러한 급진적 개혁 운동을 저지했다. 이 설교들은 '호소하는 설교'(Invocavit Sermons)라고 알려져 있다. 이 설교에서 중요한 것이 '본질적인 것'(diaphora)과 '비본질적인 것'(adiaphora)을 구분했다는 점이다. 루터는 성경에서 분명히 지시하거나 금지하는 것은 본질적이지만, 그 외의 것은 비본질적(혹은 '아디아포라')이며 양보할 수 있다고 보았다. 예를 들어 예배 의식, 예배 순서, 설교자의 복장, 수도원에 들어가기 위한 서원, 목사의 결혼, 교회당 내의 성상(聖像)의 문제 등은 모두 비본질적인 것으로 보고 자유를 허용했다.[47] 특히 성상 파괴자들을 반대했는데, 루터는 교회당의 성상들을 없애는 것보다 먼저 우리 마음속에 있는 성상부터 허물어야 한다고 주장했다. 그는 성상을 믿지 않는다면 성상을 그냥 두어도 괜찮다고 생각했다.[48]

루터가 보기에 카를슈타트는 '비본질적인 것'에 너무 집중하여 개혁의 본질을 오히려 흐리는 것 같았다. 이 설교들을 통해 루터는 카를슈타트를 따르는 사람들을 진정시킬 수 있었고, 급진적 종교개혁은 절제를 갖춘 모습으로 돌아오게 되었다. 카를슈타트는 다른 곳에서 사역하기로 루터와 합의했다. 이렇게 하여 비텐베르크의 개혁은 다시 안정을 되찾게 되었다.

보수적 루터와 아디아포라의 문제

루터는 철저하게 성경을 따라 개혁하고자 했던 영역도 있었지만, 여러 면에서 보수적이기도 했다. 한스-마르틴 바르트는 이렇게 말한다. "루터는 그가 살던 교회를 결코 총체적으로 거절하지 않았다. 그 반대로 얼마나 그가 보수적으로 교회를 대했는가 하는 것은 매우 놀랍기만 하다. 이것은 특히 예배 규정을 바꿀 때에 보여 주었던 조심성에서 볼 수 있다. 1523년 발행된 『미사와 성만찬 규정』(*Formula missae et communionis*)은 옛 규정을 대부분 담고 있으며, 법규(Canon) 그리고 희생과 연관된 요소들만 제거되었다. 1526년의 『독일 미사』(*Deutsche Messe*)도 마찬가지로 보수적 성향을 보여 준다."[49]

루터의 이런 보수적 태도는 종종 비판의 대상이 된다. 예를 들어, 칼뱅은 '비본질'의 영역을 별로 허락하지 않았다. 많은 문제들에서 루터가 '성경이 금하지 않는 한 전통은 구속력이 있다'고 생각했다면, 칼뱅은 '성경이 명하지 않는 한 전통은 구속력이 없다'고 생각했다.[50] 이런 차이는 오늘날 유럽의 루터파 교회들과 개혁주의 교회들의 예배당 모양, 예배 의식, 목회자의 복장, 예배 순서 등등을 비교해 살펴보면 쉽게 눈치챌 수 있다. 과연 어떤 쪽이 옳을까?

기독교의 여러 영역에서 '아디아포라'(비본질적인 것)가 과연 존재하는가에 대한 토론은 늘 반복되어 왔다.[51] 모든 것이 하나님께 속하여 있고 우리는 오직 하나님의 말씀을 따라 삶으로써 하나님께 영광을 돌려야 한다는 점에서, '아디아포라'는 없다. 신앙에서 중립 지대는 없기 때문이다. 하지만 그렇다고 해서 신자에게 자유가 없는 것은 아니다. 오히려 신자는 온전한 자유 속에서 살아간다. 따라서 너무 강박 관념에 시달리며 '이 행동이 정말 옳은가?'라고 항상 물을 필요는 없다. 우리는 성경을 기준으로 옳은 것을 추구하되 많은 영역에서 자유를 누리며 살 수 있다.

만일 어떤 사안에 대해서 신자들 사이에 의견 충돌이 있을 경우에는 어떻게 해야 하는가? 우리는 건전한 성경 해석을 바탕으로 올바른 것을 선택해야 한다. 그 성경 해석에 대한 신자들 사이의 다른 견해 때문에 여전히 선택이 어려운 경우에는 '허용된 것'이 있음을 기억해야 한다. 우리는 서로를 이해하고 존중하는 법을 배워야 한다. 그와 동시에, 그저 아디아포라라고 생각해 버리기보다는 깊이 성경을 연구해 좀더 성경적인 방향을 찾는 노력도 필요하다.

루터를, 더 많은 루터들을, 루터보다 더 나은 것을!

루터는 여러 면에서 종교개혁의 시작점이었지만 아무래도 아디아포라의 영역을 많이 남겨 놓았기에, 그의 정신을 따르면서도 그보다 더 성경적으로 교회를 개혁해 가고자 하는 여러 교단들이 생겨났다. 개혁교회, 장로교회, 침례교회 등이 대표적이다. 칼뱅은 "루터가 나를 사탄이라고 부른다 할지라도, 저는 여전히 루터를 하나님의 신실한 종으로 존경하겠습니다"라고 말했다.[52] 하지만 그리스도의 육체에 대한 견해, 예배에 대한 견해, 교회 정치(특히 장로제에 대한 태도)에 대한 견해에서 칼뱅은 루터 및 루터파와 의견을 달리했다.

영국의 청교도들도 한편으로 루터의 신학을 이어 나갔지만, 다른 한편으로는 루터의 약점들을 보완하고자 했다. 그들은 "루터가 모든 것을 보았던 것은 아니다"(Lutherus non vidit omnia)라고 말하며 루터를 극복하고자 했다.[53]

루터 이후 개신교의 많은 신학자들과 목회자들이 루터를 배웠고, '더 많은 루터들'이 교회를 개혁하고자 했으나, 궁극적으로는 '루터보다 더 나은 것'을 지향하고자 노력했다. 그것은 바로 더욱 성경적인 기독교다. 루터가 살아 있다면 물론 자신의 가르침들을 넘어서 더욱 성경적으로 교회를 개혁하는 이들에게 결코 반대하지 않았을 것이다.

목회자이며 설교자인 루터

바르트부르크 성에서 비텐베르크로 돌아와 정착한 루터는 혁명가에서 개혁가로, 그리고 건설가로 변했다. 그는 자신의 개혁이 지속되도록 하기 위해 이후 수년간 신학을 더욱 명확하게 발전시켰다. 그는 교회 개혁을 위한 지침서를 제공했고, 신약성경 번역을 수정했고, 목사와 교사들을 위해 대교리문답을, 아이들을 위해 소교리문답을 만들었다. 예전과 찬송가도 개정했으며 계속해서 설교를 전했다. 루터의 설교문은 지금까지 약 2,300개가 남아 있다.[54]

루터는 자신을 '매일의 설교자'라고 칭했다.[55] 그는 자신의 고향 아이슬레벤에서 생을 마감하기 사흘 전까지 설교했다.[56] 심지어 하루에 여덟 번이나 설교한 적도 있다. 루터는 신학적인 글을 쓸 때에는 주로 라틴어를 썼지만, 설교할 때에는 독일어로 했다. 이것은 당시 신학자들 일반의 모습이다. 교육을 받은 사람들이 아니면 라틴어를 잘 몰랐기 때문이다. 칼뱅도 『기독교강요』와 주석 등을 라틴어로 썼지만, 설교는 프랑스어로 했다.

루터는 『탁상담화』에서 훌륭한 설교자의 자질 10가지를 열거했다. (1) 잘 가르칠 것, (2) 두뇌가 좋을 것, (3) 말을 잘할 것, (4) 목소리가 좋을 것, (5) 기억력이 좋을 것, (6) 너무 오래 말하지 않고 끝낼 때를 알 것, (7) 신념이 있고 부지런할 것, (8) 설교로 돈을 벌지 않고, 육체와 생명과 재물과 명예를 바칠 각오를 할 것, (9) 모든 사람으로부터 조롱을 감내할 것, (10) 참고 견딜 줄 알 것.[57]

루터는 또한 『탁상담화』에서 복음적 설교의 세 가지 조건에 대해 말했다. 첫째, 율법을 잘 전해서 인간의 양심이 무너지게 할 것. 둘째, 복음을 잘 전해서 인간의 양심이 새롭게 세워지게 할 것. 셋째, 말씀의 능력으로 의심스러운 것들로부터 벗어나는 경험과 접목되어야 할 것. 루터는 이러한 복음적 설교가 선포되면 주님이 곧 뒤따라오실 것이라 주장했다.[58]

루터는 설교자가 하나님의 도구라고 믿었다.[59] 루터의 학생이었던 알베르트 뷔러(Albert Bürer)가 전하는 바에 따르면, 루터는 온화하며 쾌활한 얼굴 표정과 감미로운 음성으로 설교했는데, 한 번이라도 그의 설교를 들은 이는 계속 듣기를 갈망했다고 한다.[60]

건설가 루터와 공공신학

루터는 매일의 설교 외에도 사회봉사를 위한 제도 개선에도 힘썼다. 이 부분에서 루터가 많은 오해를 받았기에 부가 설명을 할 필요가 있다. 20세기 후반까지만 하더라도 루터의 사회윤리와 공공신학은 그렇게 인기 있는 주제가 아니었다. 그도 그럴 것이, 루터의 사회윤리에 혹평을 가한 유명한 학자들이 많았기 때문이다. 대표적으로 에른스트 트뢸치(Ernst Tröltsch), 막스 베버(Max Weber), 게오르크 뷘쉬(Georg Wünsch), 칼 바르트, 볼프하르트 판넨베르크(Wolfhart Pannenberg)의 비판을 들 수 있다.[61] 트뢸치와 베버와 뷘쉬는 루터의 윤리학에 대해 "사회적 불임"(sozialer Unfruchtbarkeit)의 윤리라고 가차 없이 비판했다.[62] 바르트와 바르트주의자들도 이에 못지않은 강한 비판을 제기했다. 그들은 루터의 윤리가 정치와 경제 영역에서 "자율성"(Eigengesetzlichkeiten)을 너무 많이 허락했고, 그 결과 눈먼 대중을 낳았으며, 설상가상 그것이 독일인의 오만과 결합하여 결국 세계대전이라는 대재앙에 귀착하고 말았다고 비판했다.[63] 이러한 견해는 세계대전 기간과 그 직후에 상당히 유행했던 것이지만 역사적으로 검증되기는 힘든 주장이다.•

판넨베르크는 앞의 학자들보다는 비교적 온건하게 루터의 사회윤리를 비판했다. 그는 아우구스티누스로부터 이어지는 신학적 경향이 개인적 구원을 중요시했고, 그런 경향이 중세의 참회 신학에서 더욱 강화되었으며, 루터파 신학에서 정점을 찍었고 경건주의에서 계

• 그럼에도 불구하고 이 주장은 근래까지도 여전히 유통된다. 대표적으로 다음 책은 루터를 히틀러의 영적 조상으로 묘사한다. Peter F. Wiener, *Martin Luther: Hitlers Spiritual Ancestor* (Broukal, 1985). 보다 엄밀한 역사적 분석은 H. Lehmann, "Katastrophe und Kontinuität: die Diskussion über Martin Luthers historische Bedeutung in den ersten Jahren nach dem Zweiten Weltkrieg", in *Geschichte in Wissenschaft und Unterricht* (1974), pp. 129-149를 참조하라.

속 맥을 이어 간다고 서술한다.⁶⁴ 이런 신학적 경향 속에서는 죄와 은혜라는 주제가 아주 좁은 의미로만 다루어져, 종교의 핵심적 질문이 개인적 삶의 인격 문제로만 한정되어 버린다고 판넨베르크는 평가한다. 그리하여 "창조와 미래의 종말론적 왕국에서의 하나님의 통치는 하위적인 문제가 되고 만다"는 것이다. 판넨베르크는 "이런 경향성이 루터파 개신교에서 가장 순수하게(Am reinsten) 드러난다"고 설파한다. 또한 "이와 반면에 칼뱅주의 전통에서는 사회적 삶의 관계성(die sozialen Lebenszusammenhänge)과 그에 상응하는 하나님의 통치(Gottesherrschaft) 개념이 지속적으로 영향력을 행사했다"라고 말하면서 루터파 윤리와 개혁파 윤리의 차이를 지적한다.⁶⁵ 앞의 학자들보다는 온건하지만 여전히 루터의 사회윤리를 격하하는 평가다.

하지만 루터의 공공신학 혹은 사회윤리는 여느 종교개혁자 못지않게 매우 탁월했다. 사실상 루터의 작품을 읽다 보면 그가 현세적 문제에 구체적 윤리를 얼마나 광범위하게 제시했는지 쉽게 알 수 있다.⁶⁶ 루터는 자신의 신학과 연계해 공공신학을 전개했다. 루터가 그토록 중요하게 여긴 이신칭의론은 선행이 개인의 구원을 위한 공로적 행위가 아니며, 구원에 대한 감사에서부터 나오는 이웃 섬김으로 이해되어야 한다고 가르친다. 루터는 두 왕국 이론에서, 하나님이 이 세상의 국가 또한 통치하시기에 국가는 하나님이 명하시는 일을 수행하는 기관이라고 주장한다. 또한 루터의 소명론은 그리스도인이 교회와 가정에서뿐 아니라 사회와 국가에서도 역시 자신의 일에 충실해야 함을 가르친다. 루터는 논문과 설교를 통해, 신자가 행해야 하는 선행이 개인적 관계에만 머물러서는 안 되며 사회봉사와 기증 문화, 교육

환경 조성, 장학 사업 증진, 대학의 설립과 운영에까지 이어질 수 있고 이어져야 함을 가르친다.[67]

공동 금고

교회가 지닌 사회적·경제적 책임을 강조했던 루터는 '공동 금고'(Gemeine Kasten)라는 것을 만들었다.[68] 공동 금고는 루터의 종교개혁이 낳은 중요한 사회적 기여로 인정된다. 이 제도를 통해 루터는 교회와 시의회가 가난을 타개하고 열악한 교육 환경을 극복하는 방안을 만들게 하도록 노력했다.[69] 루터는 이 제도를 1522년, 비텐베르크에서 제안했다. 그것은 교회 역사상 최초로 만들어진 일종의 의료 보험이었다. 그러나 단지 질병의 치료 목적뿐 아니라, 가난한 자들과 노인들과 재난을 당한 사람들을 위한 구제 목적으로도 광범위하게 쓰였다.

루터가 1523년에 직접 작성한 공동 금고 이용 규정에는 "지상의 물질을 어떻게 사용해야 하는지에 대한 권고문"이라는 부제가 붙어 있다. 그 글에서 루터는 이 공동 금고의 물질은 "공공선을 위해서 모든 필요한 자들에게 그리스도의 사랑 안에서 나눠 주어야 한다"라고 명시한다.[70] 기록에 따르면 실제 도움이 필요한 자들에게 이 공동 금고가 집행한 구제금의 액수는 상당했다.

당시 비텐베르크에는 세 개의 병원이 있었고, 각 병원은 환자를 돌보는 사람들과 음식과 난방 시설을 갖추었다. 여기에 '가난한 자들을 위한 의사'(armenarzt)로 멜키오르 펜트(Melchior Fendt)가 고용되기도 했다. 가난한 사람들의 경우 펜트의 진료와 약 처방이 무료로 제공되었는데, 공동 금고 덕분이었다.

비텐베르크는 구걸 행위를 금지했는데, 공동 금고 제도가 그 보완책이었다고 볼 수 있다. 사실 중세 여러 도시에서 거지들은 상당한 수익을 올렸다. 적선(積善) 행위를 통해서 공로를 쌓을 수 있다는 중세적 신앙 관습과 인식 때문이다. 비텐베르크도 예외는 아니었지만, 사람들은 곧 공동 금고 제도를 통해 이러한 잘못된 관행을 타개해 나갔고, 점차 거지들이 직접 일을 해서 먹고살게 되었다.

일자리를 제공하기 위한 노력도 함께 진행되었기에 효과는 매우 컸다. 기록에 따르면 어떤 장인(匠人)은 사업을 확대할 수 있도록 공동 금고로부터 500굴덴의 돈을 무이자로 빌릴 수 있었다.[71] 그 무이자 대출은, 그 장인의 확대된 사업장에 더 많은 노동자들이 고용될 수 있다는 판단 때문에 가능했다.[72] 때로는 집을 짓는 일에 돈이 투자되기도 했다. 굶주린 자들을 위해 음식을 제공하는 집도 생겨났다. 풍년일 때는 흉년을 대비해 많은 식량을 비축해 놓았다.

1528년에는 공동 금고가 더욱 확대되어서, 교회에서 일하는 사람들과 학교의 교사들에게 월급을 지급하는 데 쓰이기도 했다. 부자들은 공동 금고에 반드시 일정량의 돈을 기부해야 했다.[73] 마침내 모든 소년과 소녀가 무료로 4년제 학교에 다닐 수 있었다.* 또한 부모가 가난하지만 아들이 매우 똑똑한 경우 장학금을 지급해 상급 학교와 대학에 진학할 수 있도록 지원해 주었다.

공동 금고 제도가 더 발전하자, 도시를 보다 작은 단위로 나누어

---

* 여성들이 일반적으로 중세의 교육 대상에서 제외되었던 것을 생각하면 이것은 놀라운 일이다.

서 각 구획마다 시에서 지정한 책임자가 공동 금고를 효율적으로 관리하도록 했다. 특별히 많은 자녀를 가진 과부가 도움을 받지 못하는 일이 없도록 했다.

시에서는 공동 금고를 관리하기 위해 신뢰할 수 있는 시민 여섯 명을 매년 선출했다. 그들 가운데 적어도 세 명이 참석해야만 공동 금고의 수입과 지출에 대해 논의할 수 있었다.[74] 연간 수입 및 지출 상황은 시장과 목사가 검사하고 서명해야 했다. 공동 금고가 남용되지 않도록 하는 철저한 조치였다.

공동 금고의 실천은 종교개혁의 사회적 영향력을 매우 잘 보여 준다. 루터는 영적인 일에만 몰두한 것이 아니라, 동시에 이 땅의 경제적 상황에 대해서도 관심을 쏟고 노력했다. 교회가 그리스도의 사랑을 실천해서 사회를 공동체로 키우는 데 기여해야 함을 공동 금고의 사례가 잘 보여 준다.[75] 사실 가난한 자들을 구제하는 일은 기독교회가 이전부터 힘쓰던 사도적 실천(apostolic practice)이었다.* 루터는 그것을 제도화하여 구제 활동의 효율을 높인 셈이다.

루터의 동역자들: 멜란히톤, 부겐하겐, 요나스, 슈팔라틴

루터는 교회와 설교의 갱신이 신학과 학문의 갱신과 함께 시작되어야 한다고 믿었다.[76] 멜란히톤 역시 같은 생각을 공유했다. 튀빙겐 대학의

---

* 갈라디아서 2장 10절은 "다만, 그들이 우리에게 바란 것은 가난한 사람을 기억해 달라고 한 것인데, 그것은 바로 내가 마음을 다하여 해 오던 일이었습니다"라고 말한다. 사도들이 바울에게 특별히 가난한 자들을 구제해 주길 당부한 것이다.

튀빙겐 대학 부르자의 석판

기숙사에는 지금도 필립 멜란히톤을 기리는 글이 새겨져 있다. "이 부르자(bursa)에서 살고 활동한 필립 멜란히톤, 그는 1497년 2월 16일 브레텐에서 출생하여 1512년 튀빙겐 대학에 입학하고, 1514-1518년 이 부르자에서 마기스터와 교사로 활동했다. 교회와 대학의 개혁자가 되기 위해 그는 먼저 이곳에서부터 학교의 개혁자가 되었다."** 유럽에서 종교개혁이 만들어 낸 긍정적 성과들은 교육, 특히 신학 교육이 성공한 결과였다고 해도 과언이 아니다.[77]

멜란히톤은, 당대 최고의 히브리어 학자이며 르네상스 인문주의자였던 요한네스 로이힐린(Johannes Reuchlin, 1455-1522)의 이손(누이의 손

** 튀빙겐 대학의 서판에서 직접 번역. '부르자'는 중세 대학의 기숙사다. 라틴어 *bursa*는 '지갑'이란 뜻인데, 학생들이 지불하는 하숙비가 기숙사와 연관되어 생긴 이름으로 일종의 환유법 표현이 굳어진 사례로 보면 되겠다. Hendrix, *Martin Luther*, p. 28을 참조하라.

7장 급진적이며 보수적인

크라나흐, "필립 멜란히톤의 초상" (?1545)   크라나흐, "요한네스 부겐하겐의 초상" (1537)   크라나흐, "게오르크 슈팔라틴의 초상" (1509)

자)이었는데, 로이힐린은 그를 친자식처럼 여기고 교육했다.[78] 어릴 적 부터 인문주의의 영향을 크게 받은 멜란히톤은 탁월한 학자가 되었다. 그가 독일 교육의 역사에 미친 영향이 너무나 크기에, 독일인들은 그를 "독일의 교육자"(praeceptor Germaniae)라고 부르면서 존경한다.

그가 1521년 12월에 쓴 『공통 논제』(Loci Communes)는 루터파의 확산에 큰 힘을 더했다. 이 책은 루터파 최초의 본격 교의학 저서였다.[79] 멜란히톤은 신학뿐 아니라, 3학 4과의 모든 과목과 본과인 법학, 의학, 신학에서도 개신교적 학문의 토대를 구축했다. 그는 인문학적 루터파 교수이며, 대학 개혁을 위한 교육자요 행정가였다. 그의 사역으로 16세기 중반부터 개신교 학교가 인문주의적 교육 방식으로 재조직되었고, 종교개혁이 유럽에 정착하는 중요한 발판이 마련되었다.[80] 멜란히톤은 건강한 교회가 하나님을 두려워하는 건강한 대학과 함께 시작된다는 신념을 일평생 관철했다.[81]

루터의 친구이자 동료인 요한네스 부겐하겐(Johannes Bugenhagen, 1485-1558)은 1521년에 비텐베르크에 도착하여 루터와 함께 학생들을 가르쳤다. 또한 그는 여학교를 세우는데, "[여성]에게도 하늘나라는 동일하기 때문이다."[82] 1521년에 유스투스 요나스(Justus Jonas, 1493-1555)도 에르푸르트에서 비텐베르크로 와서 교회법을 강의했다. 그는 루터와 멜란히톤의 작품들을 번역했으며, 찬송시를 쓰기도 했다.[83] 요나스는 루터의 임종을 지킨 사람이다. 게오르크 슈팔라틴(Georg Spalatin, 1484-1545)도 빼놓을 수 없는데, 그는 루터와 정치인들 사이의 관계를 조율하는 중재자 역할을 톡톡히 해냈다. 슈팔라틴의 정치적 중재와 인맥 관리가 없었다면 루터의 교회 개혁은 초반부터 큰 위기를 겪었을 것이다.[84]

교회와 사회를 아우른 루터의 개혁은 그 혼자만의 과업이 아니었다. 루터가 활동한 독일의 도시들을 방문해 보면, 루터와 함께 멜란히톤이 나란히 선 그림이나 동상을 자주 보게 된다. 부겐하겐과 요나스의 동상도 종종 볼 수 있다. 종교개혁은 동역과 협력의 결과였다.[85]

농민전쟁

비록 비텐베르크에서 진행된 개혁은 순조로웠지만, 독일 전체를 놓고 보면 루터는 큰 위기를 맞는다. 농민전쟁 때문이다. 민란은 종교개혁 전야부터 일어나고 있었다. 한껏 나빠진 경제적 상황에서 빈곤 증가와 세금 인상이 더해지자 농민들이 반란을 일으킨 것이다.[86]

농민전쟁은 1524년부터 이듬해까지 이어졌는데, 루터를 비롯한 개혁가들의 설교가 이에 끼친 영향이 크다. 교회와 위계 질서를 향한 루터의 공격을 당시 많은 농민들은 사회적 계층 구조에 대한 공격이 포함된 것으로 이해했다. 루터가 실제로 교회 지도자들과 세상의 군주들을 강하게 비난한 것도 사실이다.[87] 하지만 루터는 중세적 신분제를 철폐해야 한다는 식으로 더 나아가지는 않았다. 루터는 군주들의 가혹한 행위를 비판했고, 모든 그리스도인이 가진 영적 자유를 주장했다.

하지만 루터의 견해를 급진적으로 이해한 이들이 상당했다. 그중에 토마스 뮌처(Thomas Müntzer, ?1488-1525)가 있다.[88] 뮌처는 인문주의 교육을 받은 후 신학 공부를 한 사람으로, 1513년에 사제로 임명되었다. 그는 루터의 영향을 적잖이 받았는데, 아마도 라이프치히에서 루터와 에크가 논쟁하는 것도 직접 참관했을 것이다. 뮌처는 언제 어떤 책을 읽었는지 기록을 남기는 습관이 있었다. 그 기록에 따르면 그가 읽었던 74권의 책 목록에는 교부들과 신비주의와 교회법과 교회사에 대한 책들 외에도, 에라스무스, 루터, 카를슈타트 등의 작품들이 있다. 그는 루터의 지지로 1520년에 작센 주 츠비카우(Zwickau)의 설교자가 되었다.

설교자 뮌처는 경제적으로 압박받는 사람들을 위해 부르짖었고 실제로 자신의 생각을 과격한 행동으로 옮겼다. 결국 성상 파괴와 사회 분열을 조장했다는 명목으로 1521년 4월 16일 설교권을 박탈당했다. 하지만 뮌처는 자신을 따르는 농민들을 모으기 시작했고, 급기야 무력을 쓰기 시작했다.

뮌처는 루터의 교리들 가운데 '만인 제사장직 교리'를 특히 강조했다. 그는 평신도와 사제로 신자들을 구분한 것이 교회가 타락한 원인이라고 보았다. 그는 성령이 주시는 계시에 의해 행동해야 하며, 이

제 종말론적 추수기가 임박했다고 주장했다. "츠비카우의 예언자들"(Zwickau Prophets)이라 불린 이들이 뮌처의 영향을 받았고 그를 적극 지지했다.[89] 츠비카우 예언자들은 니콜라스 슈토르히(Nicholas Storch), 토마스 드레히젤(Thomas Drechsel), 마르쿠스 슈튀브너(Marcus Thomae Stübner) 세 사람이다. 그들은 1521년 크리스마스 무렵에 비텐베르크로 와서 '성령의 특별한 메시지'를 전했다. 사제주의에 대한 강한 반대가 그 내용이었다. 이렇게 뮌처의 영향력은 점점 커져 갔다.

또한 뮌처의 추종자들은 그의 설교를 듣고 1524년 성목요일(3월 24일)에 알슈테트 근처의 예배당을 약탈하고 방화했다. 더 이상 루터는 사태를 보고만 있을 수 없었다. 그는 『선동적인 영에 관하여 작센 영주에게 보내는 서신』을 출간해 대응했다. 그러자 1525년 3월 중순에 아우크스부르크에서 슈바벤(Schwaben) 농민들이 『12개 조항』을 출간했다.[90] 뮌처와 그의 편에 선 농민들은 점차 루터와 갈라서게 되었다.

더욱 과격해진 농민들은 군주의 지배를 거절했다. 루터는 1525년 3월에 작성해 5월에 출간한 『평화에 대한 충고, 슈바벤 농민들의 12개 조항에 대한 답변』이라는 글에서 다시 이 문제를 다루었다.[91] 이 글에서 그는 아브라함과 다른 족장들과 선지자들이 노예를 소유했다고 말한다. 바울 사도도 노예 제도 자체를 반대하지는 않았다고 주장한다. 루터는 그리스도인이 노예가 될 수 있으며 그러고도 여전히 자유로울 수 있다고 말한다. 루터는 여전히 협상을 통한 해결이 가능하다고 믿고 농민들을 설득하려 했다.

하지만 농민들은 루터의 말을 들으려 하지 않았다. 루터의 글은 적당한 때를 놓쳐 버렸다. 이미 남부 독일에서 1525년 3월 말에, 튀링겐에서는 4월 말에 농민들의 무력 봉기가 시작되었기 때문이다.[92] 심지어 귀족들 중에서도 빚이 많아서 파산 지경에 이른 자들이 농민들의 봉기를 지지했다.

상황은 점점 거세졌고 농민들의 지도자였던 뮌처는 민란을 전쟁으로 확대해 버렸다.* 전쟁이 지속되면서 특히 농민들이 자행하는 흉악무도한 일들이 점점 많아지자 루터는 전쟁에 대한 강한 반대를 표명했다. 어떤 사람들은 루터가 군주들의 도움을 받아서 종교개혁을 일으켰기에 그들의 편에 서서 농민전쟁을 반대했다고 해석한다. 그러나 루터의 태도는 원래부터 그가 갖고 있던 보수적 정치 견해, 즉 법을 지키고자 하는 자세와 상응한다.[93] 루터는 외적 태도에 있어서 변한 듯 보이지만, 그가 가진 내적 논리에는 일관성이 있었다. 자신의 로마서 13장 주석에 따라, 루터에게 있어 모든 정치적 반란은 하나님에 대항하는 반란이었다. 하나님이 창조하신 사회적 질서를 위협하는 것이었기 때문이다.

루터의 동기가 무엇이었든, 그는 1525년에 "살인적이고 도적질하는 무리의 농민들을 대항하여"라는 글을 써서 즉각적이고 피비린내 나는 형벌을 농민들에게 가하도록 귀족들에게 권고했다. 그는 심지어 군주들에게 "부수고, 찌르고, 내리치고 죽여라. 기도보다 피를 흘림으로 더 쉽게 천국에 갈 것이다"라고 선전했다.[94] 작센의 군주들에게 보내는 편지에서 루터는 그들이 농민들을 너무 잘 대해 줬다고 말하기도 했다. 농민전쟁이 제압된 것에 대해서도 강한 정부가 필요함

---

* 그러나 뮌처에게 모든 책임을 물을 수는 없다. 여러 조건들이 함께 작용한 복잡한 양상이었기 때문이다. 한스-마르틴 바르트, 『마르틴 루터의 신학』, p. 118.

을 하나님이 아셨다고 변명한다. "노새는 채찍을 맞기를 원하며(시락서 33:25), 평민은 폭력으로써 지배되기를 원한다"라고까지 말했다.[95]

1525년 슈바벤 연합군이 반란군을 제압해 독일의 농민전쟁이 끝났다. 물론 루터는 소농민을 배반했다는 비난을 받았다. 전쟁으로 약 10만 명의 농민들의 목숨을 잃었다.[96] 결과적으로 루터의 개혁은 대중의 지지를 잃었다.[97] 빈곤한 계층일수록 재침례파 운동 쪽으로 빠져나갔다. 재침례파 운동은 원래 남부 독일과 스위스와 엠덴 및 네덜란드 등지에서 독립적으로 발생했다. 그런데 뮌처의 영향으로 독일에 재침례파가 급성장하게 되었다.[98]

로마 가톨릭 측은 이 모든 붕괴의 책임이 루터에게 있다고 판단했다. 무엇보다 이 전쟁의 결과로 정부가 종교 문제에 더욱 많이 개입하게 되었다. 그냥 놔두기에는 종교개혁이 너무 강하고 안정적이지 않다고 판단한 것이다. 위정자들은 전쟁이 끝난 1525년부터 종교의 고삐를 당겼다. 그들은 종교가 자신들의 권력과 영향력 안에 있길 원했다. 그러면서 루터파와 로마 가톨릭 위정자들이 정치적·군사적 동맹을 맺는 일까지 일어났다.

일반적으로 농민전쟁에서 보여 준 루터의 태도는 그의 커다란 타락이라는 평가를 받는다.[99] 이것은 프리드리히 엥겔스와 그를 따르는 마르크스주의자들의 역사 서술에서 나타나는 농민전쟁 해석에 기인한 관점이다.[100] 물론 루터의 책임이 크다. 하지만 한스-마르틴 바르트의 지적처럼 루터가 그렇게 행동한 이유는 농민들에 대한 증오나 정치적 보복 때문이 아니었다. 오히려 루터의 결정은 정부에 대한 그리스도인의 태도를 기록한 로마서 13장에 대한 자신의 판단(무력 반란

반대)과 그리스도 외에는 계시가 있을 수 없다는 신학적 신념(신비주의 반대)의 결과였다.[101]

농민전쟁 중 나타난 루터의 태도에서도 뭔가 긍정적 요소를 찾는다면, 정치적 위험을 감수하면서도 끝까지 신학적 원칙을 지키고자 했던 그의 일관성과 정치 현실로부터 도피하지 않고 자신의 소임을 다하려 한 그의 책임성일 것이다. 에라스무스는 당시에 안전한 바젤에 머물렀으며, 인문주의자들은 그런 정치적 상황 속에서도 여전히 문헌 연구에만 몰두했다. 하지만 루터는 복음의 원리를 가지고 현실 정치에 어떻게든 참여하고자 했다.[102] 비록 그 결과는 참혹했지만 그 모든 것을 루터의 탓으로 돌릴 수는 없다. 초기에 루터는 농민들이 『12개 조항』을 통해 당대에 활용 가능한 매체와 평화적 수단으로 자신들의 처지와 요구를 알린 노력을 신중하게 동조하고 지지했지만, 농민들이 성취할 수 있을지도 모를 그것을 기다리지 못하고 무기를 들었을 때에는 그들을 비판했다.[103] 당시의 법적 기준에서 볼 때 농민들이 저지른 일이 불법이라 판단했기 때문이다. 이처럼 루터의 태도에는 기준이 있었다. 신학적 소신에 어긋나지 않는 한, 정치적 사안에 있어서는 법의 원칙을 따른다는 것이다.

물론 우리는 두 가지 질문을 던질 수 있다. 첫째로, '루터는 왜 자신의 신분과 같지 않은 이웃들의 구체적 부자유에 대해서는 좀더 주목하지 못했는가?'라는 질문이다.[104] 둘째로, '그는 왜 그토록 제후들의 무자비를 부채질하고 말았는가?'라는 질문이다. 물론 오늘날 우리에게도 역시 같은 질문들을 던질 수 있다. 우리는 경제적, 정치적으로 열악한 형편에 처한 이웃에게 민감한가? 과연 정치 영역에서 정당한 폭력의 허용 기준이 있는가? 우리는 그 한계를 어디까지로 볼 수 있을까? 이런 질문들에 대해 우리는 숙고하고 토론해야 한다.

루터는 농민전쟁을 거친 후 자신이 제시한 만인 제사장직 교리를 수정한다. 그것은 신학적 신념의 변화라기보다 강조점의 변화라고 볼 수 있다. 그러나 그 차이는 적지 않았다.[105]

농민전쟁과 만인 제사장직 교리의 변화

만인 제사장직 교리와 관련된 말씀 봉사에 대한 루터의 이해는 1520년대를 거쳐 점차 변화한다. 1523년까지만 해도 루터는 모든 신자들에게 교리를 제대로 판단할 능력이 있으며 그렇기 때문에 회중은 목사를 세울 수 있고, 목사의 부재 시 회중 가운데 한 사람이 설교를 할 수도 있다는 원칙을 고수했다.[106] 특히 루터는 고린도전서 14장 29-30절을 주석하면서, 전체 회중은 배운 바를 신중히 생각해 보고 참된 것을 분별해야 하며, 배운 바가 진리에 어긋난다면 누구라도 그것에 반대할 수 있다고 주장했다.[107] 이것은 일종의 '초기 회중주의'라고 볼 수 있는 견해다.●

하지만 이후 루터는 일반 성도들에게 성경 말씀으로 기독교 교리를 제대로 판단하는 능력이 없다는 사실을 깨닫고 자신의 견해를 조금씩 수정할 필요를 느낀다.[108] 두 사건, 곧 토마스 뮌처의 급진적 종교개혁과 더욱 직접적으로는 독일 농민전쟁을 겪으면서 루터는 만인

● 회중주의 교회에서는 목사가 없어도 회중 중에 임명받은 사람이 설교할 수 있다.

제사장직 교리를 수정하기 시작했다.

1524년에 토마스 뮌처와 츠비카우의 예언자들은 자신의 견해를 반대하는 이들에게 자신들이 성경을 넘어서는 계시를 받았다고 주장하면서 군주들에 대항하고 폭력을 사용했다.[109] 루터는 작센 군주들이 이들에 대한 조치를 취할 것을 요구했고, 교리적 이탈과 폭력적 혁명을 구분해야 한다고 주장했다.[110] 루터는 뮌처와 그 무리가 말씀을 두고 토론하는 데서 벗어나 신비주의적 계시와 무력에 호소한다면, 그들을 나라 밖으로 추방해야 한다고 강하게 역설했다. 하지만 이때까지만 해도 루터는 일반 성도들이 교리를 건전하게 분별할 수 있음을 크게 의심하지 않았다.

그러나 1525년 독일에서 농민전쟁이 발발하자 상황은 달라졌다. 10만 명 이상이 사망한 이 심각한 전쟁에서 루터는 과격하고 무지한 농민들을 저지하기 위해 국가 권력자들이 폭력을 사용할 수 있다고 보았다. 회중주의에서 국가 교회로 넘어가는 단초가 이미 여기에 있었다.

농민전쟁 이후, 1532년에 쓴 『몰래 들어와 숨어 있는 설교자들』(Von den Schleichern und Winkelpredigern)에서는 이전에 회중주의적 관점에 가까웠던 고린도전서 14장 29절에 대한 해석이 크게 변화한 것을 관찰할 수 있다. 루터는 이렇게 말한다.

따라서 우리는 성 바울의 서신서를 이렇게 읽는다. "둘 또는 세 사람의 예언자가 말하게 하십시오. 그리고 다른 이들은 들은 바를 신중히 생각해 보십시오"(고전 14:29). 이것은 물론 다른 예언자에게 하신 말씀이다. 한 예언자가 말하면 다른 예언자가 그것을 신중히 생각해 보라는 뜻이다. '다른 이들'은 누구인가? 일반 성도들일까? 물론 아니다. 다른 선지자들 혹은 방언으로 말하는 사람들이다. 이들은 교회를 설교로 돕고 교회를 세우는 사람들이다. 이들은 설교가 옳은지를 잘 살펴보고 판단하고 조력해야 한다.[111]

루터는 일반 성도들에게는 가르칠 자격이 없으며, 공적으로 임명된 설교자만이 설교를 할 수 있다고 주장한다. 소위 '평신도 설교'를 반대한 것이다.• 또한 루터는 설교자의 소명(부르심)은 오직 국가 교회를 통해서만 주어진다고 말한다. 1523년까지만 해도 루터는 지역 교회 회중들의 권한을 크게 인정했다.[112] 하지만 10년이 지나는 가운데, 뮌처 사건, 농민전쟁 등을 겪으며, 또한 일반 성도들의 무지함 때문에 무분별하게 세워진 목회자들의 증가로 상황이 달라지자, 루터는 이전의 견해를 약화시키거나 또는 철회했다.•• 이전에는, 그리스도인이면 누구나 만인 제사장직 교리에 근거해 신학적 토론을 제안할 수 있으며, 사적인 자리에서 언제나 설교할 수 있고 또한 부득이한 경우에는 공적인 자리에서도 설교할 수 있다고 했다. 하지만 이제 루터는 군주들이 부적절한 설교를 제한해야 하며, 또한 신학적 난상토론도 방지

• 루터는 농민전쟁 이전에도 '평신도 설교'를 보편적으로 허용하지는 않았다. 다만, 모든 사람이 가정에서 그리고 친구들 사이에서 하나님의 말씀을 나눌 수 있고, 건전한 목회자를 구할 수 없는 특수한 상황에서는 일반 성도라도 공적 설교를 할 수 있으나, 일반적으로 공적 예배에서는 회중의 동의를 얻은 목사가 설교를 할 수 있다고 가르쳤다. LW 31:356; LW 40:33을 보라.
•• 한스-마르틴 바르트, 『마르틴 루터의 신학』, p. 122: "만인사제직에 대한 루터의 관심은 아마도 바로 그의 농민전쟁의 체험들을 토대로 이후 이어지는 시기에 눈에 띄게 줄어들었다."

해야 한다고 주장한다.[113]

루터의 만인 제사장직 교리는 일반적으로 알리스터 맥그래스가 이해하듯이 하나의 '민주적 의제'로서 각각의 그리스도인이 성경을 해석할 수 있는 권리를 갖고 있음을 주장하는 사상으로 해석된다. 이런 해석에서 만인 제사장직 교리는 성경 해석에 있어 교회가 성도 한 사람보다 더 높은 영적 권위를 가질 수 없음을 가르친다.[114] 이런 일반적 해석이 틀린 것은 아니지만 루터가 만인 제사장직 교리에 담은 모든 의미를 충분히 드러내 주는 것은 아니다. 무엇보다, 1524년 토마스 뮌처의 급진적 종교개혁 운동과 1525년에 발발한 농민전쟁 이후에 생긴 루터의 사상 변화를 전혀 고려하지 못하고 있다는 점에서 그렇다. 교육받지 못해 무지한 일반 신도들과 영적으로 미성숙한 그리스도인들이 일으키는 병폐를 겪으면서 루터의 만인 제사장직 교리는 (맥그래스가 해석한) '민주적 의제'의 의미를 벗어났다.

만인 제사장직 교리의 적용

루터 사상의 발전 측면에서 보자면 도대체 루터의 견해가 무엇인지 헷갈릴 수 있다. 하지만 구체적인 역사적 상황, 그것도 매우 파란만장했던 16세기 종교개혁기의 상황을 배경으로 루터의 신학을 본다면 오히려 오늘날 교회 현실에 적실하게 적용할 점들을 찾을 수 있다. 1524년 이전의 루터의 만인 제사장직 교리와 1524년 이후의 견해 모두가 현대 한국 교회에 의의가 있다.

먼저, 1524년 이전의 입장에서는 다음과 같은 적용점을 찾을 수

있다.[115]

첫째, 모든 그리스도인이 왕 같은 제사장이며 혼자서 하나님께 나아갈 수 있고 다른 이를 위해 기도하며 봉사할 수 있다는 만인 제사장직 교리의 기본 사상은 여전히 유효하다. 이것은 모든 그리스도인이 선지자, 왕, 제사장의 직분을 가진다는 『하이델베르크 교리문답』과 『웨스트민스터 소교리문답』의 가르침에도 잘 나타난다.[116] 개혁신학자들은 이 교리에 나타난 기본 사상을 아주 중요한 것으로 여기고 신조에 반영했다. 그리스도인들은 누구든지 개인적으로, 가정적으로, 교회적으로, 사회적으로 왕 같은 제사장의 역할을 다해야 한다.[117]

둘째, 만인 제사장직 교리는 교회의 직분자들과 비직분자들이 모두 하나님 앞에서 동등함을 가르쳐 준다. 이 교리는 목사나 장로 등, 소위 '중직자'에 의한 단독적 의사 결정에 반대한다. 또한 불합리하고 부정직한 교회 운영과 비성경적 설교에 대해 누구든지 이의를 제기할 수 있음을, 보다 적극적 측면에서 보자면 교회의 모든 직분자들과 일반 성도들이 서로 긴밀하게 협력하여 교회를 세워 나가야 함을 알려 준다.

셋째, 만인 제사장직 교리는 성도들이 서로 봉사할 것을 강조한다. 이 교리는 성도들이 영적으로 깊은 유대 관계에 있음을 잘 설명해 준다. 성도들은 그리스도 안에서 한 몸을 이루는 지체들이다.

넷째, 만인 제사장직 교리는 성도가 말씀과 기도에 늘 힘써야 함을 일깨워 준다. 우리가 제사장이라는 사실은 특권과 함께 의무를 부여한다. 성도 한 사람 한 사람은 목회자 못지않게 경건에 힘써야 한다.

1524년 이후의 입장에서도 다음의 적용점을 발견할 수 있다.[118]

첫째, 목회자를 세울 때 신중해야 한다. 이것은 신학생을 뽑을 때에도 신중해야 하며, 신학 교육 전체 커리큘럼 역시 늘 재고하고 발전시켜야 함을 알려 준다.

둘째, 지역 교회에서 목사를 임명할 때 정당한 절차를 거쳐야 함을 알려 준다. 이것은 더 나아가 세습에 의해서나 교권에 의해서, 한 사람 혹은 몇 사람의 일방적 결정에 의해서 목사가 임명될 수 없음을 알려 준다.

셋째, 목회자의 설교가 점검받을 수 있는 시스템이 필요함을 알려 준다. 강단에서 선포되는 설교가 성경적인지, 그리고 교회의 상황에 적실한지에 대해 당회나 동료 목회자가 평가해 줄 수 있어야 한다.

넷째, 목회자뿐 아니라 다른 직분, 예를 들어 장로, 집사, 권사직 및 교회에서 일하는 직원들을 세울 때에도 신중해야 함을 배울 수 있다.

만인 제사장직 교리를 역사적 발전의 측면에서 볼 때에 오늘날 한국 교회는 더욱 풍성한 의미를 얻을 수 있다.[119] 루터는 만인 제사장직 교리로 당시의 중세 교회를 비판하는 사람이었고, 한편으로는 같은 교리로 개신교회를 더욱 공고히 세웠다. 겉으로 보기에 모순처럼 보이는 루터의 신학은 교회 개혁의 측면과 목회의 측면에서 보자면 일관성이 있다. 루터는 교회를 개혁하되, 해체하는 것이 아니라 새로 건설하는 것을 목적으로 삼았다.

8장

종교개혁의 지도자

루터의 결혼

교황이 결혼을 한다고 상상해 보라. 전 세계 방송사와 신문 등 매체들이 톱뉴스로 다룰 것이다. 이와 비슷한 충격적인 일들이 중세에 발생했다. 개신교에 속한 목회자들의 결혼이 그것이다. 서방 교회는 오랫동안 '성직자'들의 결혼을 허용하지 않았다. 그러나 로마 가톨릭의 사제들과 달리 개신교회의 목사들은 결혼을 하기 시작했다. 수녀들도 마찬가지였다. 개신교에서 가르치는 진리에 동의한 수녀들은 자신의 서원을 깨뜨리고 수녀원을 나왔고 그들 중에 결혼한 이들이 적지 않았다.

당시에 성직자들의 결혼은 성경적 개혁을 위한 믿음의 결단이었다. 중세에는 결혼과 성(性)을 그 자체로 저급하고 열등하고 심지어 악한 것으로 여겼다. 성을 부정적으로 여기는 맥락에서는 결혼 역시 부정적인 것으로 이해되었다.[1] 그래서 성직자는 결혼을 해서는 안 되었고, 성직자가 아니라 할지라도 독신 서약을 하는 이들이 많았다. 당시에는 독신 서약을 그 자체로 큰 선행으로 간주했기 때문이다.

이러한 중세적 배경에서 종교개혁자들은 결혼을 개혁했다. 그들은 하나님의 호의를 얻기 위해 선행을 할 수 있다는 생각을 배제했다. 독신 서약은 더 이상 기독교적 미덕이 아니었다. 그들은 결혼을 하나님이 주신 제도로 보았다. 하나님은 아담과 하와의 결혼을 직접 주선하셨으며, 그들의 결혼에 복을 주셨다. 종교적으로 결혼은, 성적 부도덕에 대한 처방이며 자녀 출산의 수단일 뿐 아니라 무엇보다 신앙 안에서 하나님을 섬기는 방편 중 하나였다.[2] 결혼하여 부모가 되는 것은 그리스도인들의 '소명'의 근본 요소였다. 이처럼 종교개혁자들에게 가족 생활은 그리스도인으로서 하나님을 섬기는 소명을 다하는 중요한 자리였다.[3]

루터는 이전에 수녀였던 카타리나 폰 보라(Katharina von Bora)와 1525년 6월 13일에 결혼한다. 당시 루터는 42세였고, 카타리나는 26세였다. 루터의 결혼식은 간소했지만, 많은 이들은 루터가 육적인 사랑에 굴복했다고 생각했다. 루터의 가까운 친구들조차도 농민전쟁이 끝나지 않은 시점에 루터가 결혼한 것을 못마땅해했다.[4] 멜란히톤도 상처를 받았지만 결혼식 후에는 마음을 고쳤다. 그러나 루터 자신은 이 결혼에 감사했고, 결혼 생활을 즐거워했다.[5] 루터는 자신의 결혼을 혼돈의 시대 한가운데서 행한 확신 있는 믿음의 행위로 이해했다.[6]

루터와 결혼한 카타리나 폰 보라는 그림마(Grimma) 근처 님브셴 수녀원(Kloster Nimbschen)에서 도망쳐 나와 비텐베르크로 피신했다. 16살이나 어린 카타리나와의 결혼을 루터의 많은 친구들은 반대했는데, 이를 종교개혁의 붕괴라고 보는 이들도 있을 정도였다. 하지만 카

루돌프 크로나우, "마르틴 루터와 카타리나 폰 보라의 결혼"(1525)　　　크라나흐, "카타리나 폰 보라"(?1526)

타리나는 루터의 평생에 위대한 조력자이자 동반자이자 친구였다.

전래되는 이야기에 따르면, 루터는 살림을 전혀 알지 못했다. 중세 시대의 일반적인 가정 모습처럼 집안일은 아내인 카타리나가 도맡아 했고, 집안의 재정도 다 관리했다. 하지만 카타리나는 단지 가정주부의 일을 넘어서 마치 사업가처럼 활동했다. 비텐베르크에서 루터가 선제후 프리드리히로부터 받은 집은 수도원이었다.[7] 물론 그 큰 수도원을 루터와 카타리나만 관리한 것은 아니다. 중세 시대에 큰 집을 소유한 사람들이 흔히 그러했듯이, 그들을 돕는 하인들이 있었을 것이다. 하인 한 사람의 이름이 남아 있긴 하지만, 전체 하인이 몇 명이었는지는 알려진 바가 없다.[8]

도와주는 사람이 있었다 하더라도 분명한 것은 카타리나가 엄청난 일들을 해냈다는 것이다. 그녀는 수도원을 깨끗하게 청소하고 개조하고 확장했으며, 더 많은 채소정원과 밭을 사들였다. 그녀는 훌륭한 정원사였고, 농사 또한 잘 지었는데 그 덕분에 시장의 가격 변동에 좌우되지 않고 필요한 식량을 마련할 수 있었다. 당시 일반적인 수도원처럼 루터와 카타리나가 살았던 수도원에도 양조장이 있었다. 카타리나는 맥주를 양조하는 데도 아주 탁월한 솜씨를 발휘했다. 1540년에 그녀는 남편의 생일을 기념하여 멋지게 조각된 현관문을 만들어 선물로 주기도 했다. 그 문은 그녀가 직접 설계하고 감독하여 만든 것이었다. 여성의 사회적 활동이 매우 제한되어 있던 중세 시대의 관습을 감안하면 카타리나는 정말 대단한 여장부였던 셈이다.[9]

루터의 집에는 아내와 여섯 자녀뿐 아니라 카타리나의 친척 한 명도 같이 살았다. 1529년 이후부터는 루터 누이들의 아이들 여섯 명도 함께 지냈다. 일종의 입양을 한 셈이다. 루터는 자기 학생들을 불러서 같이 지내기도 했다. 수많은 종교개혁자들이 루터를 찾아와서 도움을 요청했다. 루터는 피난 온 사람들과 학생들에게서 돈을 받지 않았다. 카타리나는 그들을 다 대접해야 했는데, 한 끼 식사에 스물다섯 명이 넘는 게 보통이었다.[10] 그 많은 요리를 준비하는 일은 육체적으로도 고되지만, 경제적으로도 버거울 수밖에 없었다. 카타리나가 학생들에게 돈을 받자고 하자 루터는 이렇게 말했다. "사랑하는 카타리나여! 만일 우리에게 돈이 더 이상 없다면, 은잔을 팔아야 할 것입니다. 결국 무언가 얻으려면 먼저 무언가 버려야 합니다. 하나님이 그 자리에 무언가를 채워 주실 것이며 그렇게 우리를 돌보실 것입니다."[11] 루터의 태도는 어려운 결과를 낳게 되었다. 그들의 삶은 점점 더 어려워져서 결혼한 지 2년 만에 상당한 빚을 졌다.[12] 루터는 가계부를 작성하지 않기로 했는데 가계부 때문에 카타리나가 항상 슬픔에 빠졌기 때문이다.[13]

오늘날의 관점으로 루터의 가정생활을 보자면 잘 이해되지 않는 점들이 많다. 여성에게 너무나 큰 희생을 강요하는 것처럼 보이기 때문이다. 가정의 일을 부인과 하인들이 도맡아 하던 중세적 배경을 감안하더라도 아내인 카타리나가 겪어야 했던 수고의 짐은 너무나 컸다. 분명 그녀는 그 많은 일과 경제적 압박이 주는 육체적·정신적 스트레스를 날마다 감내해야 했을 것이다.

하지만 카타리나는 그 모든 것을 참아 냈고 루터를 매우 헌신적으로 도와주었다. 그것은 남편이 공인(公人)으로 너무나 많은 외부 활동을 하고 있음을 직접 목도했기 때문이다. 루터는 매일 성경을 강의했고, 거의 매주 설교를 했다. 그리고 다양한 신학 주제에 대해서 책과 논문을 쉼 없이 써냈다. 루터 곁에는 늘 도움을 요청하는 사람이 있었다. 어느 시점부터는 아예 사람들이 항상 붙어 다니면서 그의 말을 다 받아 적곤 했다. 그의 집에는 질문들, 논쟁들, 불평들, 요구들이 가득한 편지들이 범람했다. 하루에 40통이나 되는 편지를 쓴 날도 많이 있었다. 루터는 자신의 집에 발 디딜 틈이 없을 정도로 수북이 쌓인 편지들을 보면서 "교회적이며 정치적인 인생의 무거운 짐이 나를 옥죄고 있습니다"라고 탄식하며 고백했다.[14]

하지만 루터와 카타리나 부부는 일평생 그 많은 일을 감당했다. 무엇보다 그들은 서로를 깊이 신뢰하고 사랑했다. 루터는 『탁상담화』에서 이렇게 말했다. "하나님의 은혜로 나는 정말이지 너무나 행복한 결혼을 선물로 받았습니다. 나는 솔로몬이 묘사하는 완전히 경건한 아내를 얻었습니다(잠 31:11).…카타리나는 한 번도 나를 실망시킨 적이 없습니다." "나는 나의 카타리나를 사랑합니다. 나는 나 자신보다 그녀를 더 사랑합니다. 이는 그녀와 아이들이 죽어야 한다면 오히려 내가 죽는 편이 더 낫다는 의미입니다."[15]

    루터가 남긴 약 2,580통의 편지 중에 아내에게 보낸 편지도 많이 있는데, 아내에게 사용한 호칭만 보더라도 그가 아내를 얼마나 사랑했는지 쉽게 알 수 있다. 약간의 농담도 섞어 가면서 루터는 아내를 '사랑하는 케티' '사랑하는 케티 경(卿)' '내가 정말 사랑하는 카타리나 루터이자 비텐베르크 집의 안주인' '나의 사랑스런 주인님' '루터 박사의 카타리나 씨' '내가 정말 사랑하는 집의 안주인 카타리나 루터' '나의 친절하고 자상한 주인이자 카타리나 폰 보라 여사이며 여자 루터 박사님' '나의 진심으로 사랑하는 케티' '여자 루터 박사님이자 새로운 돼지 가게의 주인님' '나의 상냥하고 사랑스런 집주인이자 루터의 카타리나 폰 보라이며 설교자이자 양조장 주인이자 정원사이자 뭐든지 다 해내는 여인' '나의 자상하고 사랑스런 케티 루터 곧 비텐베르크의 돼지 상점의 양조장 주인이며 재판관' '아주 박식한 여인 카타리나 루터' '비텐베르크 집의 자비로운 여주인' 등으로 불렀다.[16] 이런 호칭들에는 아내에 대한 사랑과 존경이 함께 배어 있다.

    카타리나가 루터에게 개인적으로 보낸 편지들은 모두 소실되어, 그녀가 루터를 어떻게 생각했는지를 그녀가 남긴 1차 자료로부터 알기란 거의 불가능하다. 하지만 남편이 죽은 후에 시누이에게 보낸 편지를 보면, 그녀가 남편을 얼마나 사랑했는지를 충분히 엿볼 수 있다. "나의 사랑하는 남편처럼 그토록 자상한 사람을 잃었을 때에 그 누군들 슬프고 가슴이 아프지 않겠어요?…저는 지금 먹지도 마시지도 못합니다. 뿐만 아니라 잠도 잘 수 없습니다. 제가 만일 어떤 나라나

제국을 소유했는데 그것을 상실할 때의 고통이, 나의 사랑하는 주 하나님께서 그처럼 사랑스럽고 자상한 남편을 저로부터, 아니 저로부터만이 아니라 온 세상으로부터 데려가신 고통만큼 그렇게 클 것 같지는 않습니다."[17]

루터의 가정이 모든 기독교 가정을 위한 좋은 모범이라고 말할 수는 없을 것이다. 하지만 루터와 카타리나가 처했던 독특한 상황을 생각한다면 그들은 자신에게 주어진 상황 가운데 최선을 다해 살아간 부부라고 평가할 수 있다. 루터의 가정이 이후에 루터파 목사들과 가족들뿐 아니라 많은 개신교도들에게까지도 좋은 모범이 되었던 것은 바로 그런 점, 곧 각자의 사명에 충실하면서도 가정을 지키기 위해 부부가 사랑과 신뢰 안에서 굳게 연합하였다는 사실 때문이었다.

결혼과 가정에 대한 견해

루터는 늦게 결혼했지만, 결혼이 과연 어떠해야 하는지 성경적으로 매우 잘 설명해 주었다.[18] 이미 결혼하기 다섯 해 전에 발표한 『교회의 바빌론 포로』에서, 루터는 결혼을 가톨릭이 말하는 성사의 개념으로 이해해서는 안 된다고 주장했다. 그는 결혼을 에베소서 5장 31-32절에 근거하여 설명했으며,* 결혼을 복음적 자유 속에서 이해했다.[19] 결혼한다고 해서 죄를 짓는 것도 아니며, 결혼을 안 한다고 해서 공적이 쌓이는 것도 아니다. 중요한 것은 하나님 앞에서 신앙으로 살아가

---

* "그러므로 사람이 부모를 떠나 자기 아내와 합하여 그 둘이 한 몸이 되는 것입니다. 이 비밀은 큽니다. 나는 그리스도와 교회를 두고 이 말을 합니다"(엡 5:31-32).

는 일이다. 루터는 이러한 이해를 고린도전서 7장에서 찾았다.[20] 하나님이 제정하신 결혼은 "성령과 신앙을 향하도록 서로 자극하고 돕는" 역할을 해야 한다.[21] 루터는 "결혼 생활"(1522)이란 글에서 결혼을 포괄적으로 다루었다.[22] 이 글은 1522년 4월과 5월에 비텐베르크에서 전한 설교로 추정된다. 루터는 결혼을 세 부분으로 나누어 다루었다. 첫째는 누가 결혼할 수 있는가, 둘째는 누가 어떤 이유로 이혼할 수 있는가, 셋째는 결혼 생활에서 어떻게 기독교적이며 경건한 삶을 살 수 있는가 하는 주제를 담고 있다.

첫째로, 루터는 결혼의 요건을 창세기 1장 26-28절을 근거로 설명한다. 결혼은 창조 규례에 속한 것이다. 루터에 따르면 "성적으로 불능인 자, 거세된 자, 성행위를 자제할 수 있는 남자와 여자로서 유혹에 빠지지 않고 순결을 유지할 수 있는 자"를 제외한 모두가 결혼할 수 있다.[23] 그러나 결혼하지 않고 성적 유혹에 빠지지 않을 사람은 천에 하나도 없을 정도이므로 누구든지 성적으로 불능이 아닌 한 결혼하는 것이 좋다.[24]

둘째로, 루터는 "성적 불능, 간음, 그리고 배우자 중 어느 한쪽이 성행위를 지속적으로 거부"한 경우 외에는 이혼해서는 안 된다고 말한다. 루터는 부부가 출산을 위해서 또한 부부의 정절을 지키기 위해서 상호 간에 성적인 의무를 다하는 것이 중요하다고 생각했다. 수도사나 수녀가 개신교로 전향한 이후에 결혼을 하긴 하지만 성관계하지 않으려 한 그 시대의 풍토 또한 고려한 것이다. 그래서 결혼과 이혼을 다루면서 루터는 성과 관련한 사항을 중요하게 다루었다. 하지만 루터는 성적인 문제로 생긴 갈등 때문에 부부가 쉽게 이혼하는 것

을 경계했다. 오히려 그는 그런 부부를 최대한 설득하여 이혼하지 않도록 말렸다.[25]

셋째로, 루터는 기독교적이며 경건한 결혼이란 어떠해야 하는지 다룬다.[26] 무엇보다 성도는 결혼에 대해 세속적이고 이교적인 관점을 버려야 한다.[27] 결혼은 조건 없이 서로 사랑하는 것이다.[28] 무엇보다 성령 안에서 행하는 자라야 올바르게 결혼 생활을 할 수 있다.[29] 루터는 기저귀를 빨래하는 아버지의 모습을 보고서 하나님도 미소를 지으신다고 말한다. 참된 믿음 안에서 한다면 그 일은 소중하기 때문이다.[30] 일찍이 아우구스티누스는 『기독교적 가르침에 관하여』(De doctrina christiana, 4.18.35)에서 "지극히 작은 일은 작은 일일 따름이지만, 지극히 작은 일에 충성하는 것은 큰 일이다"라고 했는데, 루터도 역시 결혼 생활에 그런 원리를 적용했다. 무엇이든지 믿음으로 하지 않는 것은 죄가 되지만, 믿음으로 하는 것은 거룩한 일이 된다.

루터는 부부 사이의 신뢰를 매우 중시했다. 『창세기 강의』에서 루터는 "이 세상에서 부부 사이에 존재하는 마음의 일치보다 더 아름다운 것은 없다"라고 말했다.[31] 그는 용서할 줄 아는 사랑은 아주 드문 은사이지만, 그럼에도 불구하고 그리스도인들은 가정에서 서로를 용납하고 용서할 줄 알아야 한다고 말했다.[32] 결혼은 하나님이 제정해주신 선물이다.[33]

루터는 가정생활이 쉽지 않음을 잘 알고 있었다. 결혼 생활의 문제들을 손쉽게 해결할 수 있다고 보지도 않았다. 결혼에 대한 루터의 평가는 솔직하며 사실적이다. 그는 "오 사랑하는 주 하나님, 결혼은 무언가 자연스럽지 않습니다만 하나님의 선물입니다. 결혼은 가장 놀랍고 가장 순전한 삶이며 독신주의보다 훨씬 더 고상한 것으로 평가됩니다. 하지만 결혼 생활이 옆길로 새게 되면 결혼은 즉각적으로 지옥으로 변합니다"라고 말하기도 했다.[34] 하지만 루터는 1531년의 한 설교에서 결혼을 다음과 같이 아름답게 묘사한다.

> 하나님의 말씀은 배우자에게 아로새겨져 있다. 남편이 자기 아내를 지구상에 유일한 여인으로 바라볼 때, 그리고 아내가 자기 남편을 지구상에 유일한 남자로 바라볼 때, 어떤 왕도, 어떤 여왕도, 심지어 태양 자체도 당신의 남편 또는 아내보다 더 밝게 반짝이지 아니하며 당신의 눈을 더 밝게 하지 못한다. 그렇다면 바로 거기에서 **말씀하시는 하나님을** 대면하게 된다. 하나님은 당신에게 당신의 아내나 남편을 약속하시며, 실제로 당신에게 당신의 배우자를 제공하신다. "이 남자가 당신의 것이 될 것입니다. 이 여인이 당신의 것이 될 것입니다. 나는 형언할 수 없이 즐겁습니다. 지상과 천상의 피조물들이 기쁨으로 벅차 뛰어 오릅니다." 하나님의 말씀보다 더 귀한 보석은 없다. 이를 통해서 당신은 당신의 배우자를 **하나님의 은사**(선물)로 인식하게 되며, 당신이 그렇게 하는 한 당신은 전혀 후회하지 않을 것이다.[35]

루터는 결혼을 하나님의 약속과 선물이라는 관점에서 보기를 원했다. 결혼 관계를 인간적 관점에서 보면 다른 인간관계와 다를 바 없이 실망하고 말 것이다. 루터는 아내를 주로 '케티'라는 애칭으로 불렀지만, 쇠고랑이라는 뜻의 '케테'(Kette)로 부르기도 했다. 루터는 남편의 신변을 걱정하는 아내의 만류로 자신의 절친한 친구 슈팔라틴의 결혼식에 참석하지 못했다.[36] 강의를 좀 쉬고 식사를 하라고 다그치는 아내와 말다툼을 하고서는 식사를 거르는 일도 있었다. 루터는 "내 일생은 인내다. 나는 교황, 이단자들, 내 아이들, 그리고 케티를 모두 참아 내지 않으면 안 된다"라고 말하기까지 했다.[37]

하지만 루터는 언제나 아내를 사랑했다. 그는 그리스도인은 이웃을 자기 몸처럼 사랑해야 하는데, 아내는 가장 가까운 이웃이라고 말했다. 결혼 관계 속 성생활을 에로틱하게 칭송하기도 했다. 1525년 12월 6일, 슈팔라틴의 결혼식에 참석하지 못하는 아쉬움을 달래면서 루터는 이렇게 편지했다. "내 계산대로라면 자네가 이 편지를 받게 될 저녁 때에는, 자네가 자네의 카타리나와 사랑을 나누는 동안 나는 나의 카타리나와 사랑을 나누게 될 것이네. 그리하여 우리는 사랑 안에서 결합하게 될 것이라네."[38]

루터 부부는 사랑의 결합으로 여섯 자녀(한스, 엘리자베트, 막달레나, 마르틴, 파울, 마르가레트)를 낳았다.[39] 역병으로 고아가 된 아이들 여섯 명을 입양하기도 했다.* 루터는 자녀들을 사랑했다. 한번은 장남 한스가 아주 잘 먹고 잘 마시는 것을 두고 아버지로서 자부심을 드러냈다. 그는 "먹고 마시는 인간"(*homo vorax ac bibax*)이라는 표현을 기쁘게 사용했다.[40]

하나님의 말씀에서 주어진 약속에 근거하여 결혼을 보는 사람은 소망을 가지며 살 수 있다. 사랑은 인내를 요구한다. 인내는 믿음에서부터 나온다. 인내는 소망의 열매를 낳고, 실제로 그 소망이 실현되는 것

---

* 이상규, 『교양으로 읽는 종교개혁 이야기』, p. 142는 루터가 입양까지 했다는 사실을 아는 이들이 많지 않다고 한다.

을 보게 된다. 이처럼 루터는 결혼과 배우자를 하나님이 약속 안에서 주신 선물의 관점에서 보기를 원했다. 결혼에 대한 루터의 이러한 성경적 관점은 21세기를 살아가는 성도들에게 매우 필요하고 적절하다.

루터과 최초의 순교자들

네덜란드와 독일 북서부 지역을 프리슬란트라고 부른다. 이 지역에는 루터가 종교개혁을 일으킬 당시 이미 교회 개혁을 하기 위한 자체적 움직임들이 있었다. 그중에는 루터의 영향을 크게 받아 교회 개혁에 열렬하게 뛰어든 이들도 있다. 헨드릭 푸스(Hendrik Voes 혹은 Heinrich Voes)와 요한네스 판 덴 에스켄(Johannes van den Esschen)은 루터의 영향을 받아 '오직 성경'의 원리를 부르짖었고, 성경의 권위를 교황이나 교부의 가르침보다 우위에 두었다. 그들이 이런 견해를 가진 것에는 안트베르펜(Antwerpen)에서 그들의 수도원장이었던 헨드릭 판 쥐트펀(Hendrik van Zutphen)의 영향이 있었던 것 같다.• 1523년 7월 1일, 푸스와 에스켄은 자신들의 신념으로 인해 브뤼셀에서 산 채로 화형당했다. 루터는 이 첫 번째 순교자들의 소식을 듣고서, 숨죽여 울면서 이렇게 말했다. "나는 내가 복음으로 인해 순교의 죽음을 당해야만

• 독일 엠덴의 요한네스 아 라스코 도서관(Johannes a Lasco Bibliothek)에서 2017년 5월부터 11월까지 "종교개혁과 도주"(Reformation und Flucht)라는 전시회가 열렸다. 거기서 푸스와 에스켄을 소개하는 글에 다음과 같은 내용이 있다. "[푸스와 에스켄의 행동에는] 안트베르펜에서 그들의 수도원장이었던 하인리히 폰 쥐트펀이 중요한 역할을 했음이 분명하다"(Eine wichtige Rolle spielte sehr wahrscheinlich ihr Prior Heinrich von Zutphen in Antwerpen).

할 첫 번째 사람이라고 늘 생각해 왔는데 그러기에 합당치 못한 사람이 되고 말았습니다."[41]

루터는 푸스와 에스켄의 순교를 기념하기 위해서 하나의 찬송시, "우리가 부르는 하나의 새로운 노래"(Ein neues Lied wir heben an)를 썼다. 1절과 2절은 다음과 같다.

> 우리가 부르는 새로운 노래
> 주 여호와 하나님 앞에 나아간다네
> 그분이 행하신 일을 노래하기 위하여
> 그분의 찬미와 영광을 위하여
> 네덜란드의 브뤼셀에서도
> 두 명의 젊은이들을 통해
> 하나님이 그분의 경이로움을 나타내셨네
> 하나님이 당신의 선물로
> 그들을 매우 아름답게 하셨네
>
> 그 첫째는 요한네스라 불리네
> 하나님의 풍부한 호의를 받았네
> 그 형제 하인리히는 성령을 따랐네
> 무죄하고 의로운 그리스도인이라네
> 그들은 이 세상에서 구분되어
> 면류관을 쓰게 되었다네
> 경건한 하나님의 자녀가 되어

자신의 말을 지키기 위해 죽임 당했네

순교자의 길을 가고 말았네[42]

루터는 사람들이 신앙을 지키기 위해 자신의 생명마저도 기꺼이 내놓는 것에 놀라워했다. 신앙 때문에 투옥된 사람들을 격려하기 위해 편지를 쓰기도 했다. 사실 그 자신도 늘 죽음의 위협을 곁에 두고 살아야 했지만 그는 결코 물러서지 않았다. 1522년 6월 27일에 슈타우피츠에게 보낸 편지에 루터는 이렇게 적었다. "나를 화형시키려는 계획 또한 세워지고 있습니다. 하지만 나는 적그리스도를 멸하실 그리스도의 날이 속히 임하도록 하기 위해 매일 사탄과 그의 폭도들을 성가시게 하고 있습니다."[43] 죽음의 위협에도 루터는 결코 굴하지 않았다.

루터와 에라스무스

인문학자들은 처음부터 루터의 계획을 크게 지지했다. 그들은 비밀리에 95개조 논제를 라틴어에서 독일어로 번역함으로써 그 영향이 전 독일에, 그리고 다른 유럽 국가로까지 퍼져 나가는 데 일조했다.

루터는 특정한 인문주의 학파에 소속되어 있지는 않았지만, 선제후 프리드리히의 영적 상담가 게오르크 슈팔라틴과 아우구스티누스 수도회 동료 요한네스 랑과의 친분으로 인문주의와 가까워졌다.[44]

인문주의자들은 인간이 얼마든지 교회의 제도나 관습에 의문을 품을 수 있다고 생각했다. 또한 진정으로 기독교가 회복되기 위해서는 성경을 원어로 읽어야 한다고 생각했다. 그래야 근본적으로 신학을 새롭게 하고, 설교를 바꿀 수 있다고 보았기 때문이다. 그들은 면벌부, 성지순례, 죽은 자를 위한 미사에 대해서도 반대했다. 그런 점에서 그들은 종교개혁자 루터와 공통점이 많았다.

루터 또한 에라스무스와 같은 인문학자를 존경했다. 1516년에 에라스무스가 헬라어 성경을 출판한 것은 루터가 신약을 독일어로 번역하는 데 상당히 중요한 도움이 되었다. 루터는 에라스무스가 편집한 교부들의 원전을 모두 열심히 탐독했다.

그러나 문제가 생겼다. 비록 에라스무스와 루터는 서로 존경심을 품고 있었지만 자유의지에 관한 논쟁은 둘의 돌이킬 수 없는 분리를 초래하고 말았다. 좀더 구체적으로 말하자면, 논쟁의 긴장감이 고조되다가 결국 인간의 본질에 대한 주제에서 갈라서게 되었다. 에라스무스는 1524년에 『인간의 자유의지에 대하여』라는 책을 썼다. 그 책은 후기 중세 교회의 관점을 반영했다. 구원의 과정에서 사람의 의지와 하나님의 은혜가 협동한다는 관점이다. 이 관점은 루터의 "오직 믿음으로" 원리와 차이가 있었고 루터는 에라스무스를 반박했다.

1525년에 출간된 『노예의지론』은 루터가 에라스무스의 견해를 반박하기 위해 쓴 책이다.[45] 여기서 루터는 인간의 의지가 일종의 말과 같다고 했다. 사탄이 말 위에 오르면 사탄이 말을 조종한다. 하나님이 그 말 위에 오르시면 하나님이 말을 조종하신다. 이처럼 인간의 의지는 항상 어딘가에 속박되어 있다. 물론 루터가 인간이 가진 '시민적 자유'를 부정한 것은 아니다. 하지만 영적인 삶에 한해서 인간의 의지는 철저하게 속박되어 있다는 것이 루터의 주장이다. 인간은 아래에 있는 것들, 즉 세상에서의 삶에 있어서는 자유의지가 있다. 그러나 인간은 위의 것, 즉 영적인 일과 관련하여서는 자유의지가 없다.

에라스무스가 인간의 자유에 근거하여 교회를 개혁하고자 했다면, 루터는 자칫 인간의 자유에 대한 신념이 영적 영역에서 인간이 가진 한계를 무시하게 만들 수 있다고 생각했다. 루터와 에라스무스의 자유의지 논쟁은 또한 성경관에 대한 것이기도 했다. 에라스무스는 성경에 불명료하고 모순되는 점이 있어서 전통에 의지해야 한다고 보았지만, 루터는 철저하게 성경의 진리는 명백하며, 최종적이고 유일한 권위가 있다고 주장했다. 전통과 이성을 필수적으로 의지하는 에라스무스의 성경관은 루터에게는 성경을 상대화하는 신령주의자들의 태도와 다를 바 없어 보였다. 루터는 "성경이 성경 자신의 해석자"(Scriptura ipsius interpres)라고 주장하면서, 그리스도 중심 원리와 성령의 조명을 통해 성경의 의미를 명확하게 파악할 수 있다고 주장했다.[46]

이처럼 인문주의와 종교개혁의 길은 어긋나는 면이 있다. 루터가 에라스무스와 결별하자, 많은 인문주의 성향의 지지자들이 루터와 관계를 단절했다.[47] 인문주의가 종교개혁에 영향을 준 것은 사실이지만, 많은 인문주의자들이 종교개혁에 동참하지 않은 것도 사실이다.[48] 에라스무스의 경우 가톨릭교회에 남아 있으면서 교회를 개혁하고자 했다면, 루터는 결국 가톨릭교회를 부정하고 새로운 교회를 세워야 한다고 생각했다. 자유의지에 대한 논쟁은 그런 차이의 원점을 보여 준다.

『노예의지론』에 설명된 '숨어 계신 하나님'

여기서 『노예의지론』에 담긴 '숨어 계신 하나님' 개념을 잠시 살펴보자. 『노예의지론』에서 루터는 '숨어 계신 하나님' 개념을 통해, 계시에 대한 하나님의 절대적 주권을 강조한다. 에라스무스는 에스겔 18장 23절을 근거로, 죄인에게는 스스로 돌이킬 수 있는 능력이 어느 정도 있다고 하여, 타락한 자에게도 구원과 관련하여 제한된 자유가 있다고 주장했다.[49] 그러나 루터는 이에 반대했다. 하나님의 계시는 인간이 아니라 하나님께만 속한 일이다. 이것이 『노예의지론』에 드러난 루터의 성경 해석 원리다. 하나님은 숨어 계시며, 그분이 자신을 우리에게 드러내지 않으시는 한 우리는 그분을 절대 알 수 없다고 루터는 말했다.[50] 계시는 인간에게 속한 일이 아니다. 하나님은 그 계시의 위엄과 본질 가운데 계신다. 그렇기에 인간인 우리는 하나님과 함께할 수 없다. 그러나 만일 하나님이 말씀을 통해 우리에게 나타나신다면, 우리는 그분을 알 수 있고, 그분께 경배할 수 있다.[51]

루터는 또한 이 작품에서 구원과 관련하여 하나님의 자비를 강조한다. 그는 에스겔 18장 23절과 32절*에 나오는 하나님은 '숨어 계신 하나님'이 아니라고 보았다. 하나님의 무시무시하고 숨겨진 의지는 악인이 죄 가운데 죽더라도 상관하지 않는다. 그러나 이와 대조되는 하

• "나 주 하나님의 말이다. 악인이 죽는 것을, 내가 조금이라도 기뻐하겠느냐? 오히려 악인이 자신의 모든 길에서 돌이켜서 사는 것을, 내가 참으로 기뻐하지 않겠느냐?…죽을 죄를 지은 사람이라도, 그가 죽는 것을 나는 절대로 기뻐하지 않는다. 그러므로 너희는 회개하고 살아라. 나 주 하나님의 말이다"(겔 18:23, 32).

나님의 자비의 선포는 악인이 그 길에서 돌이켜 구원받기를 원한다. 루터는 다음과 같이 주장한다.

> 죄와 죽음이 제거되어 우리가 구원받는 것, 이것이 바로 선포되신 하나님의 관심이다. 하나님이 그분의 말씀을 보내어 그들을 치유하시기 때문이다(시 107:20). 그러나 영광 가운데 숨어 계신 하나님은 인간들의 죽음을 한탄하지도 제거하지도 않으신다. 오히려 삶과 죽음과 모든 만물을 일으키신다. 하나님은 자신의 말씀에 얽매이지 않으시며, 모든 것 위에 자유로우시기 때문이다.
>
> 그런데 『디아트리베』는 선포되신 하나님과 숨어 계신 하나님 사이, 즉 하나님의 말씀과 하나님 그분 자신 사이의 어떤 구분도 하지 않음으로써 무지 가운데 스스로를 속이고 있다.[52]

루터가 '숨어 계신 하나님'에 대해 어떤 개념을 갖고 있는지 여기서 분명하게 드러난다. 그는 하나님을 두 개념으로 구분하고 있다. 하나는 '숨어 계신 하나님'(*Deus abscouditus*)으로, 하나님 그분 자신이다. 이 하나님은 죄인이 죽건 말건 상관하지 않으신다. 한마디로 '무서운 하나님'이다. 그러나 다른 하나는 '선포된 하나님'(*Deus praedicatus*)으로, 계시하신 말씀으로 나타난 하나님이다. 이 하나님은 죄인이 구원받기를 원하신다. 한마디로 '은혜로운 하나님'이다. 이렇게 보자면, 구원론과 관련해 루터가 제시한 개념 '숨어 계신 하나님'은, 세상 모든 것을 홀로 주장하시는 절대적 능력의 하나님이다.

크라나흐, "작센의 선제후 현공 프리드리히 3세"(?1532)   크라나흐, "부동의 요한의 초상화"(1509)

교회와 학교의 개혁

1525년 5월 5일, 선제후 프리드리히가 사망했다. 하지만 그의 형제가 후계자가 되어 프리드리히의 정신을 이어 갔다. 그래서 그는 '부동의 요한'(Duke John the Steadfast)이라고 불린다. 루터는 선제후 요한의 통치 아래 광범위한 예배 개혁과 교회 개혁을 단행했다. 특히 루터는 1527년부터 이듬해까지 선제후의 영토인 작센 지역을 직접 방문한 뒤에 교육의 필요성을 절실하게 느꼈다. 아직도 기독교 교리를 제대로 아는 사람이 드물었다. 심지어 설교자들조차 어떻게 설교해야 할지를 몰랐다. 루터는 그리스도인들이 참다운 자유를 향유하지 못하는 것을 직접 목도하고서, 교회 전반을 개혁하기 위한 책을 많이 집필했다. 1529년에만 세례서, 결혼서, 소교리문답서, 대교리문답서를 썼다.

9장

교회의 보호자

루터파의 신조들

'신조'(信條)란 기독교 신앙의 중요한 내용에 대해 권위를 가진 공적 고백으로서, 교회의 안녕을 위해서도 반드시 필요한 문서다.[1] 성도가 자신이 믿는 바를 고백하는 것은 자신이 가진 인간적 생각에서 나온 것이 아니라, 하나님이 주시는 마음이다. 예수님은 제자들에게 이렇게 물으셨다. "너희는 나를 누구라고 하느냐?"(마 16:15) 그때 베드로는 "살아 계신 하나님의 아들 그리스도십니다"(16:16)라고 답했고, 예수님은 "시몬 바요나야, 너는 복이 있다. 너에게 이것을 알려 주신 분은, 사람이 아니라, 하늘에 계신 나의 아버지시다"(16:17)라고 하심으로, 신앙고백의 근원이 인간이 아니라 하나님께 있음을 가르쳐 주셨다. 이처럼 참된 신앙은 마음에서부터 입술로, 입술에서부터 삶으로 표현되기 마련이다. 또한 신조는 교회 바깥의 사람들에게 복음을 증거하기 위해서도 필요하다. 자신의 신앙에 확신이 있는 자는 그것을 고백해 증거하게 되어 있다. 신조는 교회의 시작부터 늘 교회와 함께

했다. "신조 없는 교회는 없다"(*Ecclesia sine symbolis nulla*).²

　루터파 신조들을 함께 살펴보자. 루터교회가 인정하는 신조는 다음의 열 가지이고, 그중 세 개는 공교회적 신조다. 첫째가 사도신경, 둘째가 니케아 신조('필리오케'* 포함), 셋째는 아타나시우스 신조다. 나머지 일곱 개는 루터 혹은 루터파가 새롭게 작성한 것이다. 첫째는 멜란히톤이 작성한 아우크스부르크 신앙고백(1530), 둘째 역시 멜란히톤이 작성한 아우크스부르크 신앙고백 변증서(1530)이며, 셋째는 루터가 작성한 슈말칼덴 신조(1537), 넷째는 멜란히톤이 작성한 『교황의 권위와 수위권에 대한 논문』(1537), 다섯째는 루터의 소교리문답(1529), 여섯째는 루터의 대교리문답(1529), 일곱째는 여섯 명의 루터파 신학자들이 작성한 일치신조(Konkordienforme; Formula of Concord, 1577)다.³

　공교회 신조들을 제외한다면, 이 중에서 아우크스부르크 신앙고백과 루터의 소교리문답이 가장 많이 사용된다. 아우크스부르크 신앙고백은 루터교회 전체에서 인정받고 있다. 루터의 소교리문답은 기초 교육에 애용된다. 대교리문답은 소교리문답의 확대판으로 여겨지지만 많이 사용되지는 않았다. 아우크스부르크 신앙고백 변증서는 멜란히톤이 직접 아우크스부르크 신앙고백서를 해설했다는 점에서 가치가 있다. 슈말칼덴 신조는 로마 가톨릭에 대한 도전으로 역사적 가치가 있지만 역시 많이 사용되지는 않았고, 일치신조 역시 공통적으

---

* '필리오케'(*filioque*)란 '그리고 아들(성자)로부터'라는 뜻을 가진 라틴어 단어로, 삼위일체론에서 성령이 성부뿐 아니라 성자에게서도 나온다고 고백하는 교리를 말한다. 동방교회에서는 성령이 '성부로부터 나오신다'라고 고백하기에 필리오케를 거부하지만, 서방 교회에서는 성령이 '성부와 성자로부터 나오신다'라고 고백하기에 필리오케를 인정한다.

로 수용된 적은 없었다. 특히 멜란히톤 추종자들은 일치신조를 좋아하지 않았다.[4] 따라서 루터교회의 일치된 신앙을 이해하기 위해서는 아우크스부르크 신앙고백과 루터의 소교리문답을 일차적으로 살펴보는 일이 필수적이다. 루터가 작성한 소교리문답의 구조는 다음과 같다. 첫 번째 항목은 십계명, 사도신경, 주기도문, 세례, 천국 열쇠, 성찬을 다룬다. 두 번째 항목은 매일 드리는 기도를 다룬다. 세 번째 항목에는 의무표(表)가 실려 있고, 네 번째 항목은 그리스도인 성도의 문답을 담고 있다.

루터는 교리문답을 매우 중요하게 여겼다. 그는 탁월한 학자요 뛰어난 설교자였지만, 교리문답은 늘 어린아이들을 상대로 하듯 가르쳤다. 아침마다 이른 시간에 교리문답을 가르쳤다고 한다.[5] 루터는 십계명, 사도신경, 주기도문이 바로 교리의 핵심이라고 생각했다. 이는 두 가지 역사적 전통에 기인한다. 하나는 아우구스티누스가 『기독교 신앙 핸드북』(Enchiridion)에서 믿음, 소망, 사랑을 기독교적 덕의 핵심으로 제시하고, 사도신경의 믿음을 고백하고 소망과 사랑으로 주기도문을 따라 기도하는 것을 기독교의 기초 교리이자 실천으로 제시한 것을 모범으로 삼았다고 볼 수 있다.[6] 다른 하나는 십계명인데, 이것은 예수님 시대에도 하나님 나라 백성의 주요 실천 사항이었고, 신학의 역사에서도 윤리의 기초였다.

이처럼 교회사에서 루터 이전에도 이미 사도신경, 주기도문, 십계명은 중요한 것이었다. 루터는 새로운 것들을 고안하기보다는 이러한 전통을 존중해 그의 교리문답의 핵심으로 삼았다. 루터의 새로운 점이라면 십계명, 사도신경, 주기도문에 역동적 연관성을 부여한 것이다.⁷ 십계명으로는 사람이 무엇을 "행해야 하고 행하지 말아야 하는지"를 알게 된다. 사도신경을 더욱 확장한 신앙고백으로는 자기의 무능을 직면하고 십계명에 상응하여 무엇을 "취하고 찾고 발견해야 하는지"를 알게 된다. 주기도문으로는 결국 자신이 얼마나 은혜를 "사모하며 붙들고 가져와야 하는지" 경험한다.⁸

루터는 종교개혁 진영의 목사들이 로마 가톨릭 사제들이 지키는 기도 일과의 짐을 벗고서도 "아침, 점심, 저녁에 교리문답이나 기도집 또는 신약성경과 어떤 다른 성경 한 장이라도 읽으려 하지 않고 또 자신과 교구 자녀들이 주기도문으로 기도조차 하지 않는 것"에 대해 분개했다.⁹ 루터는 스스로도 교리문답의 학생으로 머물기를 원했다. 주기도문과 십계명을 매일 묵상했으며, 신앙고백을 암송해 매일 기도했다. 그는 십계명, 사도신경, 주기도문을 가르칠 때 단어 하나하나까지 모두 설명했다. 그는 그리스도인은 마땅히 매일 밤에 습관적으로 주기도문을 암송하고 아침에 일어날 때도 그렇게 해야 한다고 말한다.¹⁰

루터의 교리문답을 보면 단지 암송하고 끝나는 기계적 신앙 훈련이 아니라, 인간을 하나님 앞에 늘 새롭게 세우는 힘을 발견할 수 있다. 교리문답은 우리를 소용돌이처럼 하나님 앞으로 몰아간다. 교리문답은 기독교 신앙을 생생하게 하고 활기를 불어넣는다.¹¹

소명설과 직업윤리

루터는 일반 성도들의 삶을 중요하게 생각하여 직업소명설을 강조했다. 직업은 그 자체로 죄를 짓는 일이 아닌 한, 하나님이 부르셔서 명하신 '소명'(calling)으로 여겨야 한다고 보았다.

'소명'이란 하나님의 '부르심'이다. 소명 의식을 갖고 사는 사람은 자신에게 주어진 재능을 활용해 자아를 실현할 뿐 아니라, 그것으로 누군가의 삶을 책임진다. 그렇기에 소명자의 삶은 하나님의 뜻을 발견하는 삶, 매일 믿음으로 사는 삶, 하나님의 말씀을 경험하는 삶이다.

오스 기니스(Os Guinness)는 "소명이란 누구든지, 어디서든지, 무슨 일에서든지 하나님에 대한 응답으로서의 삶 전체를 사는 것이다"라고 요약했다.[12] 좀더 분명하게는, "소명이란, 하나님이 우리를 그분께로 부르셨기에, 우리의 존재 전체, 우리의 행위 전체, 우리의 소유 전체가 특별한 헌신과 역동성으로 그분의 부르심에 응답하여 그분을 섬기는 데 바쳐져야 한다는 진리"라고 설명했다.[13] 그는 또한 소명을 1차 소명과 2차 소명으로 구분했다. 1차 소명은 "그리스도를 따르는 자로서… 그분에 의한, 그분을 향한, 그분을 위한" 삶을 사는 것이다. 2차 소명은 "모든 것을 다스리시는 주권적 하나님을 기억하고 모든 사람이, 모든 곳에서, 모든 것에서 전적으로 하나님을 위하여 생각하고, 말하고, 살고 행해야 한다는 것"이다.[14] 기니스는 2차 소명은 1차 소명이 확실할 때에 의미 있다고 거듭 주장한다. 1차 소명을 통해 예배를, 그리고 예수님에 대한 헌신을 회복하기 때문이다.[15]

소명에 대한 오스 기니스의 이러한 생각은 루터의 직업소명설을 현대적으로 잘 발전시킨 예라고 볼 수 있다. 루터는 그리스도인이 되는 것을 '영적 소명'(vocatio spiritualis)을 받는 것으로, 그리스도인이 된 후에 가정, 교회, 사회 내에서 자신의 자리와 일과 직업을 찾는 것을 '외적 소명'(vocatio externa)을 받는 것으로 여겼다.[16] 루터의 '영적 소명'이 기니스의 '1차 소명'에, 루터의 '외적 소명'이 기니스의 '2차 소명'에 대응한다고 볼 수 있다.

그런데 최근에는 루터의 직업소명설에 대한 비판이 일고 있다.[17] 현대의 비판을 간략히 살펴보면 다음과 같다. 첫째, 루터의 직업소명설은 오직 그리스도인들만을 대상으로 하므로 비그리스도인들에게는 의미가 없다. 둘째, 직업 이동을 인정하지 않기 때문에 사회적 불균형을 고착시킨다. 셋째, 외적 소명을 영적 소명과 동일시하므로, 소명을 결국 직업에 연결시키고, 소명-직업의 구조를 신성화해 버린다.[18] 넷째, 인간 외에 동물들과 자연에 대한 고려가 전혀 없으므로 피조세계에 대한 책임을 약화시킨다.

하지만 이에 대해 다음과 같이 반박할 수 있다.[19] 첫째로, 루터의 직업소명설은 직업 외에도 세 가지 '신분 상태'를 가정해 모든 사람이 하나님의 부름을 받았다고 이야기한다.• 루터는 세 가지 신분(혹은 위치)을 강조했다. 가정에서의 신분, 교회에서의 신분, 국가에서의 신분이 그것이다.[20] 모든 그리스도인들에게는 교회에서의 신분이 있다. 그러나 그리스도인이 아닐지라도 모든 사람에게는 가정과 국가에서의 신분이 있다. 따라서 루터의 직업소명설에 의하면, 모든 사람은 이 신분에 따라 자신의 일을 '직업처럼' 최선을 다해서 감당해야 한다. 예를 들어, 루터는 그리스도인이 아버지나 어머니로서 하는 일도 거룩한 사역이라고 가르친다.[21] 이런 가르침은 얼마든지 비그리스도인들에

• 로제, 『마틴 루터의 신학』, pp. 451-454도 이를 강조한다. 로제는 루터의 두 왕국 이론도 역시 '두 왕국론'(통치 영역)과 '두 정부론'(통치 방식)으로 나누어서 이해해야 한다고 강조한다.

게도 적용될 수 있다.

1534년에 루터가 남긴 고린도전서 15장 8절 주석은 이 점을 잘 보여 준다. 그는 이 작품에서 '소명'을 '모든 사람'에게로 확대했다. 루터의 말을 직접 들어 보자.

결국 모든 사람은 자신의 소명과 자신의 삶을 자랑스러워해야 하며 자기가 하나님을 기쁘시게 한다는 것을 확신해야 한다. 예를 들어, 모든 아버지는 자식에 대해서 자신이 아버지인 것과 자신이 아버지로서 아들을 대할 때의 특권이 있다는 데 자부심을 가져야 한다. **설령 그가 그리스도인이 아니고, 심지어 그가 복음을 믿지 않는다 하더라도 그러하다.** 그는 다른 사람이 자신을 깔보지 않도록 해야 한다. 비록 가난하고 노쇠하고 아프다 하더라도 그것이 아버지 자격을 박탈한다고 생각해서는 안 된다. 오히려 그는 아들에게 이렇게 말해야 한다. "내 상황이 어떻든지 간에 여전히 나는 네 아버지이고, 너는 내 아들이다. 그리고 너는 나에게서 아버지 자리를 빼앗을 수 없으며, 나에게 순종하기를 멈춰서도 안 된다. 왜냐하면 나는 내 스스로의 계획과 의지로 너의 아버지가 된 것이 아니며, 오히려 하나님이 너를 그렇게 창조하셨고, 너를 나에게 주셨기 때문이다." 이와 같이, 모든 가장(家長)은 그렇게 종에 대해 자부심을 가져야 하며, 정부나 군주는 백성에게 그러해야 한다.…만일 그러한 자부심이 세속 영역에서도 필수적이라 한다면, 전적으로 하나님과 관련한 일이며 하나님이 규정하신 일인 영적 직무는 마땅히 더욱 그러해야 한다.[22]

여기서 루터는 가정의 아버지 자리를 소명의 관점에서 설명한다.

또한 그것은 신자나 불신자나 마찬가지라고 한다. 루터의 직업소명설에 대한 고전을 쓴 구스타프 빙그렌(Gustaf Wingren)은 루터가 여기서 비그리스도인에게 '소명'(Beruf, *vocatio*)이라는 말을 적용하지 않았다고 말했다.[23] 그 말 자체는 사실이지만, 동시에 루터가 그 어떤 사람이든지 아버지나 가장, 혹은 정치인이나 왕이 된 것은 하나님의 뜻과 의지라고 가르치고 있음도 기억해야 한다. 그런 점에서 루터의 소명론은 비그리스도인들에게도 역시 의미 있다. 비록 그들이 인정하지 않고 알지도 못할지라도 가족 관계를 형성하고 직업을 갖는 것은 하나님의 뜻에 의한 것이다. 그렇기에 루터는 모든 사람이 각자 속한 가정의 자리와 직업 가운데서 자부심을 가지고 성실하게 임해야 한다고 가르친다.

이것은 소위 성직(聖職)과 세속적 직업을 나누고 서열화·등급화했던 중세의 사회적 맥락에서 볼 때에 중요한 주장이다. 동시에 루터의 가르침은 부모나 교사의 권위가 무너지고 자녀나 학생들을 가르치는 일에 상당한 곤혹을 겪고 있는 오늘날의 상황에도 절실한 메시지다. 시대 상황이 변화할지라도 하나님이 부르신 자리를 지키고 있다는 점에 대해 우리는 거룩한 자부심과 책임감을 가져야 한다. 비록 루터가 속한 사회가 중세 후기 기독교 사회였기에 비그리스도인이 받은 사명을 명시적으로 다루지는 않았다 할지라도, 루터의 직업소명설에 담긴 세 가지 신분에 대한 논의는 비그리스도인들에게 중요한 의미를 던져 줄 수 있는 것으로 해석할 수 있다.

둘째로, 루터의 직업소명설이 직업 이동을 인정했는가 아닌가 하는 문제를 비판하는 데는 보다 세심한 주의가 필요하다. 직업 이동에 대한 루터의 태도는 양면적이기 때문이다. 한편에서 루터는 직업 이동에 대해 반대했다. 그는 가장 나쁜 상황에 처해 있는 사람이나 종의 신분인 사람도 그 자리에 머물러 있어야 한다고 주장했다.[24] 그러나 다른 한편으로 루터는 직업 이동이 가능하다고 보았으며, 나아가 더 고상한 직업을 갖기 위해 노력하는 일을 금지해서는 안 된다고 주장했다. 그는 사회가 사람들이 타고난 신분으로 구성된다는 주장을 거부했고, 평민 부모 밑에서 태어난 사람도 더 나은 직업을 찾을 수 있다고 보았다. 물론 루터는 단순히 돈을 더 많이 벌기 위한 직업 이동은 부적절하다고 보았다. 하지만 평민 자녀들도 영적 영역과 세상의 영역을 통치하는 것이 가능하다고 주장했다.

이처럼 서로 대립하는 듯한 양면적 태도를 어떻게 이해해야 할까? 우리는 여기에서 한쪽을 축소하고 다른 측면만 과도하게 부각해서는 안 된다. 이렇게 대립하는 주장들이 팽팽하게 맞선 자리에서 루터 신학이 가진 매력이 발견되기 때문이다.

창세기 17장 9절에 대한 루터의 주석(1538 혹은 1539)[25]은 이 문제를 정리할 수 있는 좋은 저술이다. 루터는, 아브라함이 받은 부르심은 할례를 행하는 것이었는데, 그가 그 부르심을 지키고 다른 사람들을 엿보지 않은 것은 쉬운 일이 아니었다고 주석한다. 그럼에도 불구하고 그는 자신의 소명에 충실했다고 루터는 말한다.[26] 이 부분에서 "부르심"의 일차적 의미는 구원 역사의 단계에서 자기 자리를 지키며 자기에게 주어진 하나님의 명령을 따르는 것이다. 루터는 계속해서 다음과 같이 말한다.

따라서 모든 사람에겐 반드시 소명이 있다. 그 소명에 머무는 한 그는 하나님을 섬기는 것이다. 왕은 백성들을 돌보고 통치하기 위해 수고할 때 하나님을 섬긴다. 한 집안의 어머니가 아기를 돌볼 때, 한 집안의 아버지가 일하여 생계를 충당할 때, 학생이 부지런히 공부에 힘쓸 때, 그들은 하나님을 섬기는 것이다.* 이러한 경건한 삶을 수도사들과 수녀들은 버렸다. 왜냐하면 그들은 이런 일들이 너무 무가치하다고, 다른 이들을 돌보는 일이 번거롭다고 생각하기 때문이다. 그렇게 그들은 신앙에서 떠나 하나님께 불순종한다.[27]

이 중요한 단락에서 우리는 소명이 개인적 삶과 사회적 삶 모두에 적용된다는 사실을 알 수 있다. 그리고 일에는 모든 사람에게 그러한 가치가 있다. 앞에서 지적한 것처럼 루터가 '소명'이란 말을 비그리스도인들에게 직접 적용한 적은 없지만, 그럼에도 불구하고 루터의 소명론에는 누구에게나 적용 가능한 보편 윤리의 측면이 있다. 앞의 단락에 바로 이어서 루터는 이렇게 말한다.

따라서 사람이 하나님이 명하신 일을 행하며, 다른 사람들이 무엇을 하는지 신경 쓰지 말고 다만 자신의 소명에 열렬하게 헌신하는 것은 정말 위대한 지혜다. 그러나 그렇게 사는 사람은 드물다. 사람들은 대부분, 한 시인이 "게으른 소는 안장을 원하고, 게으른 말은 쟁기를 원한다"라고 비판한 것처럼 행한다.

* 이런 표현에서 볼 수 있듯, 루터의 소명론은 우리가 다른 사람을 섬기는 가운데 하나님을 섬기는 것임을 가르친다. Ruh, "Labor. V. Theology and Social Ethics", p. 274를 참조하라.

타고난 복에 만족하는 사람은 아주 드물다. 평신도는 사제의 삶을 부러워하고, 학생은 선생이 되고자 하며, 시민은 의원이 되고자 한다. 단순한 믿음으로 행하고, 자신의 소명에 부지런히 충실하며, 선한 양심을 가지는 것 외에 하나님을 섬기는 길이란 없는데도, 우리 각 사람은 자신의 부르심에 진저리를 낸다.[28]

같은 구절에 대한 주석에서 루터는 "각 사람은 자신의 소명을 주목하고 따라야 한다"고 말했다. "하나님이 그들에게 주신 명령은 부모, 통치자, 교사들에게 순종하는 것과 같이 [수도사의 삶과는] 다른 것"이기에,[29] 안토니우스 같은 수도사들을 흉내 내어 세상으로부터 스스로 단절되어 사는 이들은 큰 죄를 짓는 것이라고 했다. 얼핏 보면 이런 부분은 마치 각자의 직업에 만족하고 그것을 절대 변경해서는 안 된다는 식으로 해석될 수 있다.** 그러나 여기서 루터의 주장은 평신도는 절대 사제가 될 수 없다거나, 학생이 절대 교사가 될 수 없다는 것이 아니다. 얼마든지 그렇게 직업이나 삶의 자리가 바뀔 수 있다. 루터는 그것을 교육론에서 매우 강조한다.[30] 루터가 지적한 문제는 평신도와 학생은 자신의 자리에서 최선을 다해야 한다는 것이다. 루터의 진정한 의도는 삶의 태도를 강조한 것이지, 직업을 절대 바꿔서는 안 된다는 것은 아니었다.

** 실제로 미로슬라브 볼프(Miroslav Volf)는 그런 식으로 이해하여, 루터의 직업윤리가 매우 보수적이며 사회의 구조악의 개혁에 도움이 안 된다고 본다. 그는 루터가 영적 소명을 외적 소명과 묶어 버림으로써 직업과 사회구조에 대한 보수적 견해를 가지게 되었다고 비판한다. Volf, "Human Work, Divine Spirit, and New Creation", pp. 180-183.

루터가 직업 이동을 반대한 목적은 세 가지다. 첫째, 각 사람이 자신의 자리에 충실하게 머무름으로써 자신의 일에 대한 책임 의식을 고양하게 하기 위해서다. 둘째, 모든 직업이 평등함을 강조하기 위해서다. 하나님의 부르심을 받은 직업이라면 귀천이 있을 수 없기 때문이다. 셋째, 무엇보다 성직우월주의를 거부하기 위해서다. 중세적 관념에서는 성직이 일반 직업보다 훨씬 더 우월했다. 루터는 그런 가치관을 거부하고 모든 사람이 자신의 직업을 지키고 그 일에 충실한 것이 하나님께 영광이 된다고 보았다. 그렇기에 루터가 직업 이동을 반대한 데는 충분히 성경적이고 합리적인 이유가 있다.

그렇다면, 루터가 직업 선택의 유동성을 인정한 까닭은 무엇인가? 그것은 신분 상태를 고착된 것으로 보는 중세적이고 운명적인 사고방식을 거부하기 위해서였다. 그 때문에 루터는 교육의 중요성을 강조했다. 한 편지에서는 "도시가 일시적 휴식을 위한 교량들, 도로들, 골목들, 댐들 등에 대해서는 그렇게 많은 돈을 쓰면서 왜 가난한 젊은이들과 한두 명의 교사들과 교장을 위해 필요한 돈은 지출하려 애쓰지 않느냐?"고 따지듯이 물었다.[31] 그는 모든 사람이 기초 교육을 받아야 하며, 가난한 자들에게는 장학금을 주어서라도 교육의 혜택을 누리도록 해야 한다고 주장했다. 루터는 교육을 통해 한 사람이 직업을 변경할 수 있다고 보았으며, 이를 통해 사회적 신분을 변경하는 것도 가능하다고 보았다.[32] 루터는 다음과 같이 말한다.

왕들, 군주들, 영주들, 귀족들로 태어난 자들만이 법을 집행하고 주권을 행사하는 것은 하나님의 뜻이 아니다. 하나님은 거지도 앞에 언급한 자들의 영역에서 활동하도록 뜻하셨다. 기득권자들이, 하나님이 군주나 통치자를 세우신다고 보지 못해 자신이 태어날 때부터 귀족이라는 생각을 가지지 않도록 하기 위함이다.…당신의 아들과 내 아들, 즉 평민의 자녀들도 필연적으로 영적 영역과 세상의 영역을 통치하게 될 것이다.[33]

신분의 변화가 가능함은 루터의 생애 자체가 보여 주었다. 그는 농부의 아들로 태어났지만 성경의 박사가 되었다. 이처럼 루터는 성직자 중심의 중세 사회 위계질서와 운명론적 사회 구성 및 신분 관념을 자신의 직업소명설에 나타난 두 측면(직업 선택의 불유동성과 유동성)을 통해 거부했다.

셋째로, 루터는 영적 소명과 외적 소명을 모두 중요하게 생각했지, 전자를 후자에 종속시키지 않았다. 1527년과 1528년 어간에 행한 디모데전서 설교에서는 이 점이 분명하게 드러난다. 특히 디모데전서 3장 13절 주석이 중요하다.• 루터는 교회의 집사들이 감독이 되고자 원하는 경우를 두고 이야기를 전개한다. 이는 루터 당시에 사람들이 교회에서 잘못 행하던 관행이었다. 루터는 선한 일을 제외하고 괜히 경쟁의식을 가질 필요가 없다고 말한다. 집사는 자신의 자리를 지키면서 만족하라는 것이 바울의 가르침이라고 루터는 설명한다.

각 사람은 자신의 소명의 자리에서 충실하게 섬겨야 한다. 만일 누가 더 고상한 상황에 있다고 해서, 질투하거나 자신의 분깃을 경멸해서는 안 된

• "집사의 직무를 잘 수행한 사람들은 좋은 지위를 얻게 되고, 그리스도 예수를 믿는 믿음에 큰 확신을 얻게 됩니다"(딤전 3:13).

다.…비록 집사들의 지위가 그렇게 중요하지 않은 것처럼 보인다 해도, 그럼에도 불구하고 그들은 그리스도를 의지함과 그분을 믿는 가운데 가장 높은 지위를 가진 것이다. 집사들이 그리스도를 향한 믿음 안에 머무르는 것으로 충분하다. 집사가 자기 사역이 그리스도를 기쁘시게 한다는 것을 알고 있고 감독이 감독직에서 그러하듯이 집사직 또한 그리스도께 기쁨이 된다는 것을 알고 있다면 그 집사는 자유롭다.…만일 그들이 잘 섬긴다면 그들은 그리스도의 신실한 백성으로 여김 받는 것을 확신할 수 있다. 그들은 또한 만족감을 누릴 것이다. 자신들이 그리스도를 기쁘시게 한다는 것을 알기 때문이다. 이런 식으로 나는 프랑스의 왕과 마찬가지로 그리스도를 기쁘시게 한다.[34]

이 주석에서 중요한 것은 세 가지다. 첫째, 루터는 '소명'을 교회의 직분과 연관 지어서 말한다. 둘째, 루터는 직분자가 자신의 직분에 만족하면서 충실하게 사역해야 하며 다른 사람의 직분을 두고 비교하는 일은 없어야 한다고 말한다. 셋째, 루터는 교회의 직분에 대한 태도를 세상의 일에도 적용한다. 각 사람은 부름받은 자리에서 섬김으로써 그리스도를 기쁘시게 해야 한다. 그리스도인은 그럴 때에 만족감도 느끼고 그리스도의 신실한 백성으로 여김도 받는다. 여기서 루터가 말하고자 하는 것은 영적 소명(교회에서의 공적 직분)과 외적 소명(사회에서의 직업)의 관계가 아니다.* 그의 사유 속에서는 두 가지 소명

---

* 볼프와 몰트만은 루터가 외적 소명을 영적 소명과 동일시함으로써, 전자가 상위에 서서 후자를 흡수해 버렸다고 비판했다. Volf, "Human Work, Divine Spirit, and New Creation", p. 181; J. Moltmann, "The Right to Meaningful Work", *On Hu-*

이 같은 자리를 차지하는데 그것은 외적 소명이 영적 소명보다 상위에 있어서가 아니라 두 소명 모두가 그리스도를 기쁘게 섬기는 일이기 때문이다. 그 어떤 일이든 그것이 그리스도의 부르심 속에서 하는 일이라면, 그리스도를 의지하고 믿는 가운데 행함으로써 그분을 기쁘시게 할 수 있다는 것이 루터가 말하고자 하는 바다.

넷째로, 루터의 직업소명설이 인간 외에 동물이나 자연을 전혀 고려하지 않으므로 피조세계에 대한 책임을 약화시킨다는 비판에 대해서는, 루터가 제시한 복음의 총체성과 그의 창조론과 인간론을 살핌으로써 대답할 수 있다. 우선 복음의 범위를 생각할 수 있다. 루터는 십계명 중 첫 계명("너는 나 외에는 다른 신들을 네게 두지 말라")이 율법의 총괄 개념인 동시에 복음의 총괄 개념이라고 말한다. 십계명을 지키는 자는 우상이 아니라 하나님을 사랑하기 때문에, 직업과 일의 영역에서도 하나님이 기뻐하시는 일들을 보다 많이 시도할 수 있다.**

또한 루터는, 하나님이 자신이 창조하신 천지를 포기하지 않으시고 보존하시고 다스리신다고 『창세기 강의』에서 주장했다.[35] 루터는 아담이 지녔던 피조물에 대한 지배권을 이제 그리스도가 갖고 계시다고 보았다. 그러므로 그리스도 안에서 성도들은 이 세상에 대한 책임을 지니며, 그 책임은 비단 동료 인간에 대한 것일 뿐 아니라 피조세계 전체에 대한 것이다.[36] 따라서 루터의 직업소명설은 인간 외에

---

   man Dignity: Political Theology and Ethics (Fortress Press, 1984), p. 47.
** 아우구스티누스가 "하나님을 사랑하라. 그리고 네가 원하는 것을 하라"(*dilige* [*Deum*], *et quod vis fac*)라고 한 것을 기억할 수 있다(MPL 35:2033, 요일 4:14 강해). 한스-마르틴 바르트, 『마르틴 루터의 신학』, p. 336는 루터에게 하나님 사랑이란 복음을 듣고 믿는 것에서부터 시작한다고 적절하게 지적한다.

동물이나 자연에 대한 고려가 전혀 없다고 보기 어렵고, 오히려 그리스도를 통하여 삶의 모든 영역에서 책임을 다하는 삶을 살도록 인도하고 있다고 볼 수 있다.

특별히 이 지점에서 루터의 신학적 인간론을 고찰할 필요가 있다. 루터가 이해하는 인간론은 고립된 하나의 주제가 아니라, 창조와 구속이라는 큰 틀 안에서 다뤄진다. 루터는 인간이 하나님으로부터 '이성'이라는 가장 큰 은사를 받아, 하나님과 협력하여 피조세계를 보존하고 다스리는 책임을 진다고 말한다.[37] 그리고 모든 인간에게는 '창조 질서'가 주어져서 인간의 모든 관계, 즉 결혼과 가족과 민족과 국가와 경제와 정부 등에 영향을 미치는데, 이것은 신자뿐 아니라 불신자도 인식할 수 있다.[38] 모든 인간은 하나님의 대리자로서 세상을 다스리고 하나님을 섬기라는 명령을 받았다. 물론 죄인인 인간은 그것을 제대로 수행할 수 없지만, 그럼에도 그 명령은 '신분과 직업을 통해서' 구체화되기를 기다리고 있다.[39]

하나님은 우리의 직업과 일이라는 '가면'(假面)을 사용하셔서 이 세상에 유익을 주신다. 루터는 종종 인간의 일에 대해 "이것은 우리 주 하나님의 가면이다. 그 가면 아래 하나님은 당신을 감추고 모든 일을 하신다"고 말했다.[40] 물론 루터는 하나님이 "그들 없이도 행하실 수 있고 또한 행하신다"고 하여, 하나님이 일하시는 방식을 한정하지는 않았다. 하지만 믿음 가운데 일하는 인간이 '창조자의 동역자'라고 보았다.[41] 이처럼 루터의 창조론과 인간론은 한 사회, 국가, 세계 전체를 아우르는 윤리적 측면을 내포하고 있다.

따라서 루터의 직업소명설은 당시의 맥락에서 고찰해 볼 때 충분히 성경적인 이론으로 이해할 수 있을 뿐 아니라, 오늘날에도 여전히 설득력 있는 중요한 가르침이다.

소명론 및 직업윤리의 적용

앞에서 살펴본 내용을 오늘날 우리에게 다음과 같이 적용해 볼 수 있다.

첫째, 모든 그리스도인은 소명을 가졌으며 그 소명은 교회에서의 활동 외에도 가정이나 직장에서의 삶을 아우른다. 루터는 영적 소명(구원)을 받은 사람은 외적 소명(세상의 일)도 받았다고 봄으로써 중세의 성직주의와 수도원주의를 거부하고 인간의 삶 전체를 소명의 영역으로 가져왔다. 그리스도인은 가정, 교회, 사회 속에서의 삶에 대해 책임 의식을 품고 살아야 한다.

둘째, 그리스도인은 교회와 세상 속에서 하나님과 그리스도를 기쁘시게 하기 위해 일해야 한다. 그리스도인의 삶의 통전성(*unitas*)은 하나님의 부르심에서 비롯한다. 그리스도는 우리 모든 삶의 주인이시다. 따라서 그리스도인은 어디서나 주님 앞에서 살아감을 기억하고 매사에 충실해야 한다. 어떤 사람은 교회에서는 열심히 일하는데 직장 생활은 대충 하기도 하며, 반대로 어떤 사람은 직장 생활에 매진하느라 교회 생활을 등한시하기도 한다. 루터는 이 두 경우 모두 부적절하다고 보았다. 그리스도인은 세상과 교회에서 모두 최선을 다해야 한다. 이미 하나님이 그럴 수 있는 힘과 은사를 주셨기 때문이다.●

● 아우구스티누스가 『고백록』(14.4)에서 말하듯이 신자는 하나님으로부터 받은 것으로 하나님과 이웃을 섬기게 된다. 루터파 신학자 오스발트 바이어(Oswald Bayer)는

셋째, 직업과 일은 칭의의 수단이 아니라 '은혜의 선물'이다. 중세 로마 가톨릭은 직업도 일종의 '공로'로 이해했다. 하지만 루터가 보기에, 한 사람이 직업을 가질 수 있음은 하나님의 은혜다. 오늘날 한국 사회에서 직업은 돈벌이 수단 혹은 자기 성취와 자랑의 도구가 되고 있다. 하지만 루터는 직업이나 일이 자기 자랑의 근거가 되어서는 안 된다고 주장한다. 인간이 하나님 앞에 설 수 있는 것은 오직 그리스도의 십자가의 은혜를 믿는 길밖에 없기 때문이다. 따라서 직업이나 일은 이제 그리스도를 믿고 하나님의 은혜를 받은 사람이 행하는 자유로운 활동이다. 앞에서 언급한 오스 기니스의 표현대로 '2차 소명'은 '1차 소명'에 근거하며, '외적 소명'은 '영적 소명'에 근거하기 때문이다. 따라서 우리는 일의 노예가 되어서는 안 되며, 직업이 우리의 정체성을 정해 준다고 생각해서도 안 된다. 다만 우리는 하나님의 부르심 속에서 일하고 있을 뿐이며, 그렇기에 묵묵히 그 일에 최선을 다할 뿐이다.

넷째, 직업의 가치는 하나님의 부르심에서 온다. 우리 각 사람은 자신의 일에 대해 자부심을 누릴 수 있다. 그 자부심은 일 자체가 주는 것이 아니라 하나님이 나를 부르셨고, 그 부르심에 내가 믿음으로 응답한다는 사실에서 나온다. 그렇기에 모든 일은 평등하며 어디에도 하잘것없는 일이란 없다. 열등감이나 우월감을 낳는 비교 의식은 루

칸트가 말하듯이 정언명령(categorical imperative)이 있다면 정언은사(categorical gift)가 미리 전제되어야 한다고 말했다. 바이어에 대한 내용은 R. Michael Allen, *ET101 Law and Gospel: The Basis of Christian Ethics*, Logos Mobile Education (Lexham Press, 2016), Segment 14에서 인용.

터의 직업윤리에 끼어들 수 없다.

다섯째, 우리는 일을 통해서 하나님과 이웃을 섬길 수 있다. 자신의 직업과 일에 충실할 때 그 일을 통해서, 그리고 이웃에 대한 섬김 속에서 우리는 하나님을 섬긴다. 이 둘은 루터의 직업윤리에서 분리되지 않는다. 하나님은 우리의 직업과 일이라는 가면을 쓰고서 이 세상에 유익을 주신다.[42] 아울러 루터가 구제를 함께 강조했음을 기억할 필요가 있다. 그는 소유 자체를 나쁘게 보진 않았지만, 사람이 개인의 필요를 채우고 남은 것으로 이웃에게 도움이 되지 못한다면 소유가 도둑질이 된다고 생각했다.[43] 또한 루터는 정부가 가난한 자들을 돕기 위해 제도적으로 노력해야 한다고 주장했다. 그는 가난한 자들을 위해 교회에 구제함을 늘 설치해 놓았다. 인간이 직업을 통해 얻은 소득은 나눌 때에 그 의미가 더욱 커지기 때문이다.

여섯째, 루터의 직업윤리는 '외적 소명을 찾는 윤리'(ethica ad vocationem externam)와 '외적 소명 안에 머무는 윤리'(ethica in vocatione externa)를 구분해서 이해해야 한다. '외적 소명을 찾는 윤리'란 아직 직업을 구하지 못한 이들이 직업을 찾는 과정에서 필요한 윤리다. 여기엔 루터의 소명론보다는 교육론을 적용하는 것이 적합하다. 루터는 그의 교육론에서 사람들이 얼마든지 다양한 직업을 찾을 수 있다고 말했다. 그리고 그 과정을 정부와 사회가 도와주어야 한다고 주장했다. 따라서 루터의 직업윤리는 오늘날 한국의 청년 실업 문제에도 여전히 적용점이 있다. '외적 소명 안에 머무는 윤리'란 이미 직업을 찾은 이들이 자신의 일에 임하는 태도다. 루터는 이미 직업을 찾은 이들은 그 직업에 충실하라고 권면한다. 물론 직장을 바꿀 수 없다는 말은 아니다. 다른 직장을 찾을 수 있고, 심지어 여러 직업을 가질 수도 있다.* 하지만 중요한 것은 일에 임하는 태도다. 직업을 가진 사람은 자신의 일을 하나님이 주신 소명의 관점에서 파악하여 자부심과 열심을 가지고 일해야 한다. 루터의 직업소명설의 핵심은 어떤 직업의 선택보다는 직업에 대한 기본 자세, 즉 자신의 일상적 일을 사랑하고 만족하는 삶과 타인을 위한 봉사의 삶과 하나님 앞에서 책임 있게 살아가는 삶의 태도에 있음을 기억해야 한다.

마지막으로 일곱째, 루터의 직업윤리와 관련하여 마지막으로 한 가지 덧붙이고 싶은 것은 '휴식'과 '쉼'에 대한 그의 태도다. 루터는 일의 신학도 전개했지만 쉼의 신학도 놓치지 않았다. 그에게 일이란 인간 자신의 성취를 뽐내는 수단이 아니라 하나님과 이웃을 섬기기 위한 은혜의 선물이었다. 그래서 그는 "사람은 휴식으로도 하나님을 섬긴다. 그렇다. 쉬는 것 외에 아무것도 없이도 말이다"라고 말했다.[44] 한번은 멜란히톤이 식탁에 앉아서도 여전히 글을 쓰며 일을 하고 있었다고 한다. 그때 루터가 벌떡 일어서서 멜란히톤의 손에서 펜을 빼앗아 버렸다는 일화가 있다. 루터의 직업윤리를 논하면서 그의 휴식의 윤리를 놓치지 않는 것 또한, 지나친 노동으로 수많은 사람들이 괴로워하는 한국 사회를 위해서 꼭 필요할 것이다.[45]

• 이 경우 루터는 그 여러 직업을 전부 소명으로 묶어서 이해했을 것이다.

이슬람에 대한 견해

루터는 1529년과 그 이듬해에 이슬람에 대해서 중요한 글들을 남긴다.[46] 7세기를 기원으로 하는 이슬람은 루터 시대에는 유럽 전체에 큰 위협을 가할 정도로 강성해져 있었기 때문이다. 이미 이슬람은 8세기부터 15세기까지 아라비아 반도, 비잔틴 제국, 이집트, 메소포타미아, 페르시아의 많은 영토, 북부 아프리카, 이베리아 반도, 남부 이탈리아, 프랑스 남부와 지중해 서부를 점령하면서 그 영역을 점차 넓혀 나갔다. 루터가 태어나기 30년 전인 1453년에는 오스만과 튀르크의 술탄 메흐메트 2세(Mehmed II, 1432-1481)의 지휘하에 고대 로마의 수도였던 콘스탄티노플이 함락되고, 비잔틴 제국이 멸망했다. 메메드 2세는 이에 멈추지 않고 튀르크 제국의 경계를 더욱 넓혀서, 루터가 태어나기 불과 8년 전인 1475년에는 크림반도를 점령했다. 튀르크인들은 더욱 영토를 확장시켜서 알바니아(1500), 몰다비아(1512), 루마니아(1516), 몬테네그로(1517)를 점령하였다.[47] 루터가 '돌파'와 95개조 논제를 통해 종교개혁의 길로 나아가는 동안에도 튀르크족은 유럽의 많은 지역들을 하나씩 점령하고 있었다.[48]

루터는 이슬람에 대해 어떤 견해를 가지고 있었는가? 어떤 학자들은 루터가 기독교의 하나님과 이스라엘 백성들의 알라를 동일한 신으로 생각했다고 주장한다.** 하지만 사실은 그렇지 않다. 루터가 이슬

** 미로슬라브 볼프는 이슬람에 대한 루터의 견해가 이중적("Yes and No")이라고 한다. 한편으로 이슬람을 배격하면서도, 한편으로는 이슬람의 알라를 인정하였다는 것이다. 볼프, 『알라』 백지윤 역(IVP, 2016), pp. 88, 98, 104를 보라.

람을 다룬 글들이 보여 주듯이, 이 문제에 대한 루터의 의견은 매우 분명했다.⁴⁹

루터는 이슬람에 대해 적어도 6편 이상의 중요한 글들을 남겼다.⁵⁰ 그중 "튀르크인들과의 전쟁에 관하여"(1529)라는 글과 『튀르크인들의 종교와 관습』(Libellus de Ritu et Moribus Turcorum)이라는 책의 "서문"(1530)과 테오도르 비블리안더(Theodore Bibliander, 1504-1564)가 번역한 꾸란에 대한 "서문"(1543)이 매우 중요하다.⁵¹ 루터는 라틴어 꾸란이 출간되기 1년 전에 그것을 읽었다.• "튀르크인들과의 전쟁에 관하여"라는 글은 오스만 군대가 빈(Wien)을 포위하던 1529년에 쓴 글이다.⁵² 루터는 당시에 유럽을 침공하고 있던 튀르크인들을 하나님의 심판을 대리하는 막대기라고 보았다.⁵³ 타락한 유럽의 기독교에 대해 하나님이 심판을 내리신 것으로 오스만의 침략을 이해한 것이다. 따라서 루터는 그리스도인들이 이 전쟁에 참여하기 위해서는 무엇보다 자신의 죄를 회개하는 것이 필요하다고 주장한다. 그리스도인은 무슬림들과 싸우기 전에 자신 내부에 있는 부패와 거짓과 더불어 싸워야 한다. 복수를 위해서 혹은 영토 확장을 위해서 이슬람과 전쟁을 벌이는 것은 옳지 않다. 그들이 불신자라서 처벌해야 하는 것도 아니다. 만일 불신자를 무력으로 처벌해야 한다면 가장 먼저 교황부터 처벌해야 할 것이라고 루터는 주장했다.⁵⁴

그러나 루터는 튀르크인들이 위협이 되는 세 가지 요소를 지적했

• 루터가 1542년 남긴 기록에 따르면, 그는 1542년 사순절 때 처음으로 꾸란을 읽었다 (WA pp. 53, 272). 그 전에는 다만 이탈리아 작가들의 글을 통해서 튀르크인들에 대한 이야기를 읽었을 뿐이다. LW 22:17주14.

다.⁵⁵ 무슬림이 주는 첫째 위기는 영적 위기다. 루터는 이슬람이 유대교, 기독교, 이교도의 신앙들을 섞어 놓은 '짜집기'(patchwork)라고 했다.⁵⁶ 그가 생각하는 기독교의 핵심 교리는 성부, 성자, 성령, 세례, 성례, 복음, 신앙 등에 대한 가르침이다. 그런데 '무함마드와 그의 행위에 대한 교리와 특히 칼에 대한 교리'는 이런 기독교 교리들과 배치된다. 그는 "무함마드가 우리 주 그리스도와 그분의 왕국의 파괴자"라며 비판했다. "튀르크인의 신앙의 주된 교리…안에는 모든 혐오들과 모든 오류들과 모든 악마들이 한 더미로 쌓여 있는 것"이라고 루터는 주장한다.⁵⁷

이와 같은 이슬람의 영적 측면에 대한 진단을 볼 때, 루터가 이슬람의 알라와 기독교의 하나님이 같은 신이라고 생각했을 리는 만무하다. 『탁상담화』의 한 구절에서도 루터는 "천지 만물을 창조하신 오직 한 분 하나님만 계신다고 믿는 튀르크인들은 그리스도를 선지자로 인정하긴 하지만, 그리스도가 하나님의 유일하시고 참되신 독생자이심을 부정합니다"라며 "그리스도의 입을 통해서 말씀하지 않으시는 하나님은 하나님이 아닙니다"라고 주장한다.⁵⁸ 루터는 그리스도의 아버지이신 하나님과 알라를 분명하게 구별했다.

무슬림이 주는 둘째 위기는 시대적 위기다. 루터는 꾸란이 칼의 사용을 부추긴다고 본다. 꾸란과 이슬람 교리들은 무력을 통하여 기독교 신앙을 파괴할 뿐 아니라, 이 땅의 모든 정부를 파괴하라고 가르치기 때문이다. 루터가 보기에 튀르크인들은 강도와 같았다.⁵⁹

무슬림이 주는 셋째 위기는 가정과 결혼의 위기다. 루터는 무함마드의 꾸란이 누구든지 원하는 대로 아내를 취하도록 허락한다고 주장한다.⁶⁰ 그는 튀르크인들이 10명이나 20명의 아내를 취하고는 마음대로 버리곤 한다고 말한다. 튀르크에서는 여성들이 말할 수 없을 정도로 무가치하게 취급받고 경멸당한다는 것이다.⁶¹

이런 것들을 경계하며 루터는 다음과 같이 단호하게 말한다.

더군다나 튀르크인들이 전쟁에 나갈 때 그들이 전장에서 외치는 소리는 "알라! 알라!"다.…아라비아어로 알라는 신을 뜻한다. 그리고 그것은 히브리어 "엘로하"가 변형된 것이다.*…이 모든 것은 정말로 사탄의 간계다. 한 분이신 하나님을 다른 신과 구분하지 않고서, "알라 외에 다른 알라는 없다"고 말하는 것이 도대체 무엇을 뜻하는가? 사탄도 역시 하나의 신이다. 튀르크인들은 이 말로 사탄을 경배하는 것이다. 여기에는 전혀 의심의 여지가 없다. 동일한 방식으로, 교황의 군대는 "에클레시아! 에클레시아!"라고 외친다. 분명히 말하건대, 그것은 사탄의 에클레시아(교회)다.⁶²

루터는 알라를 섬기는 무슬림과 교황을 섬기는 십자군 모두를 사탄을 따르는 무리라고 본다. 루터는 너무나 단호하게 튀르크인들의 신이 참된 하나님이 아니라 사탄이라고 주장한다.

『튀르크인들의 종교와 관습』이란 책은 게오르크 폰 뮐바흐(Georg von Mülbach)라는 사람이 젊은 시절, 튀르크인들이 헝가리를 침공했을 때 붙잡혀 포로로 잡혀갔다가 20년 감옥살이를 하고 1458년에 풀

---

* 루터는 아라비아어가 튀르크인의 언어가 아님을 알고 있었다(LW 46:183주78; WA 30II, 128주2). 루터처럼 알라의 신명(神名)을 이해하는 것에 대해서는, 이만석, 『이슬람의 알라는 기독교의 하나님인가?』(4HIM, 2012), p. 35를 보라.

려난 후에 낸 것으로,[63] 1481년경에 쓰였다고 추정된다.[64] 그 책의 "서문"(1530)에서 루터는 그 책이 무슬림의 장단점을 모두 보여 주었다고 말한다. 저자는 악의를 가지고 사실을 왜곡하지 않았고 무슬림의 관습을 제대로 기술했다.[65] 루터가 말하기를, 사실 외적 의식으로만 보자면 무슬림들은 그리스도인들이 감히 따라가지 못할 정도다. 심지어 그리스도 자신도 그 정도의 의식을 보여 주시지는 못했다. 기독교를 떠나 무슬림이 되는 이유도 그런 데 있다고 루터는 지적한다. 무슬림과 3일만 함께 지내도 그들처럼 되고 싶을 것이라고 말이다. 하지만 루터는 "기독교는 의식의 종교가 아니다"라고 힘주어 말한다. 기독교는 선행을 뛰어넘는 종교이기 때문이다. 루터는 "튀르크인들이 그리스도를 계속해서 부인하고 열렬하게 박해한다"고 말한다.[66] 그런데도 로마 교황청이 무슬림들의 관행을 숨기는 이유는 사실상 하는 행동이 그들과 똑같기 때문이라고 루터는 보았다. 그가 보기에 로마 가톨릭이나 이슬람교나 행위 종교라는 점에서는 동일하다. 자신들의 부패가 도리어 드러날까 봐 교황청은 무슬림의 습속을 감추고 있다.[67]

루터는 이러한 상황에서 그리스도인이 취해야 할 무기가 바로 그리스도에 대한 확고한 신앙이라고 주장한다.[68] 루터의 이슬람 비판은 "철저하게 그리스도 중심적"이다.[69]

무함마드는 그리스도가 하나님의 아들이심을 부인하며, 그리스도가 우리 죄를 대신해 죽으셨음도 부인하고, 우리 생명을 위해 부활하셨음도 부인하며, 이를 믿음으로 우리가 죄를 용서받고 의롭게 된다는 것도 부인한다. (비록 무함마드도 죽은 자의 부활과 심판의 날을 믿긴 하지만) 그리스도가 산 자와 죽은 자를 심판하기 위해 다시 오실 것을 부인하며, 성령을 부인하며, 성령의 은사들을 부인한다. 바로 이러한 신앙 양심의 조항과 그것과 비슷한 조항들로 무함마드의 의식들에 대항하여 무장해야 한다. 이러한 무기들로써 그의 꾸란을 반박할 수 있다.[70]

루터는 튀르크인들은 참된 믿음이 없는 자들이라고 말하며,[71] 사도신경의 둘째 부분인 그리스도에 대한 고백과 셋째 부분인 성령에 대한 고백이야말로 이슬람을 이길 수 있는 신앙 조항이라고 주장한다. 살펴본 대로, 『튀르크인들의 종교와 관습』의 "서문"에서도 역시 루터는 하나님과 알라를 전혀 같은 존재로 보지 않는다.

또 하나 중요한 글은 라틴어판 꾸란에 실린 루터의 "서문"(1543)이다. 1542년 아랍어에 능통한 취리히의 신학자 테오도르 비블리안더가 꾸란을 번역하여 출판하려고 했을 때, 바젤 시의회의 반대에 부딪혀 어려움을 겪었다. 그러나 루터는 꾸란의 라틴어역 출판을 적극 권장하면서, 책을 출간할 출판사도 알아봐 주고 직접 그 번역본의 서문을 썼다.[72] 그 서문에서는 그리스도인들이 유대교를 깊이 연구해야 그들의 오류를 제대로 비판할 수 있듯이, 이슬람 역시 제대로 알아야 올바르게 비판할 수 있다고 주장했다.[73] 루터는 먼저 '유대교'의 긴 역사 속에서 사탄이 일하고 있었다고 비판한다. 기독교회는 사도들의 정신을 이어받아 복음을 대적하는 자들의 오류를 비판하고 정죄해야 한다. 루터가 보기에 당시 복음의 대적자들은 "거대한 우상숭배자들인 유대인들, 무함마드주의자들, 교황주의자들"이었다.[74] 루터는 다음과 같이 적었다.

따라서 내가 여태껏 유대인과 교황주의자들의 우상들을 대적하여 글을 썼던 것처럼, 나는 나에게 기회가 닿는 한 앞으로도 그렇게 할 것이다. 또한 나는 무함마드의 유독한 신앙을 반박하기 시작했는데, 더욱더 그리할 것이다. 그러나 이 일을 하기 위해서는 무함마드의 글들 자체를 자세히 연구하는 것이 유용하다. 따라서 나는 꾸란의 전체 텍스트를 보기를 원해 왔다. 나는 다른 경건하고 학식 있는 사람들이 이러한 글들을 더 많이 읽는다면, 무함마드의 이름과 그의 오류가 더 많이 반박될 것이라고 믿어 의심치 않는다.[75]

루터는 선지자들과 사도들을 거부하는 국가들의 모든 신앙을 거부해야 한다고 주장한다. 그리고 무함마드가 선지자들과 사도들을 떠나 새로운 신앙을 고안해 냈다는 것을 그가 스스로 인정하고 있음을 지적한다.[76] 이 지점은 매우 중요하다. 왜냐하면 루터는 꾸란을 직접 읽어 본 결과 무함마드가 선지자들과 사도들의 가르침을 명백하게 거부하고 있음을 파악했기 때문이다.* 그는 그리스도인들에게 이렇게 권면한다.

만일 사람들이 날마다 이 [참된] 신앙에 대해서 기도 가운데 스스로 권면하지 않는다면, 만일 그들이 기도 가운데 자기 자신을 유대인과 튀르크

• Henrich and Boyce, "Martin Luther–Translations of Two Prefaces on Islam", p. 264. 루터가 보기에 무함마드는 기독교의 하나님을 거부하고 다른 신앙을 만들어 냈다. 고양이를 숭배했던 이집트인들이나 개를 숭배했던 아라비아인들의 신앙을 그리스도인이 배격해야 하는 것처럼, 무함마드의 새로운 창조물도 역시 거부해야 마땅하다고 루터는 주장한다.

인과 다른 민족들과 분리시키지 않는다면, 만일 그들이 이 유일하신 분만이 영원하고 참된 하나님이며 만물의 창조자시요, 유지자시요, 우리 기도를 들으시고 영생을 주는 분이며, 자기 자신을 선지자들과 사도들의 글 속에 계시한 분이며, 하나님의 아들을 우리를 위해 제물로 주신 분이라는 사실을 묵상하지 않는다면, 그것은 부끄럽고 불경스러운 무지다.[77]

루터는 참된 하나님을 기도 가운데 부르는 자들은 단지 소수일 뿐이라고 보았다. 그 참된 하나님은 다름 아닌 "우리 주 예수 그리스도의 아버지" 하나님이시다.[78] 루터는 무슬림들을 반대하기 위해서라도 꾸란을 제대로 읽자고 권면하면서 꾸란의 라틴어 번역에 대한 추천 서문을 맺는다.[79]

루터가 이슬람에 대해서 다룬 세 개의 중요한 작품 모두에서 분명하게 볼 수 있듯이 루터는 이슬람의 알라는 사탄이자 우상이며, 그리스도인의 하나님이 아니라고 강력하게 주장한다.[80] 루터의 이러한 주장을 달리 해석할 만한 여지는 거의 없다.* 물론 루터는 칼뱅처럼 무함마드를 적그리스도라고 부르지는 않았다. 칼뱅은 신명기를 설교하면서, 꾸란을 최고의 지혜로 여기는 무함마드와 또한 자신의 교서를 최고의 지혜로 여기는 교황을 적그리스도의 두 개의 뿔이라고 표현했다.[81] 하지만 루터는 적그리스도는 튀르크인이 아닌, 교황이라고 말한다.[82]

---

* 따라서 루터가 기독교의 하나님과 이슬람의 알라를 동일한 신으로 보았다는 미로슬라브 볼프의 해석은 역사적 사실에 대한 심각한 왜곡이 아닐 수 없다. 볼프의 책 『알라』에 대한 자세한 논의는 우병훈, "미로슬라브 볼프의 하나님: 그의 책 『알라』를 중심으로," 「한국개혁신학」 제53권(2017): pp. 8-56를 보라.

이슬람에 대한 태도

루터의 이슬람에 대한 태도 중에서 오늘날 그리스도인들의 실천을 위해 특히 두 가지를 기억해야 한다. 첫째, 루터는 종교적 접근과 정치적 접근을 구별했다. 종교적으로 볼 때 이슬람을 인정할 수 없음에도, 교황처럼 십자군 이념으로 정치적으로 대해서는 안 된다고 주장했다.[83] 오늘날에도 역시 이 태도는 중요하다. 분명히 다른 종교인 이슬람을 섣불리 기독교와 비슷한 종교인 양 생각해서는 안 되지만, 정치적 문제는 법의 토대 위에서 전개해야 한다. 종교적 영역에서의 차이가 폭력으로 드러나지 않도록 늘 주의해야 한다. 관용과 대화가 더 좋은 결과를 낼 것이기 때문이다.

둘째, 루터는 이슬람에 대해서도 선교적 태도를 갖고 있었다. 루터는 참되신 하나님을 알고 믿는 자들은 다니엘처럼 포로로 잡혀가서도 오히려 참된 하나님을 알려 줄 수 있을 것이라 말한다. 그는 고트족, 훈족, 프랑크족이 전쟁에서는 그리스도인들을 이겼지만 도리어 기독교 포로들에 의해 기독교로 개종한 것을 떠올리면서, 하나님이 무슬림들에게도 마찬가지로 행하실 수 있다고 말한다. 무슬림들도 기독교 포로들에 의해 어둠에서 벗어나 그리스도인이 될 수 있다고 보았다.[84] 이것은 많은 학자들이 놓치는 부분이다.** 루터의 충고대로, 오늘

** 예를 들어 한스-마르틴 바르트, 『마르틴 루터의 신학』, p. 106에서 "루터가 무슬림의 선교를 전혀 생각하고 있지 않다는 사실은 놀라운 일이다"라고 하는데, 루터가 무슬림 선교에 대해서 이야기한 이런 분명한 본문을 바르트가 놓치고 있다는 것이 오히려 놀라운 일이다.

날 우리가 무슬림들을 마주할 때도 언제나 선교적 태도를 잃지 않고 복음으로 그들을 변화시키려 노력해야 할 것이다.

10장

시련과 확장

내 주는 강한 성이요

루터파가 확산될수록 유럽의 많은 제후들과 군주들, 그리고 백성들은 루터파를 중심으로 양분되었다. 1524년 7월, 로마 가톨릭 측 제후들은 '데사우 동맹'을 맺어 루터파를 저지하고자 했다. 반대로 1526년 6월 토르가우에서[1] 헤센의 백작 필립과 선제후 요한 등은 '고타 동맹'을 체결하여 루터파를 지지했다.[2]

   1526년 1월에 카를 5세의 이름으로 소집된 제1차 슈파이어 제국의회는 처음으로 개신교도들에게 합법적 개혁 활동의 기회를 주었다. 각 영토의 종교는 그 영토의 위정자들이 결정하도록 결의한 것이다. 이를 "그의 지역에서 그의 종교로"(*cuius regio, eius religio*)라고 한다. 영주의 종교가 백성들의 종교가 될 수 있도록 허용한 조치인 셈이다. 이것은 1521년의 보름스 칙령의 철회라는 점에서 큰 의의가 있는 사건이다.[3]

   그러나 1529년의 제2차 슈파이어 제국의회에서 이 법은 번복된다.

루터를 단죄하고 종교의 자유를 억압한 보름스 칙령이 다시 강화되었다. 이는 루터파 확산의 발목을 잡는 결정이었다. 이 상황에서 1529년 4월, 루터파를 지지하는 다섯 군주들과 열네 도시의 대표자들이 황제의 조치에 항의했다. '프로테스탄트'(Protestant, 항의자)라는 용어가 이때 생겨났다.[4]

이처럼 정치적 상황이 수시로 변화하던 중에 루터는 그의 가장 유명한 찬송가인 "내 주는 강한 성이요"(1527)를 작사·작곡한다.

> 내 주는 강한 성이요 방패와 병기 되시니
> 큰 환난에서 우리를 구하여 내시리로다
> 옛 원수 마귀는 이때도 힘을 써
> 모략과 권세로 무기를 삼으니 천하에 누가 당하랴?

루터는 종교개혁이 확산되지 못하고 있는 당시 상황을 이 가사에 반영했다. 하지만 이 노래의 끝은 다르다.

> 내 힘만 의지할 때는 패할 수밖에 없도다
> 힘 있는 장수 나와서 날 대신하여 싸우네
> 이 장수 누군가 주 예수 그리스도 만군의 주로다
> 당할 자 누구랴, 반드시 이기리로다

루터는 예수 그리스도의 승리를 확신하고 있다. 그리고 '힘 있는 장수'는 루터의 소망을 실현해 주셨다. 많은 역경과 어려움이 있었지만 루터의 종교개혁은 더욱 확산되어 갔다.

마르부르크 회담

가톨릭 측의 압박에 반응하여 루터파 군주들의 주역이었던 헤센의 필립이 독일과 스위스를 중심으로 한 복음주의 연합 방어 전선을 구축했다. 필립은 독일과 스위스 개신교를 대표하는 지도자들을 초대했다. 그리하여 루터와 츠빙글리(Zwingli), 멜란히톤, 부처가 필립이 거주하던 마르부르크 성에 모였다. 이를 '마르부르크 회담'(Marburg Colloquy, 1529)이라고 한다.[5] 하지만 이 회담은 복음주의 연합을 구축하는 데 성공하지 못했다. 성찬에서의 그리스도의 임재의 본질을 두고 논쟁이 있었기 때문이다. 루터 측의 '공재설'과 츠빙글리 측의 '상징설'이 팽팽하게 맞섰다. 타협의 희망, 신앙고백의 일치에 대한 희망은 끝내 좌절되었다. 결국 루터는 부처에게 "당신은 우리와 다른 영을 가졌다"라고 말했다. 결과적으로 독일과 스위스의 종교개혁의 길은 서로 엇갈리게 되었다.

그럼에도 불구하고 한 가지 간과해서는 안 될 점은 '마르부르크 조항'이 상대에 대한 배려를 보여 주었다는 점이다. 마르부르크 조항의 제15항은 "비록 우리가 이번에는 그리스도의 참된 살과 피가 빵과 포도주 안에 있는지에 대하여 합의를 보지 못했으나, 각기 양심이 허락하는 한도 안에서 상대에게 그리스도인의 사랑을 보여 주어야 하며, 또 하나님이 우리에게 성령을 통해 바른 이해를 확고하게 해 주시도록 전능하신 하나님께 양쪽이 열심히 기도해야 한다는 데 합의했

한스 크렐, "헤센의 군주 필립의 초상"(?1534)   한스 아스퍼, "울리히 츠빙글리"(?1531)

다"라고 되어 있다.⁶ 츠빙글리는 이따금 배격했던 '성례' 개념을 수용하였고(제3항), 성만찬이 '은혜의 수단'이라는 것도 인정했다(제4항, 제5항).• 그러나 역시 가장 큰 차이는 그리스도의 임재 방식에 대한 것이었다. 루터는 그리스도의 '실제적 임재'를 주장했지만, 츠빙글리는 그것을 부인했다.

칼뱅은 루터파가 성찬론에 대한 견해가 자신과 다름을 알았지만 여전히 루터를 존경했다. 칼뱅이 루터에게 쓴 편지에는 루터를 향한 칼뱅의 존경심이 여실히 드러나 있다. "저는 가능하다면 몇 시간 만에 당신에게 날아가서 당신과 교제하는 기쁨을 누리고 싶습니다…그것이 이 땅에서는 불가능하겠지요. 하지만 조만간 하나님의 왕국에서 그렇게 할 수 있으리라 소망합니다."⁷

• 하지만 츠빙글리파 중에는 여전히 성만찬이 '은혜의 수단'임을 반대하는 이들도 있었다.

다양한 성찬론

우리가 16세기의 성찬론 논쟁들을 다룰 때 기억해야 할 점은, 당시 성찬에 대한 이해가 정말 다양했다는 것이다.[8] 로마 가톨릭은 화체설(빵과 포도주가 정말 그리스도의 살과 피로 변한다), 루터는 공재설(그리스도가 빵과 포도주에 공존하신다), 츠빙글리는 상징설(빵과 포도주는 그리스도에 대한 상징이다), 칼뱅은 영적 임재설(그리스도가 성찬상에 영적으로 임재하신다)을 주장했다.

로마 가톨릭의 화체설은 1215년 제4차 라테란 공의회에서 랑프랑크(Lanfranc)의 이론을 발전시켜 공식적으로 인정되었다. 중세에도 이미 화체설이 철학적으로 틀렸다는 주장들이 있었다. 화체설이 말하는 바는 실체(實體)가 변화한다는 것인데, 아리스토텔레스주의는 그런 일이 있을 수 없다고 본다. 빵에서 몸으로 실체가 변했는데, 여전히 빵의 맛과 냄새 같은 성질이 변하지 않은 것은 설명하지 못했기에, 중세에도 이미 반대하는 이들이 적지 않았던 것이다.

츠빙글리는 '상징설'(혹은 '기념설')을 주장하여 화체설과 가장 먼 견해를 드러냈다.[9] 츠빙글리에 따르면 성찬은 단지 그리스도의 몸과 피를 상징할 뿐이며, 성찬식은 그리스도의 희생을 기념하는 의식일 뿐이다. 츠빙글리는 당시에 존재하던 물질주의적 경향, 특히 하나님의 은혜를 물질화하는 현상을 혐오했다. 로마 가톨릭은 빵과 포도주라는 물질에 은혜를 섞어 버리고, 빵과 포도주 자체를 숭상하는 우상숭배의 죄, 피조물과 창조주를 혼동하는 죄를 저질렀다. 츠빙글리는 로마 가톨릭의 성찬론 외에도 당시 사람들의 삶과 신앙 전반에 나타난 물질주의를 배격했다. 따라서 그가 성찬에서 물질의 의미를 최소화하는 '상징설'을 주장한 것은 어찌 보면 당연한 귀결이다. 그는 성찬이 은혜의 수단이 될 수 없다고 볼 만큼 성찬의 의미를 축소시키며, 우리를 살리는 것은 영이지 빵과 포도주가 아니라는 사실을 반복해서 말한다.

츠빙글리의 성찬론은 매우 아우구스티누스적임을 기억할 필요가 있다. 아우구스티누스 신학에서 '기억'은 중요하다. 인간은 기억을 통해 과거와 현재와 미래를 매개하며 살아간다. 마찬가지로 성찬에서도 '상징을 통한 기억'은 매우 중요하다. 빵과 포도주를 상징으로 삼아 그리스도를 기억함으로써, 신자는 과거의 그리스도와 장차 오실 미래의 그리스도를 현재 속에서 경험한다.

화체설을 거부하는 루터도 츠빙글리의 이론에는 동의할 수 없었다. 루터가 보기에 츠빙글리의 성찬론은 그리스도의 인성을 너무 축소한다. 그리스도가 너무 '신령화'(spiritualization)되었다고 본 것이다. 그러나 십자가에 달린 분은 '신성만 가지신 그리스도' 혹은 '영이신 그리스도'가 아니라, '인간 예수 그리스도'시다. 그리스도가 우리와 같이 몸을 가진 인간이 아니시라면, 어떻게 우리를 대표하실 수 있는가? 상징설의 그리스도는 우리 인간을 대표하기에는 너무나 영적인 분이다.

루터는 '공재설'(共在說)을 주장해 그리스도의 실제적 임재를 강조했다. 그리스도의 몸과 피가 성찬의 빵과 포도주에 함께(共), 실제로 존재(在)한다는 것이다. 물론 루터가 주장했던 공재설과 이후에 루터파가 가르친 공재설 사이에는 약간의 차이가 있다. 루터는 그리스도의 몸과 피가 장소적으로 실재함을 강조했지만 이후의 루터파는 장소적으로 실재하는 것은 아니라고 본다. 이후에 칼뱅은 '영적 임재설'을 주장한다.[10] 이는 여러 면에서 루터와 츠빙글리의 중간쯤에 위치하는 이론으로 볼 수 있다.[11]

성찬론은 매우 중요하다.[12] 기독교의 중심인 그리스도에 대한 이해와 직접 연관되기 때문이다. 성만찬 교리는 주님의 '만찬이기 때문에 중요한 게 아니라 '주님의' 만찬이기 때문에 중요하다. 성찬론은 예수 그리스도가 누구시며, 그분이 우리의 구원을 위해 무엇을 하실 수 있는지에 대한 교리다. 16세기 신학자들은 이 교리를 두고 엄청난 논쟁을 벌였지만 오늘날 우리의 성찬은 너무나 형식적으로 변해 버렸기에 그런 논쟁에 관심조차 없는 것인지도 모르겠다.

아우크스부르크 종교회의

아우크스부르크 신앙고백은 1530년, 독일 아우크스부르크에서 멜란히톤이 작성한 것이다.[13] 당시 신성 로마 제국의 황제 카를 5세는 점차 확장되어 가는 루터파를 로마 교회와 다시 연합시키기 위해 아우크스부르크에서 제국의회를 개최했다. 종교적 이유뿐 아니라, 로마 가톨릭과 개신교 모두에게 위협이었던 튀르크인들, 즉 무슬림들에 대항하기 위해 신성 로마 제국 전체가 협력해야 한다는 정치적 동기가 황제에게 있었다.[14]

이때 루터는 이미 불법자로 로마 교회의 낙인이 찍혀 있었기에 이 회의에 참석하지 못했다. 그래서 멜란히톤이 루터를 대신하여 참석했다. 멜란히톤은 자신이 준비해 온 초안을 기초로 1530년 4월부터 6월까지 이 신앙고백서를 작성했다. 작센에서 온 한 관리가 서문을 작성했고 나머지는 멜란히톤이 작성했는데, 그는 다른 문헌들과 함께 루터의 저술들을 참조했다.[15] 총 28항 중 21항까지 삼위일체와 성인 숭배 관행 등을 다루고, 나머지 일곱 항목을 나누어서 로마 가톨릭의 과오를 지적했다.[16]

멜란히톤은 이 고백서의 모든 항목에 대해 루터의 승인을 받았다.[17] 그래서 학자들은 이 신앙고백의 1차 저자는 사실 루터이고, 멜란히톤은 평화롭고 절충적인 표현으로 재구성한 사람이라 생각하곤 한다.[18] 실제로 이 신앙고백서를 읽고 나서 루터는 1530년 5월 15일 선제후에게 이렇게 썼다. "나는 필립의 변증서[아우크스부르크 신앙고백]를 읽고 매우 기뻤습니다. 나는 이보다 더 좋은 것이 있을 수 없다고 봅니다. 그러므로 수정할 필요도, 그렇게 될 수도 없다고 생각합니다. 저는 그만큼 부드럽고 점잖을 수 없기 때문입니다. 우리 주 그리스도께서 도와주시면, 크고 많은 열매를 거둘 수 있을 것입니다. 우리는 이것을 바라며 기도합니다. 아멘."[19]

로마 교회는 에크, 파버(Faber), 코클라이우스(Cochlaeus), 빔피나(Wimpina) 등을 포함한 20명의 위원회로 하여금 아우크스부르크 신앙고백의 약점을 공격하도록 했다. 하지만 그들이 작성한 논박서는 수준이 낮아서 별 효력을 보지 못했다. 멜란히톤이 아우크스부르크 신앙고백 변증서를 작성한 후에도 로마 교회는 루터파를 여전히 반대할뿐더러 이듬해 4월 15일 전까지 가톨릭으로 복귀하지 않으면 박해하겠다고 위협했다.[20] 하지만 아우크스부르크 신앙고백을 통하여 루터의 영향력은 더욱 널리 퍼져 갔다.

아우크스부르크 신앙고백은 그저 당시 로마 가톨릭의 외적 관행과 관습만을 비판한 것이 아니라는 점에서 중요하다. 아우크스부르크 신앙고백은 교부들의 전통을 이은 '참된 신앙'을 소유한 교회가 개신교회라고 주장하며 로마 가톨릭을 근원적으로 비판한다.[21] 로마 가톨릭이 참된 신앙을 소유하지 못했으며, 그렇기에 더 이상 사도적이며 공교회적인 보편 교회가 아니라고 주장한 것이다. 아우크스부르크 신앙고백은 종교개혁이 새로운 교회를 창설하는 것이 아니라 사도적 교회로 돌아가는 것이라고 주장한다. 순수하게 복음을 선포하고 그 복음에 일치되게 성례를 행하는 모든 신자들의 모임이 교회라고 가르친다(제7항).

아우크스부르크 신앙고백은 올바른 전통을 이어 가야 함을 가르치지만, 하나님의 계명을 위반하는 전통을 양심에 거슬러서 지킬 필요가 없다고 가르친다(1항, 26항). 또한 구원은 성령의 사역으로만 가능한 것이며, 결코 인간의 협력을 통해서 이뤄질 수 없음을 가르친다(2항). 그렇지만 참된 믿음은 선한 결실과 선한 행위를 낳아야 한다(6항).•

또한 아우크스부르크 신앙고백은 "떡과 포도주의 형태 아래 그리스도의 몸과 피가 실제로 임재"한다며 "이와 반대되는 교리는 배격"한다(10항). 여기서 '이와 반대되는 교리'는 우선 로마 가톨릭의 화체설을 뜻하겠지만 츠빙글리의 상징설도 함께 배격하는 것이었다.•• 역사적으

• 그럼에도 불구하고 우리는 행위가 아니라 믿음으로 구원을 얻는다 말해야 한다고, 교부 암브로시우스를 인용해 덧붙인다.
•• 하지만 칼뱅의 영적 임재설까지 배격하는 표현이라고 단정짓기는 힘들다.

로, 1529년 10월에 마르부르크 회담에서 루터파와 개혁파는 결별하였고, 아우크스부르크 신앙고백은 멜란히톤이 1530년 4월부터 6월까지 작성하고 6월 25일에 공적으로 독일어로 낭독한 것이다. 따라서 멜란히톤은 이 신조를 작성할 때 마르부르크의 결별을 생각했을 것이다.

율법과 복음

루터 신학의 핵심이라고 할 수 있는 율법과 복음에 대한 그의 이해를 살펴보자.[22] 루터는 "성경의 모든 것과 모든 신학 지식은 율법과 복음의 올바른 이해에 달려 있다"라고 말했다.[23] 루터에게 율법과 복음 관계를 적절하게 아는 것은 "최고의 기독교적 예술"이었다.[24] 율법과 복음에 대한 당시 로마 교회의 이해는 그가 보기에 매우 왜곡되어 있었다. 그들은 복음을 율법의 일종으로 만들고 있었다. 복음은 더 이상 하나님의 처방약이 될 수 없었고, 사람들에게 위로가 되지 못했다.[25] 루터 자신도 율법과 복음의 관계를 이해하는 일을 매우 힘들어했으며, 다른 사람들 중에서도 그것을 제대로 이해하는 사람을 거의 발견하지 못했다고, 그러나 자신은 성령을 교사로 삼아서 이 문제를 풀길 원한다고 말했다.[26]

루터는 복음과 율법이 대립적 관계에 있다고 보았다. 『그리스도인들은 모세를 어떻게 여겨야 하는가』(1525)에서 그는 다음과 같이 말했다.[27]

첫 번째 설교 혹은 교리는 하나님의 율법이고, 두 번째는 복음이다. 이 두 설교는 동일하지 않다. 따라서 우리는 그 둘 사이를 어떻게 구분할 수 있을지 알기 위해서 사태를 잘 파악해야 한다. 우리는 율법이 무엇이며, 복음이 무엇인지 알아야 한다. 율법은 우리에게 어떤 일을 하라고 명령하고 요구한다. 따라서 우리 행동에 관한 것이며, 요구들을 수행하도록 형성한다. 율법에 대해 하나님이 이렇게 말씀하시기 때문이다. "이것을 행하라. 저것을 피하라. 이것이 내가 너에게 기대하는 바다."

그러나 복음은 우리가 행해야 할 것이나 피해야 할 것을 선포하지 않는다. 그것은 어떤 요구 사항도 제시하지 않는다. 오히려 율법의 접근 방식을 뒤집는다. 그리하여 정반대의 말을 한다. "이것이 하나님이 너를 위해 하신 일이다. 그분은 자신의 아들을 너를 위해 육신이 되게 하셨고 너를 대신하여 죽임 당하게 하셨다." 따라서 이제 두 가지 가르침과 두 가지 일이 있다. 하나는 하나님의 일이며 다른 하나는 인간의 일이다. 우리가 하나님과 구분되듯이 이 두 가르침도 구분된다. 오직 복음만이 하나님이 우리에게 주신 일을 가르치기 때문이다. 그것은 우리가 행해야 하고 하나님께 드려야 하는 율법과 다르다.[28]

율법과 복음에 대한 루터의 이해의 핵심이 이것이다. 루터에게 율법이란 인간이 하나님께 해 드려야 하는 일이다. 반면에 복음이란 하나님이 인간을 위해 해 주신 일이다.

루터의 율법과 복음에 대한 견해는 오해를 사기도 한다. 가장 흔한 오해는 루터가 구약을 율법으로, 신약을 복음으로 여겼다는 오해다. 성경의 명령법을 율법으로, 성경의 직설법을 복음으로 보았다는 오해도 있다. 그렇지 않다. 루터는 한 가지 말씀이 어떤 사람에게는 율법이 될 수도 있고, 어떤 사람에게는 복음이 될 수도 있다고 보았다. 십계명을 예로 들어 생각해 보자. 루터는 대교리문답에서 십계명을 '율법'이라고 부르지 않는다. 십계명을 하나님 앞에서 의롭다 함을 받기 위한 수단으로 사용하고자 한다면, 즉 진노하신 하나님을 만족시키기 위해 인간이 행해야만 하는 일종의 요구 사항으로만 생각한다면 그것은 율법일 것이다. 하지만 십계명을 하나님이 신자에게 주시는 약속으로 받아들인다면, 즉 신자를 위해 그리스도가 순종하신 계명으로, 이제 신자가 그 계명에 순종할 수 있도록 그리스도가 도와주시는 것으로 받아들인다면 그것은 복음이다.

앞에서 칼뱅이 말한 율법의 세 가지 용도와 달리,* 루터는 율법의 시민적 용도와 책망적 용도 두 가지만을 말했다.[29] 율법의 첫째 용도는 '시민적 혹은 정치적 용도'(usus civilis seu politicus)다. 이것은 인간의 공동생활을 가능하게 하는 용도다. 율법이 없으면 경제적·사회적·제도적 교회 생활이 불가능하다. 인간은 본성적으로 경건하지 않기에 하나님은 율법을 통해 인간이 악한 행동을 하지 못하도록 외적으로 막으신다.[30] 루터는 "미쳐 날뛰는 짐승의 목에 사슬을 묶어 만나는 모든 것에 분노를 뿜어내지 못하도록 하듯이, 율법은 어리석게 미쳐 날뛰는 사람을 묶어 더 이상 죄를 짓지 못하도록 한다"라고 적었다.[31]

율법의 둘째 용도는 '신학적 혹은 책망적 용도'(usus theologicus seu elenchthicus)다. 이것은 갈라디아서 3장 24절에 잘 표현되어 있다.** 율

• 앞에서 "9월 성경"을 다룰 때에 칼뱅이 말한 율법의 세 용도(『기독교강요』, 2권 7장)를 다뤘지만, 여기서는 루터의 견해를 중심으로 다시 설명한다. 우병훈, "칼빈의 모세 언약 이해―존 페스코와 코넬리스 베네마의 논쟁에 비추어서", 「칼빈연구」 제13집 (2016), pp. 31-32를 보라.

•• "그래서 율법은, 그리스도께서 오실 때까지, 우리에게 개인교사 역할을 하였습니다.

법은 우리의 죄를 깨닫게 하여 그리스도께 나아오도록 인도한다. 인간은 율법을 성취하는 것으로는 결코 하나님 앞에서 칭의를 얻을 수 없다고 루터는 주장한다. 하나님이 도우신다 하더라도 그럴 수 없다. 하나님은 율법을 통한 칭의를 의도하신 적이 없기 때문이다.³² 만일 율법이 첫째 용도로만 존재한다면 모든 사람은 그리스도와 무관하게 남을 것이다. 하지만 율법은 근본적으로 죄를 폭로하여 인간의 죄악된 기질을 인식하도록 하여 그리스도께 나아오도록 도와준다.³³ 루터는 죄의 문제는 인간의 본질에 있다고 주장했다. 이것은 인간이 한 시간이든 얼마든 한동안 죄를 짓지 않는다 하더라도 해결되지 않는 문제다. "장소와 시간에 상관없이 사람이 있는 곳에는 반드시 [본질적] 죄가 있다."³⁴ 따라서 루터는 바울에게서 "율법을 통해 제시된 구원의 길은 더 이상 가능하지 않다"는 것을 배웠다.³⁵ "율법은 병을 발견하게 하지만, 약을 제공하는 것은 복음이기 때문이다."³⁶

루터가 율법의 두 가지 용도만을 명시했지만, 율법의 세 번째 용도인 '교훈적 혹은 규범적 용도'를 무시한 것은 아니다.³⁷ 루터에게 '율법의 제3용도'가 있느냐 없느냐 하는 것은 학계에서 계속 토론되고 있다. 엥겔브레히트(Engelbrecht)는 루터가 '율법의 제3용도'라는 용어를 사용하지 않았지만 그럼에도 불구하고 루터의 작품에서 율법의 제3용도를 가리키는 내용이 나타남을 자세한 문헌 고증을 통해서 보여 주었다. 하지만 웽걸트(Wengert)나 콜브(Kolb)와 같은 루터 학자들은 여전히 루터의 관점에는 율법의 제3용도가 없다고 주장한다. 확실

그것은, 우리로 하여금 믿음으로 의롭다고 하심을 받게 하시려고 한 것입니다"(갈 3:24).

한 것은 루터 본인이 율법의 제3용도라는 용어와 개념을 분명하게 지지하면서 사용한 적이 없다는 사실이다. 율법의 제3용도라는 말은 루터파 중에서는 멜란히톤의 『골로새서 주석』(1527)에서 처음 언급된다. 사실상 당시 로마 교회의 율법주의와 공로주의와 대결하면서 루터가 율법의 제3용도를 적극적으로 언급하기는 어려웠을 것이다. 따라서 루터 학계의 일반적 합의는, 루터가 율법의 제3용도를 분명히 말하지는 않았다는 것과, 그럼에도 불구하고 율법이 가진 선한 기능을 루터가 가르쳤다는 것이다.

루터는 신자가 하나님의 말씀을 따라 살아갈 때 계속해서 율법적 접근에서 복음적 접근으로 옮겨 가야 한다고 가르쳤다. 실제로 루터는 시편 119편을 해설하면서, 여기서 시인이 즐거워하는 율법은 하나님과 올바른 관계를 맺기 위해 인간이 충족해야 하는 요구 사항으로서의 율법이 아니라, 하나님이 선물로 주신 율법이라고 가르쳤다. 그렇게 본다면 구약성경에 나오는 모세의 율법도 더 이상 루터가 앞에서 말한 요구 사항으로서의 율법이 아니다. 루터는 『갈라디아서 주석』(1535)에서 다음과 같이 말했다.

> 물론 우리는 모세를 읽어야 하고 그리스도를 예언하고 증거했던 사람으로서 모세를 청종해야 한다. 또한 모세를 탁월한 율법과 도덕적 규율의 예로서 주목해야 한다. 그러나 모세가 우리의 양심을 지배하지 않도록 해야 한다. 모세는 다만 그가 죽고 묻힌 자리에 있도록 하자. 그리고 아무도 그의 무덤이 어디인지 알지 못하게 하자(신 34:6).[38]

루터에게 율법은 '하나님의 뜻이 표현된 것'(Ausdruck des Willens des Gottes)이었다.[39] 그는 십계명에 자연법이 도식적으로 요약되어 있다고 보았다. 십계명의 내용은 이방인들에게 양심을 통해 알려졌고, 이스라엘 백성에게는 모세를 통해 알려졌다. 루터에 따르면, 하나님은 십계명의 첫 번째 돌판과 두 번째 돌판 모두를 이방인들의 마음에 손가락으로 새겨 놓으셨다.[40] 하지만 그들은 우상숭배로 십계명의 첫 번째 돌판을 거부했다. 그래서 이방인들은 비록 양심에 자연법이 새겨져 있어도 우상숭배 때문에 구원을 받을 수 없다. 하지만 루터는 하나님을 믿는 위정자들뿐 아니라 하나님을 믿지 않는 위정자들도 역시 십계명의 두 번째 돌판을 반드시 지켜야 한다고 주장했다.[41] 그리고 루터는 십계명의 요점이 제1계명 속에 있다고 생각했다. 루터는 율법의 요약이 황금률이며 또한 그것이 사랑의 이중 계명 속에 들어 있다고 보았고, 제1계명이 뜻하는 바 역시 사랑의 이중 계명이라고 보았다.[42] 따라서 루터에게 모든 죄는 제1계명의 위반이며, 모든 참된 선행은 제1계명 준수다.

율법이 그러하다면, 루터에게 복음은 무엇인가? 우선 그가 보기에 복음의 체험은 언제나 율법과의 연관성 속에서만 가능하다는 것을 인지해야 한다.[43] 루터는 율법이 무엇인지 제대로 모르는 사람은 복음도 율법으로 만들어 버리게 된다고 생각했다. 그에게 복음은 예수 그리스도의 구원에 관한 메시지다. 루터는 복음이 가져오는 것은 용서와 생명과 구원이며, "죄의 용서가 있는 곳에 생명과 구원도 있다"고 주장했다.[44] 율법이 인간을 죄인으로 만든다면, 복음은 새로운 일이 일어나도록 한다. 그러나 루터는 복음을 동적인 것으로 파악했다. 언제나 복음을 새롭게 만나야 한다고 주장한다. 인간은 스스로 구원의 상황을 유지할 힘이 없기 때문이다.

루터는 하나님 앞에서 언제나 복음과의 관계를 우선시했다. 한마디로 말해 그것은 하나님이 그리스도 안에서 우리를 위해 행하신 일, 복음에서부터 출발하는 태도다.

11장

비난과 오해

루터와 유대인들

유대인들을 향한 루터의 태도는 농민전쟁 때 그가 보인 태도와 함께 가장 비난받는 부분이다.[1] 루터가 유대인에 대해 가진 태도는 당시 중세인들의 통념을 반영한다. 하지만 루터가 처음부터 유대인들을 혐오한 것은 아니다. "예수님은 유대인으로 태어나셨다"라는 글에서 보여 주듯 1523년까지만 해도 그는 회유적이었다.[2] 루터는 예수 그리스도께서 동정녀 마리아에게서 기적을 통하여 나셨음을 성경으로 논증하고 그리스도인들이 유대인들을 좀더 선의(善意)를 가지고 대해야 한다고, 그리하여 유대인들도 회심할 수 있도록 도와야 한다고 주장한다. 마지막으로 루터는 다시 한 번 그리스도가 메시아이심을 성경과 역사를 통해 증명하면서, 유대인 독자들이 그리스도를 주로 받아들이도록 유도한다.

하지만 말년의 루터는 다른 종교를 가진 사람들을 용납하지 못했다. 특히 유대인들과의 관계가 현저하게 나빠졌다. 그는 기독교 신앙을 따르지 않는 유대인들을 무력으로 처벌하라고 말한다. 1543년에 나온 『유대인과 그들의 거짓말들』이란 작품에는 극심한 반유대주의가 담겼다.³ 루터는 유대인들이 로마 가톨릭이나 무슬림들처럼 너무나 완고하여 돌이킬 수 없다고 주장한다.⁴ 그는 유대인들의 회당이나 학교나 집이나 책들을 불사르고 파괴해 버리라고 외친다.⁵ 또한 유대인들이 유럽인들의 돈을 빼앗아 가고, 하나님에 대한 불경심을 더욱 조장한다고 주장한다.⁶

물론 현대의 어떤 학자들은 이 작품이 현대적 의미의 인종차별주의를 조장하는 것이 아니라, 종교적이고 영적인 의미에서 유대인을 반대한 것이라며 루터를 옹호한다. 루터가 유대인들을 혐오한 것은 그들이 유대인이라는 혈통을 타고났기 때문이 아니라, 그들이 그리스도를 반대하고 있기 때문이었다는 것이다.⁷ 이들의 해석이 완전히 틀린 것은 아니지만, 그럼에도 역사 속에서 루터의 이 작품은 반유대주의자들에게 엄청난 영향을 미쳤다.⁸ 특히 나치주의자들은 유대인들을 학살할 때에 자신들이 루터를 뒤따른다고 공공연하게 말했다. 그들은 루터가 썼던 것과 비슷한 표현들을 써 가며 반유대주의를 합리화하고 선전했다. 이 사실은 루터가 역사에 남긴 다양한 영향 중 가장 비극적인 측면이라 볼 수 있다.

루터가 유대인들에 대한 혐오를 드러내고, 심지어 그들을 향한 폭력까지도 정당화하는 표현을 썼던 것은 결코 옹호해 줄 수 없는 부

- LW 47:123. 루터는 유대인들, 무슬림들, 로마 가톨릭을 모두 그리스도를 거부하는 우상숭배자로 규정한다. 하지만 그 가운데 특별히 유대인들에 대해서는 폭력을 써서라도 압제하고 제지해야 한다고 주장했다.

분이다. 『유대인과 그들의 거짓말들』이란 작품은 당대에도 큰 비판을 받았다. 멜란히톤과 오지안더(Andress Osiander, 1498-1552)도 그 책에 쓰인 가혹한 표현들을 싫어했다. 하인리히 불링거(Heinrich Bullinger, 1504-1575)는 마르틴 부처에게 보낸 편지에서 루터의 글이 로마 가톨릭의 종교재판관들을 떠올리게 한다고 적었다.[8] 취리히의 개혁자들은 이 작품에 대해 "유명한 저 영혼의 목자가 아니라 돼지치기가 쓴 것이라면 아주 약간은 정당성을 얻을지도 모른다"라며 안타까움을 표현했다.[9]

루터의 생각은 중세에 유대인들을 향해 만연했던 편견이 반영된 것이라 볼 수 있다.[10] 당시에는 루터 말고도 가톨릭(예를 들어, 요한 에크)이나 개혁주의(예를 들어, 마르틴 부처)의 지도자들 중에 반유대주의자가 많이 있었다. 에라스무스조차도 유대인들에 대해서는 관용의 한계를 보였다.[11] 루터 역시 시대의 아들로서 그런 편견에 편승했다. 물론 그렇다고 루터의 처신과 생각을 옳다고 말할 수는 없다. 아무리 시대사조가 그랬다고 하더라도 루터는 앞서 『예수님은 유대인으로 태어나셨다』에서 보여 주었듯 시대의 편견과 오류를 극복해야 옳다. 로마 가톨릭의 오류를 벗어날 수 있었던 그가 왜 유대인 문제에 있어서는 시대의 편견을 벗어나지 못했는지 안타까울 따름이다.[12] 이 문제에서 분명 루터는 잘못했지만, 그렇다고 해서 나치주의자들이 그를 이용한 것은 루터의 의도를 완전히 곡해하고 루터의 사상을 자기들 마음대로 남용한 것으로서, 그러한 나치의 행동을 루터의 책임으로 돌릴 수는 없다. 그들은 루터보다 훨씬 잔인하고 비인간적인 만행을 저질렀다.[13]

루터의 칭의론과 '새 관점 학파'

루터가 현대 학계에게서 비판받는 점은 유대인 문제뿐이 아니다. 지난 수십 년간 신약학계에서 루터의 칭의론은 사라져야 할 하나의 원흉(元兇)처럼 취급받곤 했다.[14] 바로 루터의 칭의론이 바울의 본모습을 왜곡했다는 '바울에 대한 새 관점 학파'(The New Perspective on Paul)의 주장 때문이다. 사실 루터를 비판하는 새 관점 지지자들 사이에도 이견(異見)의 폭이 크기에 '새 관점'이라는 단수보다는 '새 관점들'이라는 복수 표현이 더 맞을지도 모른다. 하지만 『바울에 관한 새 관점』(The New Perspective on Paul, 에클레시아북스)의 저자 제임스 던(James D. G. Dunn)이 주장하는 바와 같이 바울에 대한 '옛 관점'과 대비되는 '새 관점'이 있는 것은 분명하다.[15]

바울에 대한 '옛 관점'은 루터와 그의 추종자들이 제시하는 바울 해석이다. 이 관점에서 볼 때 유대교는 율법주의적 종교다. 사실 루터는 바울 서신의 '적용' 부분에서 1세기 유대인들과 루터 당시의 로마 가톨릭을 동일 선상에 놓고 비판하곤 했다. 루터는 유대교, 로마 가톨릭, 이슬람 모두를 율법주의적 종교로 보았다. 그는 바울 서신에 언급되는 율법이 구약의 율법 전체와 하나님의 법 일반을 일컫는 포괄적 개념이며, 바울 서신의 핵심은 예수 그리스도를 통한 하나님과 인간의 화해라고 생각했다. 이처럼 루터로 대변되는 '옛 관점'의 칭의론은 신학적이며, 구원론을 중심에 두며, 하나님과 인간 사이의 수직적 관계에 관심을 집중하고 있다.

반면에 '새 관점'은 E. P. 샌더스(Sanders), 제임스 던, 톰 라이트(Tom

Wright)가 대표하는 새로운 바울 해석이다.[16] 이들은 예수님과 바울 당시의 유대교를 단순하게 율법주의적 종교로 규정하지 않고, 당시 유대교가 매우 다양한 분파들로 구성되었다고 본다.[17] 특히 그중에는 '언약적 신율주의'라고 부를 수 있는 유대교가 광범위하게 존재했다고 본다. '언약적 신율주의'란 하나님이 일방적 은혜를 통해 사람들을 언약 안으로 부르시며, 그 안에 신실하게 머무는 자들을 구원하신다는 구원 모델이다. 하나님은 이러한 구원 모델을 이스라엘뿐 아니라 이방인들에게도 적용하여 그들을 구원하기 원하셨다고 새 관점주의자들은 주장한다.

'바울에 대한 새 관점'을 주장하는 학자들은 종종 루터를 혹평하며 그가 바울을 잘못 이해했다고 주장한다. 그래서 새 관점의 견해는 독일 신학계에서는 '바울을 비루터화'(delutheranizing Paul)하려는 시도로 해석되었다.[18] 새 관점의 견해는 특히 칭의론에서 루터의 바울 해석과 분명한 차이를 보인다.[19]

루터는 그리스도의 온전한 의가 그리스도를 믿는 자에게 '전가'(imputation)되어서 칭의가 이뤄진다고 본다. 만일 죄인이 그대로 있는데 그를 의롭다고 하신다면 하나님이 불의를 행하시는 것이기 때문이다. 그리스도의 의를 신자가 덧입음으로써 신자는 하나님 앞에서 법정적으로 의롭다고 선언될 수 있다. 그리고 이렇게 예수 그리스도를 믿음으로써 의롭게 된 자는 결코 구원에서 탈락하지 않는다. 그는 이미 하나님의 최종 심판의 선언을 미리 들은 셈이다. 또한 이러한 전가 교리는 구원의 모든 영광을 하나님께 돌리는 것과 관련이 있다.[20] 인간의 공로적 개입을 철저하게 차단하는 것이다.

하지만 '새 관점'은 '전가' 개념을 거부한다. 예를 들어, 톰 라이트는 '의롭다'라는 선언은 재판장의 의가 의롭다고 인정된 원고나 피고에게 '전가'되는 것을 뜻하는 것은 아니라고 분명히 주장한다.[21] 라이트는 '의의 전가' 개념은 유대교의 맥락을 전혀 모르고 형성된 개념이며 중세의 영향에서 이뤄진 신학이고, 주석적 근거가 결코 없다고 단언한다.[22] 라이트에 따르면, 칭의란 재판장의 의가 원고 혹은 피고에게 전달되는 과정으로 묘사해서는 안 되고, 재판장이 누가 옳다고 손을 들어 주는 선언으로 이해해야 한다. 의의 '전가'가 아니라 의의 '선언'이 칭의라는 것이다.[23] 라이트는 철저하게 1세기 유대교의 맥락에서 칭의 개념을 읽으려 한다. 칭의(稱義)에서 '의'(義)란 법정이 누군가의 손을 들어 주었을 때 그 사람이 획득하는 '상태'를 지시하며, 그 '상태'의 구체적 내용은 "너는 이제 하나님의 언약 백성의 일원이 되었다"라는 것이다.[24] 이것이 오직 믿음을 근거로 선언되는 '1차 칭의'(initial justification)의 내용이다. 하지만 '2차 칭의' 혹은 '최종적 구원'(final salvation)은 그때까지 '살아 낸 삶'(the life lived)에 근거한다.[25] 최후 심판은 행위에 따른 심판이 될 것이라고 새 관점은 강하게 주장한다.• 이렇게 보면 칭의는 최종 심판의 선언이 아니며, 또한 이미 받은 것을 상실할 위험이 있다.••

• '행위에 따른 최후 심판' 개념은 바울의 가르침이라고 라이트는 주장한다(라이트, 『톰 라이트, 칭의를 말하다』, pp. 247-249. 그는 롬 3장; 8:1, 13; 14:10-12; 고전 3:12-15; 6:9; 고후 5:10; 갈 5:19-21; 엡 6:8 등을 근거로 제시했다.

•• 칭의의 상실 가능성에 대한 '새 관점 학파'의 견해는 서로 일치하지 않는다. 제임스 던의 경우에는 상실 가능하다고 보았다(던, 『바울에 관한 새 관점』, 7장; 16장). 하지만 라이트는 흥미롭게도 미래의 판결은 오직 믿음에 근거해 내려지는 현재의 판결과 일치한다고 하여 현재 칭의와 미래 칭의 사이의 연속성을 주장한다(라이트, 『톰 라이트,

루터를 소개하는 이 책에서 신약학계의 복잡한 문제를 모두 다룰 수는 없다.[26] 하지만 "새 관점 학파"의 루터 평가는 종종 루터 칭의론의 진면목을 오해하거나 생략하는 경우가 많기에, 여기서는 루터의 칭의론과 성화론에 과연 어떤 특징이 있는지만 소개하고자 한다.

루터는 칭의가 '수동적 칭의'와 '능동적 칭의'로 구성된다고 주장했다.[27] 수동적 칭의란 우리가 하나님의 말씀대로 그분을 믿을 때 우리의 믿음으로 하나님이 의를 이루시는 것을 말한다. 그 믿음 속에서 우리는 자신이 죄인이며 자신 안에는 의가 없다고 고백한다. 또한 우리가 행위로 의를 획득할 수 없다고 고백한다. 그럼에도 불구하고 하나님이 복음으로 계시하신 예수 그리스도의 의를 통해 (행위와 상관없이) 의롭게 될 수 있다는 것을 우리는 고백한다. 따라서 루터가 말한 의롭게 하는 믿음은 두 가지를 포함하는 믿음이다. 첫째는 우리가 죄인이라는 믿음이며, 둘째는 하나님이 그리스도를 통한 은혜로 우리를 의롭게 하신다는 믿음이다. 자기 안에 의가 없고 오직 그리스도 안에만 의가 있다는 하나님의 말씀을 죄인이 그대로 믿을 때 그는 하나님의 의를 이루는데, 바로 이것이 루터가 말한 '수동적 칭의'다.

사실상 이 수동적 칭의는 능동적 칭의와 하나다. '능동적 칭의'란 하나님이 우리를 의롭다고 하시는 칭의를 뜻한다. 하나님은 그분의 말씀을 의롭다고 하는 믿음을 의로 여기신다. 루터는 "하나님이 [그분의] 의를 이루시는 동안 하나님은 [우리를] 의롭게 하시고, 하나님이 [우리를] 의롭게 하시는 동안 하나님은 [그분의] 의를 이루신다"라

칭의를 말하다』, p. 255).

고 말하여, 수동적 칭의와 능동적 칭의가 동시에 발생한다고 주장했다. 그는 "하나님의 능동적·수동적 칭의와 하나님에 대한 믿음이나 신뢰는 동일하다. 우리가 하나님의 말씀을 의롭다 하는 것은 하나님 자신의 선물이며, 동일한 선물 때문에 하나님 자신은 우리를 의로운 자로 여기시고, 우리를 의롭게 하시기 때문"이라고 적었다.[28]

이처럼 루터의 칭의론은 하나님의 은혜를 철저하게 필요로 하는 인간의 현실을 잘 보여 준다. 루터는 믿음 전후의 모든 행위와 칭의가 무관하다고 주장했다. 의를 한 개인의 자질이나 본성으로 이해하지 않고 하나님의 선물로 본 것이다.[29] 루터는 비록 우리가 스스로 죄가 없다고 여길지라도 우리는 우리 자신이 죄인임을 믿어야 한다고 주장했다.• 우리가 죄인이라고 말씀하시는 하나님을 믿어야 한다. 하나님은 거짓말을 하지 않으시기 때문이다.[30]

루터는 만일 칭의가 자질에 근거한다고 본다면 우리는 칭의를 영원히 받을 수 없다고 생각했다. 인간의 죄는 끝이 없기 때문이다. 안셀무스(Anselmus, ?1033-1109)는 『인간이 되신 하나님』(*Cur Deus Homo*, 한들출판사, 1.21)에서 성육신이 왜 필요한지 묻는 그의 제자 보소(Boso)에게 "너는 아직도 죄의 무게가 얼마나 무거운지 모르고 있다"고 말했다. 루터는 그 정신을 이었다. 자신의 죄의 무게를 알지 못하는 자는 칭의를 받지 못한다. 반면, 자기 죄의 무게를 깨닫고 자기 안에 의가 없음을 고백하는 자는 그리스도 안에서 그를 의롭다 해 주시는 하나님을 만날 수 있다.[31]

• 루터는 고린도전서 4장 4절을 인용한다. "나는 양심에 거리끼는 것이 없습니다. 그러나 이런 일로 내가 의롭게 된 것은 아닙니다. 나를 심판하시는 분은 주님이십니다."

루터는 칭의가 '지속적'이라고 표현한 적이 있다. "믿음의 사람은 일평생 칭의를 추구한다"라고 말이다.[32] 이것은 칭의가 아직 미완성이기 때문에 더 완성해 가야 할 필요가 있다는 뜻에서 그렇게 말한 것이 아니다. 오히려 루터는 칭의의 핵심 메시지가 신앙 전반에 걸친다고 주장했다. 즉 하나님이 옳은 분이고 인간은 연약하기에, 신앙의 모든 측면에서 하나님의 자비가 필요하다는 사실이다. 인간은 자신이 '의'를 소유했다고 여겨서는 안 된다. 신자 안에 있는 의는 계속해서 하나님을 의존할 때 주어지는 것이기 때문이다.[33]

루터는 신자의 이러한 측면을 '죄인이자 의인'(simul iustus et peccator)이라는 말로 요약했다. 우리가 그리스도를 믿어 그분과 연합하고 의인이 되었지만, 그럼에도 불구하고 우리의 경험 속에서는 여전히 죄를 짓는 자신을 발견한다는 뜻이다.[34] 신자는 내적으로 항상 죄인이다. 따라서 항상 외적으로 의롭게 된 자들이다. 신자는 병든 동시에 건강한 사람이다. '의로운 자들'(justi)이기보다는 '의롭게 된 자들'(justificati)이다.[35]

루터가 반대한 칭의론은 그가 죽기 1년 전부터 열리기 시작한 트리엔트 공의회(1545-1563)에서 로마 가톨릭이 제시한 칭의론에 잘 요약되어 있다. 그것은 한마디로 말해, 믿음만으로는 칭의를 받을 수 없고 사랑과 소망이 덧붙여져야 칭의가 완성된다는 관점이다.

이 관점에 반대하여 루터는 칭의와 성화를 구분했다. 둘을 섞어 버리면 구원에 대한 불안 속에서 신자가 헤어 나오지 못할 것이기 때문이다.[36] 루터가 수도사 시절 경험했던 것이 바로 그것이다. 아무리 노력해도 하나님이 요구하시는 의를 이룰 수는 없기에, 하나님 앞에서 인간은 언제나 죄인으로 남을 수밖에 없다. 의를 주시는 분은 오직 십자가의 그리스도시다. 루터는, 로마 가톨릭처럼 칭의와 성화를 섞는 순간 십자가의 가치와 능력이 평가 절하되고 우리의 신앙생활이 공로주의의 희생물이 되고 말 것이라고 말했다. 성화의 역동성은 오직 믿음으로 구원받은 데 대한 감사에서 나오는 것이지, 아직 불확실한 구원을 이루기 위해 두려움 속에서 성화를 채워 가는 데서 나오지 않는다.●

하지만 루터는 칭의와 성화를 구분하면서도 연결시켰다. 성화를 말하지 않은 것이 결코 아니다. 그는 우리가 선행 때문에, 그리고 선행을 통해서 의롭게 될 수는 없지만 '선행을 위해' 의롭게 되었다고 주장했다.[37] 그가 칭의론에서 의도한 것은 우리의 실제적 변화가 전혀 일어나지 않는 외적이고 법적인 판단으로서의 칭의가 아니다. 루터는 오히려 칭의의 효과가 실제적이고 경험적으로 나타난다고 보았다. 물론 그 효과는 이 땅에서 여전히 미완성이다. 그렇기에 그 효과들은 칭의의 결과이지 조건이 될 수는 없다고 루터는 주장한다. 루터에게서 칭의와 성화란 반드시 연결된 것이다. 칭의란 그리스도와 연합하는 가운데 주어지는 선물이며, 그러므로 그리스도의 거룩 또한 신자에게서 나타날 수밖에 없기 때문이다.[38]

신자는 그리스도와 연합하여 그분 안에 거한다. 루터의 신학에서 칭의는 그리스도와의 연합과 교제에 근거한다. 그렇기에 그의 칭의론

● 빌립보서 2장 12절의 '두렵고 떨림'은 구원이 불확실하기에 생기는 '불안감'이 아니라, 하나님이 우리 안에서 소망과 노력을 이끌어 내시는 분임을 알기에 생기는 '경외'다 (고린도후서 7장 15절, 에베소서 6장 5절에서도 섬기는 대상에게 느끼는 '두렵고 떨림'을 강조한다).

에서 법정적 측면이 강하다고 해서 그것이 성화와 무관하거나 성화를 약화시키는 것은 결코 아닙니다.[39] 루터에게 칭의는 법정적이다. 하지만 그것은 반드시 효력을 나타낸다.[**] 루터의 성숙한 신학을 보여 주는 『갈라디아서 주석』(1535)에서는 이신칭의를 받은 사람의 삶에 대해서 다음과 같이 서술한다.

> 내가 이 의를 내 속에 간직하고 있으면, 땅을 비옥하게 하는 비와 같이 나는 하늘에 의해 거듭나 땅에 내려온 자가 된다. 말하자면 나는 또 다른 왕국으로 들어온다. 그리고 기회가 주어질 때마다 선행을 수행한다. 내가 말씀의 종이면, 설교하고 슬픔을 당한 자들을 위로하고 성례전을 베푼다. 내가 한 가정의 아버지이면, 내 식구들과 가정을 다스린다. 내 아이들을 경건과 정직으로 훈련시킨다. 내가 행정관이면, 하나님의 명령으로 주어진 직무를 수행한다. 내가 종이면, 내 주인의 일을 충성으로 돌본다. 다시 말하면 그리스도가 하나님의 의(義)이심을 아는 사람은 누구나 부름받은 일을 명랑하게 그리고 기쁘게 행한다.…만일 필요하면 짐스럽고 위험한 일에까지 헌신한다.[40]

믿음으로 의롭게 된 사람은 결코 방종주의에 빠지지 않는다고 루

** 이 주장은 "루터에게 칭의는 법정적인 동시에 효력을 나타내는 것이다"라고 주장한 카를 홀의 견해와는 다르다. 우리는 루터에게 칭의가 법정적 사건이라고 본다. 그리고 그것이 효력을 나타낸다고 주장한다. 이 두 사건은 원인과 결과로 구분되어야 하는 것이지 카를 홀의 주장처럼 동시적으로 보면 안 된다. 이에 대해서는 Gordon Stanley Dicker, "Luther's Doctrines of Justification and Sanctification", *The Reformed Theological Review* 26, no. 1 (January 1967): pp. 14-16에서 잘 설명한다.

터는 주장했다. 그가 칭의의 법정적 측면을 강조한 것은 로마 가톨릭의 공로주의를 막기 위해서였고, 그리스도가 주신 구원이 온전함을 드러내기 위해서였다. 그의 견해는 오늘날에도 설득력 있다. 바울 연구가인 마이클 버드(Michael Bird)가 최근 제시한 칭의론의 '연합된 의'(incorporated righteousness) 개념은 사실 루터와 칼뱅이 그들의 칭의론에서 강조했던 그리스도와의 연합을 부각한 것이라 볼 수 있다.⁴¹

새 관점 학파의 해석이 바울 서신들을 이해하는 데 기여한 것은 사실이다. 대표적으로 1세기 당시의 유대교에 다양성이 있었음을 잘 드러내 주었다. 그리고 유대교와 이방인의 갈등 문제를 칭의론과 연결한 것 역시 새 관점의 기여다. 그러나 그렇다고 해서 새 관점 학파의 칭의론이 루터의 칭의론보다 더 나은 관점이라고 쉽게 단정하여 말할 수는 없다. 새 관점의 칭의론은 적어도 '구원론적 측면'에서 보자면, 여전히 (루터가 경고한) 로마 가톨릭의 칭의론이 가진 약점들에 노출될 수 있기 때문이다. 그것은 구원에 대한 불안을 야기하고, 십자가의 의미를 약화시키며, 공로주의를 부추길 위험성이 있다. 그렇기에 새 관점의 칭의론은 여전히 루터의 칭의론이 가진 강점을 필요로 한다.⁴²

루터의 성화론

루터의 성화론이 가진 한계에 대한 공격은 이미 역사 속에서 다양한 사람들의 입에서 쏟아져 나왔다. 에라스무스는 루터파 목회자들이 "돈과 아내만을"(censum et uxorem) 밝히며, 그들에게 복음이란 "자기들 마음대로 사는 것"이라며 비판했다.⁴³ 존 웨슬리(John Wesley) 역시 이렇게 묻는다. "오직 믿음으로 의롭게 된다는 것에 대해 누가 루터보다 더 많은 글을 남겼겠는가? 그리고 누가 성화론에 대해 그보다 더 무지하며, 그 개념을 혼동하고 있겠는가?" 웨슬리는 단언하며, 우리가 루터의 『갈라디아서 주석』을 편견 없이 읽는다면 루터가 "성화에 대해서 완전히 무지함"을 철저하게 확신할 수 있을 것이라 주장한다.⁴⁴ 과연 루터에 대한 이러한 공격은 정당한가? 사실은 전혀 그렇지 않다. 오히려 루터파 교회에서 "규범적 신앙고백의 지위"를 가지고 있는 『갈라디아서 주석』(1535)에서 우리는 매우 성경적이며 건실한 성화론을 발견할 수 있다.⁴⁵

루터는 갈라디아서를 특별히 사랑하여, 『탁상담화』에서 자기 아내의 애칭을 따서 "나의 케티 폰 보라"라고 갈라디아서를 부르기도 했다.⁴⁶ 루터는 갈라디아서를 두 번 강의했다. 첫 번째는 1516-1517년이었는데, 학생들이 그 내용을 노트로 적었고, 후에 루터가 최종적으로 집필하여 1519년에 출간했다.⁴⁷ 두 번째는 1531년에 한 강의로 1535년에 출간되어 나왔는데, 이를 대(大) 『갈라디아서 주석』이라고 부르기도 한다.⁴⁸

자로슬라브 펠리칸(Jaroslov Pelikan)은 루터의 대 『갈라디아서 주석』을 직접 번역하며 쓴 서문에서, 이 작품은 그리스도인의 자유에 관한 대헌장(大憲章, Magna Carta)이라고 천명했다.⁴⁹ 이 작품이 그리스도인의 독립선언과 같다고 본 것이다. 루터는 이 작품에서 그리스도인은 하나님과 예수 그리스도 외에 그 무엇 또는 그 누구로부터도 자유로우며 특히 율법으로부터 자유롭다는 사실을 강력하게 주장한다.

루터의 많은 작품들 가운데 특히 대『갈라디아서 주석』은 모든 루터파 교회들이 소중하게 여기고 그 가치를 인정하는 책이다. 일치신조는 이신칭의 교리를 해설하는 가장 좋은 책으로 이 주석을 추천한다.[50] 대『갈라디아서 주석』의 영향력은 영미권에서도 매우 크다. 1963년에 출간된 영문판의 서문에서 펠리칸은 이 책이 1575년에 처음 영어로 번역된 이래로 그때까지 영어로 번역된 책만 해도 30종 가량이라고 말한다.[51]

대『갈라디아서 주석』은 루터 신학의 정수를 배울 수 있는 가장 좋은 안내자다. 루터가 로마서 1장 17절을 묵상해 종교개혁적 '돌파'를 경험한 것 때문에, 어떤 사람들은 루터의『로마서 주석』이 그의 최고의 주석이라고 생각하지만 사실 그렇지 않다. 루터의『로마서 주석』은 너무 초기에 쓰여진 것이라서 루터 사상의 진수를 다 담아내지 못했다. 이후에 루터는 개정된 로마서 주석을 내고자 했지만 결국 그렇게 하지 못했다. 여러 가지 이유가 있겠지만, 멜란히톤이 로마서 강의를 맡았기 때문에 로마서는 그에게 양보한 것으로 볼 수도 있다.[52]

루터는 갈라디아서 1장을 1531년 7월 3일부터 18일까지 6번 강의했다. 그리고 갈라디아서 2장을 그해 7월 24일부터 8월 21일까지 5번, 갈라디아서 3장을 8월 22일부터 10월 10일 사이에 11번, 갈라디아서 4장은 10월 17일부터 11월 14일에 6번에 걸쳐 강의했다. 이 강의들은 게오르크 뢰러(Georg Rörer)가 기록하고 편집했으며 최종적으로 루터의 점검을 받았다. 루터는 서문에 "형제들이 특별한 주의를 기울여 이 책에 적은 모든 사상들은 바로 나 자신의 것임을 인정한다"라고 말했다.[53]

루터가 다시 갈라디아서 강의를 한 까닭은 그의 책 서문에 적혀 있다. 그것은 이신칭의 교리가 위험에 처했다고 느꼈기 때문이다. 루터는 이 교리를 아무리 많이 토론하고 가르쳐도 부족하다고 말한다. 그는 다음과 같이 적었다.

> 만일 이 교리가 상실되고 사라진다면, 진리와 생명과 구원의 모든 지식도 동시에 상실되고 사라진다. 그러나 만일 그것이 번성한다면, 종교와 참된 예배와 하나님의 영광, 모든 것들과 모든 사회적 조건에 대한 바른 지식 등, 모든 선한 것이 번성한다.[54]

그만큼 루터에게 이신칭의 교리는 중요했다.[55] 그러나 기억해야 할 것은 앞에 인용한 글에서 밝혔듯 이신칭의 교리가 번성할 때 모든 선한 것이 번성한다는 루터의 확신이다. 이것은 칭의가 단지 칭의에서 끝나고 마는 것이 아니라, 반드시 성화가 수반하는 변화들과 연결된다는 그의 확신을 보여 준다.

루터의 칭의론과 성화론이 연관됨을 믿음과 사랑에 대한 그의 이해에서도 볼 수 있다. 루터는 칭의를 획득하려 하는 로마 가톨릭적 행위와 성화의 삶이 낳는 행위를 구분하면서, "사랑으로 역사하는 믿음으로 의롭게 된다"라는 로마 가톨릭식의 표현에 반대했다. 오히려 그는 "오직 믿음으로 의롭게 된다. 하지만 그 믿음은 반드시 사랑으로 역사한다"라고 진술하기를 원했다.[56] 믿음과 사랑의 연관성에 대한 루터의 고찰을 가장 잘 이해할 수 있는 곳은 대 『갈라디아서 주석』의 갈라디아서 5장 6절 부분이다.[57] 그는 이렇게 주장한다.

더 나아가, 바울은 여기에서 신앙을 마치 무(無)에 속하거나 혹은 아무 것도 행할 수 없는 혼돈과 같이 형체가 없거나 조야한 것으로 만들지 않는다. 오히려 그는 행위 자체를 사랑이 아니라 믿음에 돌린다. 그는 [믿음을] 어떤 조야한 것이나 형체가 없는 성질로 만들어 버리지 않는다. 오히려 그는 [믿음을] 효력이 있고 일을 해내는 무엇이라고, 혹은 실체나 (흔히 말하듯) 실체적 형식이라고 선언한다. 실로 그는 "사랑이 효과적이다"라고 말하지 않는다. 오히려 "믿음이 효과적이다"라고 말한다. "사랑이 역사한다"라고 말하지 않고, 오히려 "믿음이 역사한다"라고 말한다. 진실로 그는 사랑을 믿음의 도구와 같이 만든다. 그리고 [믿음은] 그 도구를 통하여 역사한다.[58]

루터는, 참된 신자는 선행의 근원을 사랑보다 믿음에 돌린다고 주장한다. 사랑은 믿음이 역사하는 도구와 같다고 한다. 이어지는 글에서 그는 마치 장인(匠人)이 도구를 움직이듯 믿음이 사랑을 활동하게 하는 것이지, 그 반대는 아니라고 말한다. 이처럼 루터에게는 사랑의 위치가 분명하다. 그렇기에 루터는 사랑을 두고 아주 과격하게 공격하기도 한다. 대『갈라디아서 주석』에서 루터는 "사랑이나 사도나 하늘의 천사 등 만물이 머리를 조아려야 하는 믿음의 교리를 희생시키며 유지되는 사랑은 저주를 받을지어다"라고 했다.[59] 이신칭의 교리를 거스르는 사랑을 저주한 것이다.[60]

물론 루터의 이런 과격한 발언들로 마치 그가 그리스도인의 삶에서 사랑을 완전히 말살시켜 버린 듯 오해해서는 안 된다. 오히려 루터는 『그리스도인의 자유』의 마지막 부분에서 믿음과 사랑이 분리될 수 없다고 주장한다. "그리스도인은 그 자신 안에서가 아니라, 그리스도와 이웃 안에서 살아간다. 즉 믿음을 통하여 그리스도 안에서 살고, 사랑을 통하여 이웃 안에서 살아간다. 믿음으로 그는 자신을 넘어 하나님께 나아가며, 사랑으로 스스로를 낮추며 이웃에게 나아간다. 그러나 그는 항상 하나님과 사랑 안에 산다."[61] 이처럼 루터에게 믿음과 사랑은 서로 연합되어 있다. 하지만 그 연합이 칭의와 성화도 서로 섞어 버리는 것은 아니다.[62] 그리스도인은 반드시 선행을 행해야 한다. 하지만 그 선행에는 적절한 때와 장소가 있는 법이다. 칭의론에서 선행은 독이다. 하지만 성화론에서는 선행이 제자리를 찾는다. 선행의 적절한 시간과 장소는 바로 성화론이다.[63]

그리스도인의 구원이 판가름 나는 곳은 칭의다. 행위는 그 믿음을 증거한다. 그리스도에 대한 믿음 때문에 행위가 인정받는 것이지, 행위가 충분히 찼기 때문에 구원이 비로소 완성되는 것은 아니다. 만일 행위가 구원을 결정짓는 요소라면 "어떤 행위를 얼마만큼 해야 구원받을 수 있는가?" 하는 질문을 피할 수 없다. 그리고 거기에 답을 줄 수 있는 사람도 없다. 그러면 인간의 구원은 죽을 때까지 미궁에 빠지고 말 것이다. 하지만 루터는 신자의 행위에 대해 이렇게 말한다.

> 믿음 안에서 모든 행위들은 동일하며 하나다. 행위들이 크든 작든, 짧든 길든, 많든 적든 모든 구별은 사라진다. 그것은 행위가 그 자체로 하나님께 합당한 것이 아니라, 행위 각각과 전부에 동일하게 존재하며 역사하고 사는(lebent) 믿음으로 인해 하나님께 합당하기 때문이다.[64]

그렇기에 루터는 행위의 양(量)을 묻지 않고 질(質)을 묻는다. 칭의의 믿음은 반드시 선행을 낳게 되어 있으며, 그때의 선행은 오직 믿음 때문에 하나님께 인정받는다. 마치 하늘의 태양이 같은 궤도를 돌고 자기 자리로 돌아가는 것처럼 믿음은 "행위로 이어지고, 다시 행위를 통해 그 자신에게 돌아온다."[65] 믿음은 처음과 나중이다. 그렇기에 우리는 사랑의 성격을 문제 삼아야 하지, 그것의 정도를 가지고 구원을 판단하려고 들어서는 안 된다.

루터에게 믿음과 사랑은 올바른 질서(Ordnung) 가운데 있다.[66] 믿음이 시작점이고 사랑은 믿음에 주어진 길이다. 그리스도에 대한 참된 믿음은 반드시 사랑을 도구 삼아 역사하게 되어 있다. 루터는 진정한 믿음에 대해 이렇게 말한다.

그것은 상상된 것이나 위선적 신앙이 아니라 오히려 참되고 살아 있는 신앙이다. 그것은 사랑을 통해 선행들을 실천하고 일으킨다. 그것은 이렇게 말하는 것과 같다. 참되게 그리스도인이 되고자 하거나 그리스도의 왕국에 있기를 원하는 자는 참되게 믿는 자여야 한다. 그러나 만일 사랑의 행위들이 믿음을 뒤따르지 않는다면, 참되게 믿는 것이 아니다. 그리하여 [바울은] 양쪽으로부터, 즉 오른쪽과 왼쪽으로부터 그리스도의 왕국에서 위선자들을 제외한다. 왼쪽에서는 유대인들과 행위자들을 [제외한다]. 그는 이렇게 말한다. "그리스도 안에서는 할례 즉 어떤 행위도 예배도 어떤 삶의 형태도 전적으로 효력이 없고, 오히려 모든 행위들에 신뢰를 두지 않는 오직 믿음만이 효력이 있다." 오른쪽으로부터는 게으른 자들과 꼼짝 않는 자들과 퍼져 앉아 있는 자들을 [제외한다]. 그들은 "만일 행위

없이 믿음이 의롭게 한다면, 아무 일도 하지 말자. 오히려 믿기만 하고, 하고 싶은 일이나 하자"라고 말하기 때문이다. 바울은 "그렇지 않다, 불경한 자들아"라고 말한다. 행위들 없이 오직 믿음만이 의롭게 한다는 것은 사실이다. 그러나 나는 참된 믿음에 대해(de fide vera) 말한다. 그것은 의롭게 된 다음 게으르게 잠들지 않고 오히려 사랑을 통해 일한다.[67]

여기에서 우리는 루터가 율법주의와 반율법주의 혹은 공로주의와 방종주의 모두를 배격하는 것을 본다.• 그는 '참된 믿음'(fides vera)이 의를 이룰 뿐 아니라, 반드시 사랑을 통해 일을 한다고 주장한다. 믿는다고 말은 하지만 사랑을 행하지 않는다면 참되게 믿는 것이 아니다. 이것은 칭의 이후에 성화가 따라온다는 그의 주장과 일맥상통한다. 대 『갈라디아서 주석』은 이처럼 성화를 강조한다.

특히 대 『갈라디아서 주석』은 갈라디아서 5장 16-26절에 대해, 그리스도인의 성화의 삶이 구체적으로 어떤 모습이어야 하는지 매우 잘 보여 준다. 이 부분을 시작하면서 루터는, 여기서 가르치는 성화의 삶이 이신칭의 교리와 결코 충돌하지 않는다고 주장한다.[68] 그는 우리가 율법이 요구하는 의를 결코 낳을 수 없다고 말한다. 다만 장차 올 세상에서 우리는 모든 잘못과 죄로부터 깨끗해져서 온전하게 사랑할 수 있고, 그 사랑으로 의롭게 될 것이다.[69] 그러나 그런 일은 현세에서

• 루터 학계의 일반적인 합의는 루터가 로마 가톨릭과의 대결구도 속에서 율법의 적극적인 기능 즉 '율법의 제3용도'를 분명히 말하지는 않았다는 것이다. 그럼에도 불구하고 루터는 율법이 가진 선한 기능에 대해 가르쳤다. 따라서 그의 이신칭의론은 결코 반율법주의적이지 않다.

는 일어나지 않는다.[70] 지금 우리가 해야 할 일은 성령을 따라 행하는 것이다. 그런데 루터는 성령을 좇아 행하는 사람이 사실 이신칭의를 인정하는 사람이라는 흥미로운 주장을 한다. 다시 말해, 오직 그리스도 안에서만 의를 발견하고자 하고 자신의 '행위에 따른 의'(works-righteousness)를 인정하지 않는 사람은 성화의 과정에서 반드시 성령을 의존하게 되어 있고, 역으로 성화의 삶에서 성령을 철저하게 의지하는 사람은 사실 오직 그리스도 안에서만 의롭게 될 수 있음을 믿는 사람이라는 상호성(reciprocality)을 주장하는 것이다.[71]

오직 성령을 좇는 가운데 성화를 이뤄 가는 사람은 설사 이웃에게서 사랑할 만한 요소를 발견하지 못한다 하더라도 이웃을 계속 사랑한다.[72] 그는 정욕을 극복하고자 한다. 정욕이란 로마 가톨릭이 말하듯 성욕에 국한된 욕정이 아니라, 모든 악한 감정들이다.[73] 신자들의 성화의 길은 쉽지 않다. 그래서 믿음과 소망이 동시에 필요하다. 신자는 이신칭의의 근원이신 그리스도에 대한 '믿음'과 장차 내세에서 온전한 의를 이뤄 주실 그리스도에 대한 '소망' 사이에서 성령을 좇아 행하면서 '사랑'을 실천해야 한다.[74]

신자는 부분적으로는 육체로 살아가지만, 부분적으로는 성령이 함께하신다.[75] 이신칭의 및 기독론과 관련해서는 오직 전체적으로 죄인 아니면 의인으로 인간을 보고자 했던 루터가 성화 및 성령론과 관련해서는 부분적으로 인간을 파악하고 있음에 주목해야 한다. 신앙 없는 자, 그리스도 밖에서 선행을 행하는 자는 그의 선행까지도 죄다.[76] 하지만 그리스도 안에 있는 자, 성령을 좇아 행하는 자는 육체의 소욕이 자신 안에 있더라도 절망하지 않고 전진한다. 갈등이 있더라도 끝내 그 소욕에 항복하지는 않을 것이기 때문이다.[77] 성령의 지배는 너무나 강하기에 신자는 더 이상 율법에 의해 송사되지 않는다. 신자의 의이신 그리스도가 비난 너머에 계시며 신자를 믿음으로 붙잡고 계시기 때문이다.[78] 성령을 따라 행하는 사람은 '성령의 열매'를 맺을 것이다. 루터는 바울이 갈라디아서 5장 22절에서 의도적으로 '성령의 일'이라는 단어를 회피했다고 본다. '열매'는 믿음이 있을 때 따라오는 유익이기 때문이다.[79]

루터는 신자의 삶을 '새 창조'(*nova creatura*)라고 부른다. 새 창조는 로마 가톨릭 수도사가 되는 것처럼 외적인 옷을 바꿔 입는 일이 아니다. 오히려 루터는 이렇게 주장한다.

> 말하자면, 이런 변화들은 말의 변화가 아니라 실제적 변화다. 이 변화들은 새 마음, 새 의지, 새 감각들과 심지어 육신의 새 행동을 일으킨다.… 복음의 빛이 떠오르고 그리스도 안에 있는 믿음으로만 그 자신이 의롭게 됨에 도달할 수 있음이 확고해진다. 따라서 이제 복음은 [인간이] 선택한 일들을 던져 버리고, 하나님이 명하신 소명과 사랑의 일들을 행하며, 하나님을 찬양하고 선포한다. 또한 그리스도를 통하여 주시는 자비에 대한 신뢰 안에서만 영광을 돌리며 크게 기뻐한다. 만일 악이나 고난 가운데 어떤 것을 감내해야만 한다면, (비록 육체는 불평할지라도) 기뻐하며 자발적으로 그것을 견딘다. 바울은 이것을 새 창조라고 부른다.[80]

루터는 칭의의 믿음이 성화의 열매로 이어진다고 보았다. 칭의의 믿음이 공로적 일과 행위의 원리를 확고하게 던져 버린다면, 그만큼 확실하게 성화의 믿음은 선한 일에 열심을 내고 악한 일을 피하며 고난도 기쁨으로 감내한다. 대『갈라디아서 주석』을 살펴보면, 루터의 성화론은 매우 확고하며 성경적이다. 루터는 칭의의 믿음이 반드시 전생(全生)에 걸친 전인(全人)의 변화를 낳는다는 것을 가르치고 있다.

루터의 칭의론과 성화론의 적용

루터의 칭의론과 성화론에서 우리는 두 가지 적용점을 찾을 수 있다. 첫째로, 신자는 성령을 좇아서 행해야 한다. 성령을 좇아서 살아간다는 것은 루터에게 매우 구체적이고 실제적인 의미가 있었다. 먼저 루터는 성령을 좇아 행함이 신자가 자신의 육신을 완전히 파괴하고 죽이는 것이 아니라고 말한다. 이생에서는 불가능한 일이기 때문이다. 오히려 그것은 하나님의 말씀과 뜻을 따르는 것이라 주장한다.[81] 루터는 성령을 좇아 사는 삶이 성령을 더하는 삶이라고도 한다. 성령을 더하는 것은 말씀 묵상, 믿음, 기도를 더하는 것이다. 또한 그는 말씀을 열렬하게 묵상하고 그리스도를 부르는 것이 바로 성령을 따르는 삶이라고 가르친다.[82] 무엇보다, 성령으로 사는 사람은 '헛된 영광'(vain glory)을 추구하지 않고 겸손하게 산다.* 성령이 우리를 거룩하게 하시

---

* LW 27:97-98(1535년, 갈 5:25 주석). 루터는 '헛된 영광'을 매우 길게 논하며, 특별히 똑똑한 자들이 헛된 영광을 추구하기가 쉽다고 주장한다. 말씀의 사역자들조차도 역시 경건을 자신의 이익을 위해 이용할 수 있음을 경고한다. 자기 영광을 찾는 설교자는 하나님의 권위가 아니라 자기의 권위로 말하는 자일 뿐이다[LW 27:100-101 (1535년, 갈 5:25 주석)]. 이런 '헛된 영광'의 문제를 다루면서 루터는 "교만은 모든 이단들의 어머니이다"라는 아우구스티누스의 말을 인용한다(Augustine, *Reply to Faustus the Manichean*, XXII, p. 22).

므로 우리는 성령을 더욱 붙들어야 한다. 루터는 성령이 말씀과 성례로써 우리를 거룩하게 하신다고 약속한다.[83]

둘째로, 신자는 날마다 회개하는 삶을 살아야 한다. 우리가 성령을 좇아 행해야 함에도 불구하고 우리는 그 일에 자주 실패하고 넘어진다. 그래서 신자는 처음부터 다시 시작하는 법을 배워야 한다. 다시 하나님께로 돌아가야 한다.[84] 그것이 바로 회개다. 회개를 통해 옛 사람이 죽고 새 사람이 부활해야 한다. 루터는 이것을 그 유명한 95개조 논제의 제1조에서 주장했다. "우리의 주이며 스승이신 예수 그리스도께서 '회개하라'(마 4:17)고 하신 것은 믿는 자들의 삶 전체의 회개를 원하신 것이다."[85] 자신의 죄를 용감하게 인정하는 자가 곧 그리스도인이며 그리스도의 은혜를 아는 자다. 그래서 루터는 멜란히톤에게 쓴 편지에 이렇게 대담하게 적었다. "죄인이 되고 용감하게 죄를 지어라. 그러나 죄와 죽음과 세상을 이기신 승리자이신 그리스도를 더 용감하게 신뢰하고 기뻐하라."[86] 이 말은 결코 오해되어서는 안 된다. 루터의 강조점은 죄를 지으라는 데 있지 않고, 그리스도께서 일하심의 위대함을 믿으라는 데 있기 때문이다.[87]

여기서 우리는, 루터가 그토록 강하게 주장한 이신칭의가 성화의 삶을 더욱 촉진하며 역동적으로 만든다는 것을 깨닫게 된다. 칭의가 굳건하면 성화는 더욱 견고해질 수 있다. 성화에 실패할 때마다 신자는 다시금 이신칭의의 가르침으로 돌아간다. 거기서 신자는 자신 안에서는 죄인이지만 그리스도 안에서는 의인이라는 사실을 재확인한다. 그리하여 신자는 "자기 자신의 모든 경험에 반대하여 하나님이 '너는 오케이야'라고 말하는 것"을 듣는다.[88] 바로 그 자리에서 신자의 성화는 다시 시작된다. 루터는 이렇게 말한다. "발전한다는 것은 언제나 새롭게 시작한다는 것이다."[89] 그렇기에 성화의 도상에 있는 신자는 루터와 함께 매일 이렇게 기도할 수 있다.

주여, 내가 주님을 향하여 살기 시작할 수 있도록 나를 도우소서![90]

12장

루터가 남긴 것

루터의 마지막 시기

루터는 말년에 질병으로 엄청나게 고생했다. 그는 죽기 1년 전부터 두통, 안구건조증, 염증, 부종, 시력 감퇴, 신경쇠약, 우울증 등에 시달렸다.[1] 이것은 당시 사람들이 흔히 겪는 질병들이었는데, 루터는 과로와 스트레스 때문에 결국 질병의 힘을 이기지 못했다. 특히 딸 막달레나(1529-1542)의 죽음은 그를 너무나도 힘들게 했다.

막달레나는 루터의 셋째 자녀였다. 막달레나가 태어나기 전해에 둘째 자녀인 엘리자베트가 태어난 지 8개월 만에 죽었다.[2] 그래서인지 루터는 막달레나를 특히 사랑했고 그 아이를 '렌헨'(Lenchen)이라는 애칭으로 불렀다. 하지만 막달레나는 오랜 투병 끝에 13살의 나이로 아버지 루터의 품에서 죽고 말았다. 루터는 막달레나를 생각하며 이렇게 적었다.

"나의 사랑하는 아이, 막달레나가 아프답니다. 크라나흐가 그린 초상화는 여전히 그녀가 누워 있는 방에 걸려 있어요. 초상화 속 그

아이의 눈은 크고 맑고 깊습니다."³

루터는 막달레나의 임종을 앞두고 이렇게 기도했다. "선하신 하나님, 저는 그녀를 너무나 사랑합니다. 하지만 그녀를 데려가는 것이 주님의 뜻이라면, 저는 기꺼이 그녀를 당신께 드리겠습니다." 이어서 루터는 막달레나에게 말했다. "내 귀여운 막달레나, 나의 귀여운 딸아, 곧 너는 나를 떠날 거야. 내가 없더라도 너는 행복할 수 있겠지?" 막달레나는 대답했다. "예, 사랑하는 아버지, 하나님이 원하신다면요." 루터가 말했다. "아, 사랑스런 렌헨, 너는 다시 일어날 거야. 너는 별처럼 빛날 거야. 그래 태양처럼 빛날 거야. 나는 영으로는 행복해. 하지만 이생의 육신 안에서 나는 너무나 슬프구나." 루터와 그의 아내는 딸의 마지막을 곁에서 지켜 주면서 기도했다.⁴

그들은 슬픔을 이길 수 없었다. 루터는 유스투스 요나스에게 편지하며 이렇게 적었다. "막달레나는 육체, 세상, 튀르크인들과 사탄의 세력을 벗어났다네. 하지만 우리 부부의 본성적 사랑의 힘이 너무 강렬해서 우리는 눈물과 마음의 슬픔을 주체할 수 없었네. 거의 우리 자신이 죽은 것과 같다는 생각이 들 정도였지. 살아 있던 때와 죽어 가던 때의 딸의 모습, 말과 추억들은 우리 가슴에 깊이 새겨졌지. 심지어 그리스도의 죽음조차도⋯이 모든 것을 빼앗지는 못했다네. 그러니 자네가 우리 대신하여 하나님께 감사를 드려 주게. 사실 우리는 (그 아이의 죽음을 보면서) 하나님이 우리의 육체를 그렇게 영화롭게 하심을 깨달았다네. 자네도 알다시피 막달레나는 온화하고 사랑스런 아이였지. 우리 모두 그 아이를 좋아했어.⋯하나님이 나와 내가 사랑하는 모든 사람들과 친구들에게 그런 죽음을 아니 그런 삶을 허락하시길 바라네."⁵

크라나흐, "막달레나 루터"(1540)

소 크라나흐, "임종하는 마르틴 루터"(?1574)

끝까지 뜨거웠던 삶

사랑하는 딸을 잃고도 루터의 종교 개혁을 향한 열정은 결코 꺼지지 않았다. 그는 생애 마지막까지 열렬하게 로마 가톨릭을 대적했다. 1545년에 쓴 "악마가 설립한 로마 교황청을 대항하며"라는 글에서 루터는 로마 가톨릭에 마지막 일타를 가했다.[6]

루터는 육신적 고통과 수많은 힘든 여건 속에서도 계속해서 설교하고 강의했다. 루터는 죽기 직전까지 비텐베르크 대학에서 강의했다. 마지막 강의에서 그는 이렇게 말했다. "나는 이제 쇠약하다. 나는 더 이상 진행할 수 없다." 그리고 1546년 1월 17일에는 마지막 설교를 했다.

그 후 루터는 자신의 고향인 아이슬레벤으로 인생의 마지막 여행을 떠난다. 비록 그는 투병 중이었지만, 만스펠트 백작들의 가족 간 소송 문제를 해결해 주어야 했다. 백작들이 소유한 광산과 소매시장을 연결하는 일을 했던 루터의 친척들은 그 영업권을 지속하기 위해 루터를 일종의 변호사로 세웠다. 상당히 골치 아픈 일이었지만 루터는 결국 백작들을 설득하여 원하는 바를 얻어 냈다. 문제가 된 소송을 해결하고 이해 당사자들을 서로 화해시켰다.[7]

마지막 기도

하지만 너무나 기력이 약해진 루터는 비텐베르크로 돌아올 힘이 없었다. "요나스 박사 그리고 미하엘 씨, 저는 여기 아이슬레벤에서 태어나고 세례를 받았어요. 그러니 내가 여기에 머무른다면 어떻겠소?" 그는 1546년 아이슬레벤에서 생을 마감했다. 루터의 동료 교수였던 유스투스 요나스와 궁정 목사였던 미하엘 코일리우스(Michael Coelius, 1492-1559)는 루터의 지상에서의 마지막 시간이었던 2월 17일에서 18일로 넘어가는 밤에 있었던 일들을 자세히 기록해 놓았다.

2월 17일 루터는 만스펠트 백작들 형제들의 문제가 완전히 종결되는 것을 보았다. 그날 밤 10시경 루터는 잠자리에 들었다. 그는 종종 죽어 가는 사람들을 위해 읽어 주었던 시편 31편 5절 말씀으로 기도했다.

> 내가 나의 영을 주의 손에 부탁하나이다 진리의 하나님 여호와여 나를 속량하셨나이다. (시 31:5)

일평생 기도를 중요하게 생각했던 루터는 자신의 임종을 앞두고

이렇게 기도했다.•

주님의 손에 내 영혼을 맡깁니다.
주님은 나를 구원하셨습니다.
아버지여, 주님은 신실한 하나님이십니다.

루터는 이 기도 안에 교황과 트리엔트 공의회를 반대하는 탄원도 올려 드렸다. 이제 루터의 몸에 점점 더 한기(寒氣)가 들기 시작했다. 죽음의 시간이 다가온 것을 직감한 루터는 누가복음에 나오는 시므온의 말을 암송했다.

주재여 이제는 말씀하신 대로 종을 평안히 놓아 주시는도다. (눅 2:29)

루터는 "나는 이제 평안과 기쁨 가운데 떠나려 합니다. 아멘"이라고 나직이 말했다. 그는 다시 시편 31편 5절 말씀을 세 번 되뇌었다. 예수 그리스도를 믿는 믿음 안에서 죽고, 그리스도의 이름으로 고백했던 모든 교리를 여전히 신봉하느냐는 물음에 루터는 작은 목소리로 그렇다고 증언했다. 잠시 시간이 흐르고 18일 새벽 2시 45분, 루터는 그의 마지막 호흡을 뱉고 그가 태어난 곳에서 단지 수백 미터 떨어진 데서 세상을 떠났다. 요나스 박사는 선제후 요한 프리드리히에게 전갈을 보내 루터의 죽음을 알렸다. 로마서 강의를 하던 중 루터

• 루터는 기도의 사람이었다. 셸더하위스, 『루터, 루터를 말하다』, p. 83.

의 사망 소식을 듣게 된 멜란히톤은 열왕기하 2장 12절을 인용하며 말했다.

> 엘리사가 보고 소리 지르되 내 아버지여 내 아버지여 이스라엘의 병거와 그 마병이여…. (왕하 2:12, 개역개정)

그리고 사람들은 마지막으로 루터의 부인에게 부음(訃音)을 전했다.[8] 그 전에 이미 루터는 아내에게 이러한 편지를 보냈다.

> 나의 사랑하는 아내 카타리나 루터, 박사의 아내, 비텐베르크의 돼지 상인이여. 내가 가장 존경하는 부인, 내 손과 발이여. 내 걱정을 하지 마세요. 내게는 당신이나 모든 천사들을 다 합친다 해도 나를 더 잘 돌보아 줄 분이 계십니다. 그분은 말구유에 누워 계시고 동정녀 마리아의 품에 계시지만 동시에 전능하신 하나님 보좌 우편에 좌정하신 분이십니다. 내 걱정은 너무 많이 하지 않아도 됩니다. 아멘![9]

그해 2월 22일 루터는 비텐베르크의 교회당으로 옮겨졌다. 루터의 관이 지나갈 때 수많은 사람들이 눈물을 흘렸다.[10] 이렇게 하나님께 모든 것을 의탁하며, 신실하신 구원의 하나님을 의지하며 한 사람의 일생을 마감한다면 그보다 아름다운 일은 없을 것이라고 생각했던 루터는 과연 위대한 일을 이루었다. 하지만 루터는 그 모든 일이 사실은 하나님이 하신 일이라면서 『탁상담화』에서 겸손하게 이렇게 말한 적이 있다.

알지 못하는 사이, 하나님은 나를 복음으로 일하게 하셨습니다. 만일 내가 사전에 지금 경험으로 내가 아는 모든 것들을 미리 알았더라면, 나는 하나님이 내게 떠미시는 것을 거부했을 것입니다. 그러나 하나님의 지혜는 사람의 지혜보다 더 위대하십니다. 하나님은 마치 당신이 눈먼 사람들을 말 위에 태워 경주장을 달리게 하듯 나를 눈멀게 하셨습니다. 그러므로 내가 이 일을 시작할 때, 엄청나게 신중하고도 진실한 감정으로 내 작은 독방에서 만일 하나님이 나와 함께 어떤 경기를 하기 원하신다면, 당신을 위해서 그렇게 하셔야만 하며 내가 나 자신의 지혜로 그 일을 하지 않도록 막으셔야 한다고 말씀드렸습니다. 하나님이 이 기도를 강력하게 들으셨습니다. 하나님이 계속 은혜를 베풀어 주시기를 기도합니다.[11]

루터, 말씀의 사람

루터는 과연 누구였는가? 루터는 천의 얼굴을 가진 사람이었다. 그가 어떤 사람이었는지 말하자면 처음부터 모든 이야기를 다시 되짚어야 할 것이다. 책을 마무리 지으며 루터를 한마디로 정리해 본다면, 그는 "하나님의 말씀에 사로잡혀 교회 개혁에 헌신했던 그리스도의 사람"이라고 말할 수 있다.

루터는 무엇보다 하나님의 말씀의 사람이었다. 그는 마지막 숨을 거두는 순간까지 성경 번역을 수정했다.[12] 그에게 성경 번역은 단순한 번역 과제가 아니었다. 성경의 올바른 번역은 부패한 교회와 잘못된 교회법과 관행 전체에 대한 일종의 저항과 개혁의 몸부림이었다.[13] 루터의 성경은 성경이 영어로 번역되는 데 크게 기여했다. 윌리엄 틴들(William Tyndale)은 1524년 5월 27일 비텐베르크 대학교에 입학했다. 그는 보름스에서 첫 번째 영어 성경을 출판했다.[14] 이 최초의 영어 성경에 달린 틴들의 머리말은 루터의 것에서 따온 것이다.[15] 독일의 여러 도시들을 다니면서 성경을 번역했던 틴들의 가슴속에는 언제나 루터가 있었다고 해도 과언이 아니다.

루터는 설교자였다. 루터의 글은 후기로 갈수록 야비하고 상스러운 모습을 보이기도 했지만, 설교와 성경 주석만큼은 갈수록 성숙해져 갔다. 루터는 설교를 정말 중요하게 생각했다. 종교개혁의 고비마다 그는 설교를 통해 사람들의 마음을 움직였다. 그렇게 위대한 설교자였지만 루터는 예수님의 비유에 나오는 제사장과 레위인처럼 그냥 설교단을 지나치고픈 마음에 사로잡힐 때가 있었다고 실토했다. 하지만 설교에 너무 자신이 없어서 낙심에 빠져 있던 후배 설교자에게 했던 충고를 스스로 자주 되풀이하면서 힘을 내곤 했다.

사실 설교는 사람의 일이 아닐세. 내 나이도 많고* 경험도 적지 않지만 설교할 때마다 두려운 건 마찬가지라네. 세 가지 사실을 아주 확실하게 말해 줄 수 있겠네.

첫째, 있는 재주 없는 재주 다 부려서 설교 준비를 부지런히 했는데도 마치 물이 손가락 사이로 빠져나가듯이 허탕을 치고 마는 경우가 있다네.

둘째, 자네가 준비한 초안을 내팽개쳤는데 하나님이 자네에게 은혜를

• 이때 루터는 48세였다.

주시는 거야. 이때 자네는 아주 훌륭한 설교를 하고 청중은 흐뭇해하지. 그러나 자네는 성이 차지 않을 걸세.

셋째, 자네가 아무것도 준비할 수 없었는데 듣는 사람이나 자네가 모두 만족해하는 경우도 있을 걸세. 그러니 하나님께 기도하고 모든 걸 그분께 맡기도록 하게.[16]

이 편지에서 흥미로운 것은 '준비도 열심히 하고 만족스럽기도 한 경우'와 '준비를 안 해서 완전히 죽을 쑨 경우'는 루터가 언급하고 있지 않다는 것이다. 설교에 자신이 없어서 낙심한 사람을 상대로 쓴 글이어서 그럴 수도 있다. 그러나 그보다는 설교가 사람의 일이 아니라, 하나님의 일이라는 것을 더욱 부각시키고자 했을 것이다.

루터가 말씀의 사람이었다는 것은 그의 교회론에도 잘 나타난다. 많은 교회사가들이 루터의 교회론이 하나님 말씀론에 기초한다고 평가한다.[17] 교회는 복음의 피조물이다. 자신의 작품 『공의회와 교회에 관하여』(Von den Concilien und Kirchen)에서 루터는 교회의 일곱 가지 표지들을 열거했다. 말씀, 세례, 성찬, 열쇠권의 순수한 시행, 봉사자들의 합법적 선택, 공적 기도와 교육, 십자가다. 하지만 루터는 다른 곳에서 교회의 표지로서 단지 두 개만을 언급했다. 말씀과 순수한 성례 시행이다.[18] 말씀과 성례 중에서도 루터가 특히 강조한 것은 말씀이다. 이러한 말씀 중심의 교회관은 개신교회의 특징이 되었다. 루터의 영향으로 개신교회는 역사상 존재했던 그 어떤 형식의 교회들보다도 더욱 설교를 중요하게 생각하는 교회가 되었다. 성경 연구 역시 마찬가지로 말할 수 있다.

특별히 루터는 성경 외에 다른 특별 계시가 없다고 주장한다. 만일 성경 외에 특별 계시가 더 있다고 한다면 결국에는 의지가 강한 사람이 모든 건전한 판단을 다 물리치고 자신의 주장을 특별 계시로 삼을 것이다. 로마 가톨릭의 오류가 그러했다. 그들은 전통의 권위를 성경의 권위만큼 높은 수준에 두었다. 그러나 문제는 어떤 전통을 어떻게 해석한 것에 권위를 부여할 것인가 하는 것이다. 루터가 보름스에서 말했듯이 가톨릭 전통은 서로 충돌하기 때문이다. 농민 반란에서 생겨난 '신령주의자'(spiritualist)들도 마찬가지다. 그 열광주의자들은 성경 외에 자기 생각을 하나님의 계시 수준으로 격상시켰다. 루터는 로마 가톨릭과 신령주의자가 하나님의 말씀을 상대화하고 인간을 말씀 바깥에 독립적으로 세우려는 데서 동일한 오류에 빠져 있다고 경고했다.[19] 루터는 우리가 오직 하나님의 말씀인 성경만을 유일한 특별 계시의 원천으로 고백해야 한다고 주장했다. 그는 교회가 끊임없이 그리스도와 말씀을 의지해야 한다고 가르쳤다.[20]

우리도 루터와 마찬가지로 하나님의 말씀에 붙잡힌 사람이 되어야 한다. 종교개혁 500주년을 기념하는 우리가 다시 말씀으로 돌아간다면 종교개혁의 정신을 회복하는 것이다. 루터는 일평생 말씀을 연구했으면서도 성경 지식과 그에 대한 참된 깨달음에 관한 한 "우리는 거지다"라는 말을 남기고 죽었다.[21] 교인들을 만나 보면 해가 갈수록 한국 교회가 성경을 너무 모른다는 것을 깨닫는다. 이단들이 부흥하는 것도 이와 무관하지 않다. 우선 성경을 읽자. 그리고 그것에 따라 먼저 우리의 삶을 개혁하자. 이러한 '탑 경험'을 거친 사람만이 교회와 사회의 개혁자가 될 수 있을 것이다. 루터가 우리에게 주는 과제가 바로 이것이다. 루터는 "성경이나 혹은 하나의 시편에 대해 평생에 걸쳐서 단 한 번, 마음으로 '너는 나의 사랑스러운 책이다' 혹은 '너는 나 자신의 작은 시편이 되어야 한다'고 말하는 사람"이 늘어나길 소원했다.[22]

아울러 루터의 성경 묵상은 반드시 실천으로 이어졌음을 기억해야 한다. 그것이 '묵상에서 관상으로' 넘어갔던 중세의 신학 방법과 다른 점이다. 루터의 신학에서 중요했던 '시련'(*tentatio*)은 오늘날 잠든 그리스도인들을 깨우는 경종이다. '시련'이란 하나님의 말씀을 실제로 경험하는 과정에서 겪는 고난과 어려움이다. 그것은 자신 내부에서, 그리고 자신 외부로부터 찾아온다. 루터의 종교개혁을 이야기하지만 이러한 시련을 모르는 사람은 아직 그의 신학과 신앙의 중심부로 들어가지 못한 것이다. 단지 기분만 좋자고 루터를 읽는 것은 하나님의 말씀을 모르는 사람도 얼마든지 할 수 있을 것이다. 참된 신자는 말씀과 고난 가운데 성숙해지고 세상을 변화시킨다. 루터는 이것을 우리에게 직접 보여 주었다.

루터, 교회의 개혁자

루터는 교회를 사랑했다.[23] 하지만 그의 교회 사랑은 맹목적이거나 감상적이지 않고 성경과 시대정신을 통찰하는 힘에 기반한 사랑이었다. 로버트 콜브가 적절하게 지적한 것처럼, 교회론은 루터에게 아주 핵심적인 주제였다.[24] 사실상 그의 작품 전체에 교회에 대한 논의가 나타난다. 루터에게 교회는 '복음의 피조물'(*creatura Evangelii*)이었다.[25]

하지만 그 교회는 언제나 영적 실체였다. 그렇기에 루터는 "교회는 감춰져 있다"는 말을 자주 사용했다. 특히 '교회의 감춰져 있음' 개념은 루터가 교회에 대해 가졌던 태도를 잘 이해할 수 있도록 도와준다.

첫째, 1510년대와 1520년대의 루터는 '교회의 감춰져 있음' 개념을 중세 로마 교회를 비판하기 위해 사용했다. 루터는 초기 작품인 1차 시편 강의(1513-1515)에서 이미 이 개념을 사용하는데, 주로 교회의 영적 측면을 강조하기 위해서였다. 이 작품에 이미 중세 로마 교회에 대한 루터의 비판 의식이 나타나 있긴 하지만 그것이 강도 높은 어조로 전면에 나타나지는 않았다. 그럼에도 불구하고 그가 분명히 지적하기를, 교회는 영적 측면으로 이해되어야 한다(시 9편 강의). 따라서 루터는 교황이 세상에서 사탄적이고 보여지는 방식으로 자신의 보호를 추구하는 것은 옳지 않다고 비판했다(시 27:5 강의). 교회 안에 있다고 해서 모두가 다 참된 그리스도인은 아니며, 육신의 방식이 아닌 영적인 삶을 살아가는 자들이야말로 진정한 그리스도인이라고 할 수 있다(시 36:11 강의). 루터는 바로 그런 자들을 가리켜서 '교회의 감춰져 있음' 개념을 사용했다. 그런 사람들은 세상의 관점에서는 드러나지 않고 다만 하나님의 관점에서만 드러나기 때문이다(시 77:19 강의).

'교회의 감춰져 있음'을 가지고 교회의 영적 특성과 순결성을 강조하고, 그것으로 중세 로마 교회를 비판하는 것은 『모든 조항 옹호』(1521)에서 더욱 잘 드러난다. 이미 교황으로부터 파면당한 루터는 이제 노골적으로 교황과 그의 교회를 비판한다. 루터는 중세 로마 교회를 돈으로 구원을 사고자 하는 거짓되고 위선적 교회라고 규정한다. 여기서 루터는 그 거짓된 교회 안에 참된 교회가 감춰져 있다고 주장한다. 사람이 어떤 교회를 교회라고 생각하더라도 예수 그리스도의 관점에서는 참된 교회가 아닌 경우도 있다. 교회의 본질은 외적 제의들과 행위들에 있지 않고 믿음에 있기 때문이다.• '교회의 감춰져 있음' 개념을 가지고 신앙을 강조하는 논조는 『노예의지론』(1525)에서도 발견된다. 거기서 루터는 사람들의 눈에 감추어진 십자가의 그리스도를 보는 것이 바로 신앙이라고 말한다. 중세 로마 교회의 교황 제도 아래서가 아니라 이 세상에서 감추어져 있는 상황에서, 교회는 성경의 분명한 의미를 성령의 역사와 말씀 선포를 통해 깨닫는다.

둘째, 1530년대에 루터는 '교회의 감춰져 있음' 개념으로 개신교회를 옹호하고 변증했다. 개신교회는 1526년 이후 외형적으로 형성되었다.•• 특히 1530년에 있었던 아우크스부르크 제국의회를 기점으로 루터와 연대하는 사람들이 늘어나면서 루터파 교회는 이제 보다 뚜렷

• WA 50,628,18에서 말씀과 고백을 강조하는 것을 참조하라. 한스-마르틴 바르트는 루터가 '비가시적'(*invisibilis*)이라는 개념을 '숨어 있다'(*absconditus*)는 개념보다 크게 평가하지는 않는다는 적절한 주장을 한다. 루터는 교회는 "믿음을 통해서"(*per fidem*) 그리고 "신앙고백을 통해서"(*ex professione*) "가시적"(*sichtbar*)이 된다고 보았다(WA 4,188,17). 뻔뻔한 교황교회의 외적 가시성은 이와 반대되는 것이다(WA 7,710,2). 신앙인들은 말씀에 의해서 "비가시적으로"(*invisibliter*) 태어난다. 한스-마르틴 바르트는 "그러므로 교회는 형태에 있어서가 아니라 비가시적으로 성장하는 것이다"(*Ita crescit Ecclesia non in specie, sed invisibiliter*, WA 31/2,578,4)라는 루터의 말을 인용하면서 자신의 주장을 뒷받침한다. 한스-마르틴 바르트, 『마르틴 루터의 신학』, pp. 529-530 주49.

•• 하우쉴트는 1526년 이후 개신교회가 형성된 이후, 루터가 교회의 드러난 측면(die sichtbaren Aspekt)을 분화하여 생각하기 시작했다고 설명한다. 그 드러난 측면 안에서 교회의 감춰진 본질(das verborgene Wesen)이 나타나는 것이다. 그런 측면이 '교회의 표지들'(*notae ecclesiae*)이라고 하우쉴트는 말한다(Hauschild, *Lehrbuch der Kirchen- und Dogmengeschichte*, 2:303). 그렇기에 이단은 결코 참된 교회가 될 수 없다.

한 자리를 찾아가고 있었다.* 그와 더불어 이 시기는 루터파에 대한 비난과 공격도 조직적으로 변하고 거세어져 간 때다. 루터는 이런 상황에서 개신교회를 옹호하고 변증하는 차원에서 '교회의 감춰져 있음'을 이야기한다. 루터는 교회의 거룩성이 그리스도의 은밀한 죄 씻음 사역을 통해서 확보된다고 주장한다(시 45:6 강의). 이 맥락에서 그는 교회의 참된 열매들과 표지들이 감추어져 있다고 말했다. 따라서 개신교회의 외적 부족함을 보면서 쉽게 그것을 부정하거나 비판해서는 안 된다.

루터에 따르면 참된 교회는 때때로 연약해지고 없어지는 듯한 시기를 겪는다(시 90편 강의). 하지만 하나님께 영광을 돌리며 하나님을 제대로 가르치는 자들은 그 수가 매우 적어서 보이지 않는 것처럼 된다 하더라도 늘 존재해 왔음을 기억해야 한다. 그리고 루터는 교황주의자들이 개신교회를 비판한다 하더라도 사실 그들은 자신들의 결점이 더욱 크다는 것을 애써 무시하고 있는 것이며, 이 땅에서 교회의 거룩함은 완전해질 수 없고 오류와 결점이 있을 수밖에 없음을 인정해야 한다면서 개신교회를 옹호했다.

셋째, 1530년대 중반 이후의 루터는 '교회의 감춰져 있음'의 개념을 가지고 성도들을 위로하며 격려한다. 특히 1530년대 중반에 시작되어 그의 말년까지 진행된 『창세기 강의』에서 그런 용도가 잘 드러난다. 루터는 비록 자신의 교회가 '교회'라는 이름을 빼앗기고 이단으

---

* 여기엔 루터가 1520년대 중후반에 작센 지역을 직접 심방한 것과 1529년에 세례서, 결혼서, 소교리문답서, 대교리문답서를 작성하여 루터파 교회의 내실을 다진 것의 영향도 있다. 이 책의 8장, "종교개혁의 지도자"를 참조하라.

로 낙인 찍혔지만, 그리스도께서도 그런 일을 겪으셨음을 언급한다(창 4:4 강의). 자신이 처한 현실에서 참된 교회는 감춰져 있으며 참된 교회로 여겨지지 않지만, 십자가의 판결을 붙들어야 한다고 루터는 주장한다. 아브라함이 신앙적 위기를 겪을 때처럼 참된 교회는 위기를 겪는다(창 20:8). 하지만 교회는 엘리야와 그리스도에게 승리를 주신 하나님을 붙들어야 한다. 교회는 비록 감춰져 있고 핍박을 받고 있으나 약속의 하나님을 신실하게 믿고 나아가야 한다고 루터는 성도들을 독려한다. 그리스도와 마찬가지로 교회는 십자가, 고난, 불명예, 세상의 경멸로 인해 감춰져 있다고 루터는 가르친다(창 21:3). 하지만 교회는 말씀과 예배 가운데 세상 속에서 윤리적으로 살아가야 한다. 창세기 32장 32절에 나오는 야곱처럼 교회는 때때로 역경을 만난다. 루터의 교회 역시 그런 위기를 겪었다. 그런 교회를 가리켜서 루터는 하나님이 숨어 계시듯이 교회도 감춰져 있다고 말한다. 하지만 감춰져 있는 하나님은 말씀과 성례를 통해서 드러나신다. 그렇기에 참된 교회는 극한 고난 가운데 감춰져 있더라도 하나님의 말씀을 붙잡는 것을 배울 때에 고난의 시기를 이길 수 있다.

종교개혁 500주년을 맞이하는 우리도 루터가 그러했듯 교회의 영적 측면들을 강조해야 한다.[26] 그 측면은 말씀과 성례와 신앙과 간구와 인내와 순종이다. 이렇게 세상이 알 수도 없고 중요하게 여기지도 않는 영적 선물이 교회의 본질임을 우리는 기억해야 한다. 한국 교회는 너무 외형화·대형화되고, 형식주의에 빠져 있다. 하지만 루터에게 교회는 복음의 피조물이다.[27] 교회는 세상의 일들에 대해서는 아무 약속도 줄 수 없다. 하지만 교회는 영적 선물들이 영원하다는 것을 보증할 수 있다. 따라서 우리는 교회의 영적 측면을 다시금 내실 있게 다져 가야 한다.

또한 루터는 우리가 교회의 문제에 대해 비판적이고 저항적인 태도를 취하되 완전주의의 오류에 빠져서는 안 된다고 경고한다.[28] 한국 교회를 비판하는 사람들이 많지만 그렇다고 해서 교회의 특성을 잊어서는 안 된다. 루터에 따르면, 교회는 이단자들처럼 '의인들의 모임'(*concilium justorum*)인 체 하지 않는다. 오히려 교회는 '의인과 불의한 자들의 모임'(*congregatio justorum et injustorum*)임을 기억해야 한다.[29] 이것은 교회를 비판하는 태도에도 적용된다. 사랑 없는 신앙은 자칫 잘못하면 죽음을 가져오는 완벽주의자의 무기가 된다.[30] 교회의 충만함은 약속의 미래 가운데 장차 성취될 것이다.[31] 그때까지 우리는 교회의 문제점들에 대해 비판적 태도를 취하면서도 인내하면서 사랑으로 서로 권면해야 한다.

이처럼 루터는 교회의 비판자이자 교회의 개혁자였고, 교회를 섬기는 목회자였다. 교회를 비판하되 무너뜨리지 않고 교회를 세우되 인간인 자신의 뜻대로 하지 않고 하나님의 말씀대로 세웠다. 이런 점에서 루터는 교회를 사랑한다는 것이 무엇인지 너무나 잘 보여 준 사람이었다.

오늘날 우리에게 루터의 정신이 있다면 어떻게 교회를 사랑할 것인가 고민해 볼 필요가 있다. 루터의 정신을 따르는 사람은 한편으로 교회를 말씀으로 개혁하고자 하지만 그렇다고 하여 섣불리 교회를 단념하거나 교회 밖으로 뛰쳐나가지 않을 것이다. 루터의 정신을 따라 교회를 개혁할 수 있는 사람은 교회 안에서 보이지 않게 역사하시는 하나님의 약속을 믿는 믿음 가운데 긴 호흡을 가지고 작지만 지속될 수 있는 변화를 위해 노력할 것이다. 우리 시대의 상처 많은 교회는 그런 사람을 찾고 있다.

루터, 그리스도의 사람

마지막으로 우리가 루터에 대해 말할 수 있고 말해야만 하는 것은 '말씀에 사로잡힌 루터'나 '교회를 개혁하고 사랑했던 루터'보다 '십자가에 달린 그리스도께 사로잡힌 루터'다. 루터가 말씀에 자신의 모든 것을 건 까닭은 그 안에 그리스도가 계시기 때문이다. 그는 『탁상담화』에서 "신학의 주된 교훈과 과제는 성경이 우리에게 잘 가르쳐 주는 대로 그리스도를 충분히 바르게 깨닫는 것"이라고 주장한다.[32] 그는 "나를 위해서 십자가에서 죽으시지 않은 하나님을 누가 내게 전한다면, 나는 그 하나님을 믿지 않을 것입니다"라고 말했다.• 우리는 오직 그리스도를 통해서만 하나님을 알 수 있다. 그리스도의 입을 통해 말씀하시지 않는 하나님은 하나님이 아니다.[33] 루터에게 그리스도는 사랑의 하나님이셨다. 그는 이렇게 말한다.

우리가 그리스도를 생각할 때 두려운 마음을 품는 것은 부끄러운 일입니다. 하늘과 땅을 다 살펴보아도 말과 행동과 태도에서, 특히 가난하고 슬

• 루터, 『탁상담화』, p. 134(Nr. 182). 루터는 그리스도가 하나님이신 동시에 인간이라고 하는 칼케돈(Chalcedon) 기독론을 따르되, 그리스도의 행동 속에서 그 진리를 파악한다.

프고 양심의 고통을 당하는 사람들을 대하는 방식에서 그리스도만큼 사랑이 많으시고 인자하시고 온유하신 분이 없기 때문입니다.[34]

또한 루터는 사랑이 많으신 그리스도를 깊이 사랑했다. 그는 일평생 그리스도에 대한 사랑을 진정성 있는 삶으로 표현했다. 그는 "내가 아는 것은 루터가 아니며, 또한 그를 알기 원하지도 않으며 나는 그에 관하여 아무것도 설교하지 않으며, 다만 그리스도에 관하여 설교한다"라고 말했다.[35] 루터는 성경 전체가 하나님이 그리스도를 통하여 우리에게 어떤 은혜를 베풀어 주시는지를 가르친다고 보았다.[36] 그래서 루터는 언제나 자신이 아닌 그리스도를 전파하길 원했다.

루터는 그리스도 없는 교회가 타락할 수밖에 없고 파멸할 수밖에 없다고 주장했다.[37] 교회는 거기에 속한 개개인이 그리스도와 떨어질 수 없게 연합되어 있는 공동체다.[38] 그 연결은 하나님의 말씀과 성령을 통해 맺어진다.[39] 교회는 성경 없이 존속할 수 없으며,[40] 성령은 선포된 말씀을 삶 속에서 열매 맺도록 하신다.[41] 따라서 교회는 언제나 자신을 말씀 아래에 두어야 한다.[42]

종교개혁 500주년을 맞이하는 지금, 우리가 회복해야 하는 것은 말씀과 성령을 통한 그리스도와의 연합이다. 그리스도인의 윤리는 거기서 시작된다. 루터 윤리의 특징은 그리스도의 말씀에 대한 개인적 체험으로부터 시작하여 교회와 사회로 나아간다는 점이다. 그 순서의 중요성을 모르는 사람은 팀 켈러(Tim Keller)가 말하듯이 교회 개혁을 부르짖으나 교회가 겪는 위기를 극복하고 보다 건설적으로 나아갈 길을 제시하지 못하며, 사회 정의를 부르짖으나 정작 교회는 외면하며,

신자 개인의 영혼도 자유를 누리지 못한다.[43] 반대로 그리스도와 연합한 자는 그리스도가 주시는 직분, 즉 왕직과 제사장직을 통해 영적으로 다른 사람들을 위해 힘쓰고 기도하며 도움을 줄 수 있다.[*] 루터는 언제나 신자의 사회적 참여의 동기는 '믿음'이라고 강조했다.[44] 그 부분이 확인되지 않는 사회 참여는 교회 분열과 반목의 또 다른 이유가 될 것이다. 루터에게 하나님 나라는 정치 위에 있으며 정치를 이용하는 것이지, 정치에 휘둘리는 것은 아니다.

가난한 농부의 아들로 태어나 대학에서 법학을 공부하려고 했던 루터는 하나님의 부르심을 받고 수도사가 되었다. 중세의 왜곡된 영성을 하나님의 말씀과 그리스도의 의로 극복하고 교회와 사회의 개혁자가 되었다. 로마 가톨릭에 의해 출교당했지만 루터는 자신의 모든 삶을 통해서 성경 말씀에 나타난 진리를 선포하고자 노력했다. 그리고 그 노력은 그 자신도 예상하지 못했던 많은 열매들로 나타났다. 다만 하나님이 그를 그렇게 쓰신 것이다. 그렇기에 일평생 그리스도와 그의 말씀에 헌신했던 루터의 생애는 지금도 우리에게 그 의미가 크다.

솔리 데오 글로리아(영광이 오직 하나님께만)!

- 한스-마르틴 바르트, 『마르틴 루터의 신학』, p. 436는 이런 측면이 루터의 신학에서 충분히 사회적으로 발전되지 못했음을 안타까워한다. 그러나 그것은 루터의 신학의 내적 역동성을 너무 외면적 측면에서만 평가하려는 시도에서 다다른 결론으로 보인다. 최근에는 루터 신학의 사회적·정치적 측면이 많이 연구되고 있다. 그리스도의 삼중직이 가진 개인적·가정적·교회적·사회적 적용에 대해서는 우병훈, 『예정과 언약으로 읽는 그리스도의 구원』(SFC, 2013), pp. 54-59를 참조하라.

주

1장

1 "Nisi convictus fuero testimoniis scripturarum aut ratione evidente (nam neque Papae neque conciliis solis credo, cum constet eos et errasse sepius et sibiipsis contradixisse), victus sum scripturis a me adductis et capta conscientia in verbis dei, revocare neque possum nec volo quicquam, cum contra conscientiam agere neque tutum neque integrum sit. Ich tan nicht anderst, hie stehe ich, Got helff mir, Amen." WA 7,838,4-9; LW 32:112-13; Bainton, *Here I Stand: A Life of Martin Luther*, p. 185. "저는 달리 행할 수 없습니다. 제가 여기 서 있습니다"라는 유명한 말은 루터가 실제로 했던 말은 아니라고 많은 역사가들이 주장한다. 그런데 심지어 바이마르판에도 그대로 들어 있는 것으로 보아 상당히 오래된 전승에 근거한 표현이라 주장하는 이들도 있다. LW 32:113 주8에 인용된 *Deutsche Reichstagsakten*, Vol. II: Deutsche Reichstagsakten unter Kaiser Karl V (Gotha, 1896), p. 587; 이상규, 『교양으로 읽는 종교개혁 이야기』(영음사, 2017), p. 136; 헤르만 셀더하위스, 『루터, 루터를 말하다』, 신호섭 역(세움북스, 2016), p. 253 등을 참조하라.

2 게오르크 짐멜, 『근대 세계관의 역사: 칸트, 괴테, 니체』, 김덕영 역(길 출판사, 2007), 제7장, 니체의 이해를 위하여(pp. 147-156) 중 pp. 147-148에서 인용(번역을 고치고 이해하기 쉽게 약간 수정함).

3 한스-마르틴 바르트, 『마르틴 루터의 신학: 비평적 평가』, 정병식·홍지훈 역(대한기독교서회, 2015), p. 59.

4 같은 책, p. 60.

5 그 외에도 루터에 대한 엇갈린 평가에 대해서는 David C. Steinmetz, "The Catholic Luther: A Critical Reappraisal", *Theology Today* 61, no. 2 (July 1, 2004): pp. 187-201를 참조하라.

6 한스-마르틴 바르트, 『마르틴 루터의 신학』, p. 62.

7   같은 책, p. 62.
8   이하에 서술한 루터의 초상화들에 대한 흥미로운 관찰은 아래 자료 도입부를 참조했다. Thomas Kothmann, "Martin Luther—Man between God and Devil. History and Theology of the Wittenberg Reformation"(미출간 원고; 2016년 고신대학교에서 특강). Gerhard Ebeling, "Befreiung Luthers aus seiner Wirkungsgeschichte", *Lutherstudien*, Bd. 3 (J. C. B. Mohr, 1985), pp. 395-404; Albrecht Beutel, *Martin Luther: eine Einführung in Leben, Werk und Wirkung* (Evangelische Verlagsanstalt, 2006), pp. 9-22와 김용주, 『루터, 혼돈의 숲에서 길을 찾다』(익투스, 2012), 제1장에서도 비슷한 접근을 제시한다.
9   그의 작품에 대한 기술적인 내용은 Gunnar Heydenreich, *Lucas Cranach, the Elder: Painting Materials, Techniques and Workshop Practice* (Amsterdam University Press, 2007)를 참조하라. 특별히 루터와의 관계에 대해서는 Steven Ozment, *Serpent and the Lamb: How Lucas Cranach and Martin Luther Changed Their World and Ours* (Yale University Press, 1900); Arjun Gupta, *Lucas Cranach the Elder, Martin Luther, and the Art of the Reformation* (Bayeux, 2017)을 보라.
10 Robert Kolb, *Martin Luther as Prophet, Teacher, Hero: Images of the Reformer, 1520-1620*, ed. Richard A. Muller, Texts and Studies in Reformation and Post-Reformation Thought (Baker, 1999), p. 76.
11 https://reformation500.csl.edu/bio/lucas-cranach-the-elder/
12 Roland Bainton, *Here I Stand: A Life of Martin Luther* (Abingdon, 1950), 7장(특히 p. 122)을 보라. 『마르틴 루터』, 이종태 역(생명의말씀사, 2016).
13 한스-마르틴 바르트, 『마르틴 루터의 신학』, p. 61.
14 같은 책, p. 128.
15 WA 26,402,3 이하. 한스-마르틴 바르트, 『마르틴 루터의 신학』, p. 132를 참조하라.
16 한스-마르틴 바르트, 『마르틴 루터의 신학』, p. 35.
17 라틴어 원문은 다음과 같다. "Pestis eram vivus, moriens ero mors tua, papa." J. H. Merle D'Aubigné, *History of the Reformation in the Sixteenth Century*, trans. Henry Beveridge and H. White, vol. 4, Collin's Select Library (William Collins, 1862), p. 121를 보라.
18 Kothmann, "Martin Luther", p. 2에서 재인용. 루터의 말은 요한복음 8장 51절, "내가 진정으로 진정으로 너희에게 말한다. 나의 말을 지키는 사람은 영원히 죽음을 겪지 않을 것이다"라는 말씀에 대한 설명이었다.
19 WA Tr 3, no. 3839(약간 수정하여 인용함). 전체 인용문은 셀더하위스, 『루터, 루터를 말하다』, p. 32를 보라. 루터의 생애 후반부에 대한 연대표는 Ken Schurb, "The

Christian History Timeline—Martin Luther", *Christian History Magazine* - Issue 39: Martin Luther: The Later Years (Christianity Today, 1993), 4장을 보라.
20 WA 7,162; 셀더하위스, 『루터, 루터를 말하다』, p. 240에서 재인용.
21 LW 17:12-13.

2장

1 루터와 관련한 독일 도시들에 대한 역사 및 여행 지식을 담은 책으로는 베르너 슈반펠더, 『루터의 발자취: 95개 루터 유적지』, 조미화 역(CLC, 2017)를 보라.
2 셀더하위스, 『루터, 루터를 말하다』, pp. 29-32를 참조하라.
3 셀더하위스, 『루터, 루터를 말하다』, p. 30.
4 그들의 명단과 저작들을 다음 웹페이지가 모두 제공한다. http://www.prdl.org
5 루터의 어린 시절에 대해서는 다음 자료를 보라. Philip Schaff and David Schley Schaff, *History of the Christian Church*, vol. 7 (Charles Scribner's Sons, 1910), pp. 105-109.
6 셀더하위스, 『루터, 루터를 말하다』, p. 30.
7 WA 15:46. 셀더하위스, 『루터, 루터를 말하다』, p. 36.
8 종교개혁기념 한국개혁신학회 국제학술대회(2015.10.10)에서 발표한 한스 슈바르츠(Hans Schwarz), "마르틴 루터의 직업이해의 중요성"이라는 논문을 참조하라(특히 pp. 55-58).
9 셀더하위스, 『루터, 루터를 말하다』, pp. 342-344를 참조하라.
10 슈바르츠, "마르틴 루터의 직업 이해의 중요성", p. 55를 참조하라.
11 로제, 『마틴 루터의 신학』, p. 54; 셀더하위스, 『루터, 루터를 말하다』, p. 42.
12 로제, 『마틴 루터의 신학』, p. 55.
13 로제, 『마틴 루터의 신학』, p. 54.
14 WA Tr 3,415-16 (no. 3566A); LW 54:234-35.
15 대표적으로 에릭 에릭슨(Erik Erikson), 『청년 루터』, 최연석 역(크리스천다이제스트, 2000), 제3장에서 그런 콤플렉스에 대한 주장이 나온다. Hendrix, *Martin Luther*, p. 16; 한스-마르틴 바르트, 『마르틴 루터의 신학』, p. 55를 참조하라.
16 로제, 『마틴 루터의 신학』, p. 51.
17 이하의 글은 Scott E. Johnson, "Luther's Theology of Music: Spiritual Beauty and Pleasure", *Concordia Theological Quarterly* 79, no. 3-4 (July 2015): pp. 376-378를 참조했다.
18 자세한 논의는 Miikka E. Anttila, *Luther's Theology of Music: Spiritual Beauty and Pleasure* (Walter de Gruyter, 2013), 2.1-2.2를 참조하라. 또한, 이상일, "루터

의 음악신학과 예배에서의 음악 사용", 「장신논단」 48(2016, 4), pp. 91-118를 보라.
19 이들에 대해서는 Anttila, *Luther's Theology of Music*, 2.3을 참조하라.
20 Anttila, *Luther's Theology of Music*, p. 4.
21 Anttila, *Luther's Theology of Music*, p. 97.
22 Anttila, *Luther's Theology of Music*, pp. 84-106.
23 Anttila, *Luther's Theology of Music*, p. 131.
24 Anttila, *Luther's Theology of Music*, p. 133.
25 이런 생각을 가진 현대 신학자들도 있다. 한 예로 현대 시편 연구가인 마크 푸타토는 시편 전체가 어떤 면에서는 메시아 시편이라고 주장한다. Mark D. Futato, *CM328 Preaching the Psalms, Logos Mobile Education* (Lexham Press, 2015), segment 34: "Now, we see here a beautiful picture of the life of Christ. Sometimes people ask me, which psalms are messianic? My answer is that, in one way or another, all of the psalms are messianic." Kevin Gary Smith and Bill Domeris, "A Brief History of Psalms Studies", *Conspectus* 6 (2008), p. 116에서는 현대 시편 연구가들은 시편 전체를 메시아적이라고 보지는 않지만, 시편에서 메시아적 해석을 시도하는 것이 하나의 경향성이라고 지적한다.
26 Catherine Pickstock, "Music: Soul City and Cosmos after Augustine", in *Radical Orthodoxy: A New Theology*, ed. John Milbank, Catherine Pickstock, and Graham Ward (Routledge, 2002), pp. 243-277는 이런 교회 음악과 그리스도의 연관성을 잘 다루고 있다.
27 LW 44:135: "Just think of it! The Romanists must admit that there are among us good Christians who have the true faith, spirit, understanding, word, and mind of Christ. Why, then, should we reject the word and understanding of good Christians and follow the pope, who has neither faith nor the Spirit? To follow the pope would be to deny the whole faith as well as the Christian church."

3장

1 Hendrix, *Martin Luther*, p. 28. 참고로 1300년경 에르푸르트의 도미니쿠스 수도회의 원장은 마이스터 에크하르트(Meister Eckhart)였다.
2 '하나님의 수용' 개념이 루터의 이신칭의론에 미친 영향에 대해서는 Wolfhart Pannenberg, "Das Verhältnis zwischen der Akzeptionslehre des Duns Scotus und der reformatorischen Rechtfertigungslehre", *Regnum hominis et regnum Dei* (1978): pp. 213-218를 참조하라.

3 로제, 『마틴 루터의 신학』, p. 39.
4 중세 대학의 입학과 교과 과정과 학위 취득에 관하여는 이석우, 『대학의 역사』(한길사, 1998), 제8장을 보라.
5 쉘더하위스, 『루터, 루터를 말하다』, pp. 51-52.
6 로제, 『마틴 루터의 신학』, p. 51.
7 김용주, 『루터, 혼돈의 숲에서 길을 찾다』, p. 60.
8 Robert Kolb, Irene Dingel, and Ľubomír Batka, eds., *The Oxford Handbook of Martin Luther's Theology* (Oxford University Press, 2014), p. 7.
9 John M. Todd, *Luther: A Life* (New York: Crossroad Publishing Co., 1982), p. 15; Kothmann, "Martin Luther," p. 4에서 재인용. 중세 대학은 계율에 복종하는 것을 매우 중요하게 여겼다. Philip Schaff and David Schley Schaff, History of the Christian Church, vol. 5 (New York: Charles Scribner's Sons, 1910), p. 573를 보라.
10 쉘더하위스, 『루터, 루터를 말하다』, pp. 59-60; Hendrix, *Martin Luther*, p. 25를 보라.
11 쉘더하위스, 『루터, 루터를 말하다』, pp. 60-61.
12 누가복음 2장 36-38절을 참조하라: "아셀 지파에 속하는 바누엘의 딸로 안나라는 여예언자가 있었는데, 나이가 많았다. 그는 처녀 시절을 끝내고 일곱 해를 남편과 함께 살고, 과부가 되어서, 여든네 살이 되도록 성전을 떠나지 않고, 밤낮으로 금식과 기도로 하나님을 섬겨 왔다. 바로 이 때에 그가 다가서서 하나님께 감사를 드리고, 예루살렘의 구원을 기다리는 모든 사람에게 이 아기에 대하여 말하였다." 루터는 아이제나흐에서 보낸 어린 시절에 성 안나에 대해 알게 되었다. 로제, 『마틴 루터의 신학』, p. 54.
13 쉘더하위스, 『루터, 루터를 말하다』, pp. 60-61.
14 Kothmann, "Martin Luther", p. 5.
15 쉘더하위스, 『루터, 루터를 말하다』, p. 63에서 재인용.
16 쉘더하위스, 『루터, 루터를 말하다』, pp. 66-67.
17 쉘더하위스, 『루터, 루터를 말하다』, p. 57.
18 쉘더하위스, 『루터, 루터를 말하다』, pp. 53-54.
19 쉘더하위스, 『루터, 루터를 말하다』, p. 58
20 WA Tr 1, no. 461; 쉘더하위스, 『루터, 루터를 말하다』, p. 58에서 재인용.
21 쉘더하위스, 『루터, 루터를 말하다』, pp. 65-66. 사실 아우구스티누스 수도원이 수도사들에게 아우구스티누스에 대한 집중적인 연구를 제공하지는 않았다. 이름이 아우구스티누스 수도원인 것은 '아우구스티누스의 수도 규칙'을 따랐기 때문이다(같은 책, p. 130).
22 로제, 『마틴 루터의 신학』, p. 44.
23 쉘더하위스, 『루터, 루터를 말하다』, p. 130.
24 아우구스티누스가 루터에게 미친 영향에 대해서는 Philip D. Krey, "Luther,

Martin", ed. Allan D. Fitzgerald, *Augustine through the Ages: An Encyclopedia* (Eerdmans, 1999), pp. 516-518를 보라.
25 이런 평가는 리처드 멀러 교수의 중세 신학 강의에 근거한다(2012년 4월 16일 캘빈 신학교 봄 학기 중세 신학 강의).
26 Alister E. McGrath, *The Intellectual Origins of the European Reformation* (Blackwell, 1987), pp. 103-111를 보라.
27 자세한 내용은 Heiko A. Oberman, "Tuus sum, salvum me fac: Augustinreveil zwischen Renaissance und Reformation", in C. P. Mayer and W. Eckermann (eds.), *Scientia Augustiniana: Studien über Augustinus, den Augustinismus und den Augustinerorden* (Augustinus Verlag, Wurzburg, 1975), pp. 349-394를 참조하라.
28 한스-마르틴 바르트, 『마르틴 루터의 신학』, pp. 149-150.
29 루터, 『스콜라 신학 반대』, 논제 43과 44. 한스-마르틴 바르트, 『마르틴 루터의 신학』, p. 150.
30 한스-마르틴 바르트, 『마르틴 루터의 신학』, p. 154; LDStA 1,654/655,27 이하.
31 한스-마르틴 바르트, 『마르틴 루터의 신학』, p. 155; WA 16,143, 17-19; WA 1,225,1 이하; LDStA 1, 372/373,24-27.
32 한스-마르틴 바르트, 『마르틴 루터의 신학』, pp. 155-156; LDStA 1,664/665 (논제 11), 666/667 (논제 17).
33 한스-마르틴 바르트, 『마르틴 루터의 신학』, pp. 156-157; WA 19,207,4; LDStA 1,652/653,40 이하.
34 한스-마르틴 바르트, 『마르틴 루터의 신학』, p. 157; 사도신경 첫 조항 해설.
35 한스-마르틴 바르트, 『마르틴 루터의 신학』, p. 158; LDStA 1, 664/665.
36 한스-마르틴 바르트, 『마르틴 루터의 신학』, pp. 160-165를 참조하라.
37 Hendrix, *Martin Luther*, p. 24.
38 중세의 이러한 잘못된 관행을 깨고 일어난 종교개혁을 결혼과 여성에 대한 관점의 개혁이라는 측면에서 설명하고 있는 다음 두 논문을 보라. 엘시 맥키, "카타리나 슈츠첼, 이들레트 드 뷰르, 개혁주의 여성들의 결혼관과 결혼경험", 「갱신과 부흥」 18(2016, 우병훈 번역): pp. 7-35; 헤르만 셀더하위스, "결혼의 개혁: 오늘을 위한 메시지", 「갱신과 부흥」 18(2016, 이신열 번역): pp. 36-57. 특히, 셀더하위스는 루터의 결혼관을 하나님이 주신 은사로서의 결혼이라고 요약한다(같은 논문, pp. 39-44).
39 셀더하위스, 『루터, 루터를 말하다』, p. 123. 이 세 요소에 대한 설명은 한스-마르틴 바르트, 『마르틴 루터의 신학』, pp. 165-170를 보라. 기도, 묵상, 시련은 WA 50,658,29-659,4에서 진술된다.
40 한스-마르틴 바르트, 『마르틴 루터의 신학』, p. 167.

41 WA 50,659,22-29; 한스-마르틴 바르트, 『마르틴 루터의 신학』, p. 168에서 재인용.
42 WA 50,659,32 이하; 한스-마르틴 바르트, 『마르틴 루터의 신학』, pp. 168-169에서 재인용.
43 우병훈, "루터의 '숨어 계신 하나님' 개념에 대한 삼위일체적 해석과 적용", 「한국개혁신학」 제51권(2016), pp. 48-49를 보라. 마르틴 디트리히(Martin O. Dietrich)는 1521년 작품인 『큰 시련 가운데 있는 사람을 위한 위로』라는 작품을 해설하면서 '숨어 계신 하나님'은 시련을 주시는 하나님이라고 설명한다(LW 42:181). '시련'(tentatio, Anfechtung)은 루터 신학에서 매우 중요한 개념이기에 연구가 많이 되어 있다. 이에 대해서는 다음 문헌들을 보라. David P. Scaer, "The Concept of Anfechtung in Luther's Thought", *Concordia Theological Quarterly* 47, no. 1 (January 1983), pp. 15-30; Kolb, Dingel, and Batka, eds., *The Oxford Handbook of Martin Luther's Theology*, pp. 8, 50, 72, 128, 136, 145-146, 165-166, 181-182, 189, 191, 194, 215, 231, 310, 313, 356-357, 394, 415-416, 450-452, 463, 468-469, 603; Horst Beintker, *Die Überwindung der Anfechtung bei Luther: Eine Studie zu seiner Theologie nach den Operationes in Psalmos 1519-1521* (Evangelische Verlagsanstalt, 1954), pp. 181-195 (특히 pp. 192-195). 빌럼 판 엇 스페이커르, 『기도 묵상 시련: 루터와 칼빈이 말하는 참 신앙의 삼중주』, 황대우 역(그책의사람들, 2012)도 참조하라.
44 WA 50,660,1-14; 한스-마르틴 바르트, 『마르틴 루터의 신학』, p. 169.
45 Luther, *Operationes in Psalmos* (1519-21), WA. 5.163.28. 루터 신학에서 "시련"(Anfechtung)과 "경험"(Erfahrung)의 상호관계에 대해서는 WA Tr 1,146 (no. 352)를 보라.
46 유해무, 『코람데오: 시편 51편을 통해서 본 루터의 십자가의 신학』(그라티아, 2012)를 보라.
47 헤이코 오버만, 『루터, 하나님과 악마 사이의 인간』, 이양호 역(한국신학연구소, 1995)를 참조하라. 한편, 수도사 루터가 가졌던 하나님에 대한 생각이 이렇게 어두웠던 것은 아버지와의 관계가 안 좋아서 그랬던 것이 아니다. 루터가 부모를 자상하다고 묘사한 것을 보면 그런 심리학적인 추론을 할 여지를 주지 않는다. 로제, 『마틴 루터의 신학』, p. 51.
48 1524년에 작사한 이 노래는 현대 루터란 찬송가 353장(혹은 299장)에 나온다. 그 2연과 3연은 다음과 같다.
[2] Fast bound in Satan's chains I lay, / Death brooded darkly over me, / Sin was my torment night and day; / In sin my mother bore me. / But daily deeper still I fell; / My life became a living hell, / So firmly sin possessed me.
[3] My own good works all came to naught, / No grace or merit gaining; /

Free will against God's judgment fought, / Dead to all good remaining. / My fears increased till sheer despair / Left only death to my share; / The pangs of hell I suffered.

4장

1 루터의 로마 여행에 대한 상세한 기록은 Hendrix, *Martin Luther*, pp. 6-8; Bainton, *Here I Stand*, pp. 48-51를 보라. 보다 최근의 연구는 그의 로마 여행이 1510년이 아니라 1511년이었다고 한다(Hendrix, *Martin Luther*, p. 6).
2 '선제후'란 신성 로마 제국 황제 선거권을 가졌던 일곱 명의 제후를 뜻한다. 이상규, 『교양으로 읽는 종교개혁 이야기』, pp. 137-138.
3 각 대학의 설립 연도는 https://en.wikipedia.org/wiki/List_of_oldest_universities_in_continuous_operation을 참조했다.
4 슈타우피츠의 신학에 대해서는 David Curtis Steinmetz, *Misericordia Dei. The Theology of Johannes von Staupitz in Its Late Medieval Setting* (E. J. Brill, 1968)을 보라.
5 WA Tr 1, no. 518. 셸더하위스, 『루터, 루터를 말하다』, pp. 74-75에서 재인용.
6 WA B 11, 67. 셸더하위스, 『루터, 루터를 말하다』, pp. 95-96에서 재인용.
7 루터 신학의 발전과 그 의미에 대해서는 로제, 『마틴 루터의 신학』을 참조하라.
8 루터가 '하나님의 의'의 성경적 의미를 찾아가는 과정을 기술한 것으로는 라인하르트 슈바르츠, 『라인하르트 슈바르츠의 루터』, 정병식 역(한국신학연구소, 2007), pp. 65-72를 보라.
9 LW 34:336-337 (강조 추가).
10 Heiko Augustinus Oberman, "WIR SEIN PETTLER. HOC EST VERUM. Covenant and Grace in the Theology of the Middle Ages and Reformation", in *The Reformation: Roots and Ramifications*, trans. Andrew Colin Gow (Eerdmans, 1994), pp. 91-115.
11 "Luthers Tischreden", in *Luther-Jahrbuch* 1 (1919), pp. 81-131, 116-120; Heiko Oberman, "WIR SEIN PETTLER. HOC EST VERUM", p. 97.
12 Augustine, *De ordine*, I,8,22f=PL 32:987ff; Oberman, "WIR SEIN PETTLER. HOC EST VERUM", p. 98.
13 Oberman, "WIR SEIN PETTLER. HOC EST VERUM", p. 101. 오버만이 말하는 '겸손의 신학'은 중세의 공로주의 신학과 대조되는 루터의 복음 이해를 담고 있는 신학이다.
14 예를 들어 최주훈, 『루터의 재발견』, pp. 324-325에서는 1513년을 "탑 체험"이 일어난

해로 보지만, 오늘날 더 많은 학자들은 1515년 이후를 그 시기로 추정한다.
15 Michael S. Whiting, *Luther in English: The Influence of His Theology of Law and Gospel on Early English Evangelicals (1525-35)*, ed. K. C. Hanson, Charles M. Collier, and D. Christopher Spinks, Princeton Theological Monograph Series (Pickwick Publications, 2010), p. 42. 또한 LW 34 (Preface to the Complete Edition of Luther's Latin Writings, 1545) pp. 336-337; WA 54:185-186를 보라.
16 셸더하위스, 『루터, 루터를 말하다』, p. 132에서 그런 주장을 한다.
17 Karl Holl, "Die Rechtfertigungslehre in Luthers Vorlesung uber den Romerbrief mit besonderer Rucksicht auf die Frage der Heilsgewißheit", in *Gesammelte Aufsatze zur Kirchengeschichte*, 3d ed., 3 vols. (J. C. B. Mohr/Paul Siebeck, 1923), 1:124-129.
18 Lowell Green, *How Melanchthon Helped Luther Discover the Gospel* (Verdict, 1980).

5장

1 슈바르츠, 『라인하르트 슈바르츠의 루터』, p. 104.
2 Wolf-Dieter Hauschild, *Lehrbuch der Kirchen- und Dogmengeschichte* (Gütersloher Verlagshaus, 2001), 2:34.
3 사후 세계에 대한 두려움에 대해서는 롤런드 베인턴, 『마르틴 루터』, 이종태 역(생명의 말씀사, 2016), pp. 40-44를 보라.
4 이런 번역을 택한 이유에 대해서는 헤이코 오버만, 『루터, 하나님과 악마 사이의 인간』, pp. 117-118을 참조하라. 최주훈, 『루터의 재발견』, p. 98에서는 당시 가톨릭의 관행을 볼 때 면죄부라는 용어가 더 타당하다고 하지만, 나는 용어의 번역이 '관행'이 아니라 '신학적 논리'를 따라야 한다고 생각하기 때문에 '면벌부'가 보다 정확한 번역어라고 본다.
5 Hendrix, *Martin Luther*, pp. 56-57.
6 Paul Thigpen, "The Gallery? Luther's Friends and Enemies", *Christian History Magazine* - Issue 34: Martin Luther: The Reformer's Early Years (Christianity Today, 1992)에서 인용. 뒤에 나오는 루터의 "95개조 논제"의 제27조를 참조하라. 그렇다고 테첼을 희화화할 필요는 없다. 수백 년 동안 테첼은 어리석고 라틴어도 모르고 신학적 깊이도 부족한 자로 묘사되어 왔다. 하지만 최근의 연구들은 그가 성경과 로마 가톨릭의 교리와 기독교의 전통에 대해서 잘 알고 있었고, 또한 라틴어도 아주 잘 구사했음을 밝혀냈다. 테첼은 진지했으며, 진심으로 사람들이 구

원받기를 원했기에 면벌부 판매에 앞장섰던 것이다. 잘못된 신학으로 말미암아 선한 의도가 오히려 더 많은 사람들을 오류로 인도하는 결과를 낳고 말았다. 테첼의 신학과 그가 루터와 벌인 공방에 대해서는 Johann Tetzel, *Rebuttal against Luther's Sermon on Indulgences and Grace*, trans. Dewey Weiss Kramer (Occasional Publications of the Pitts Theology Library, 2012), pp. 5-9를 보라.

7 슈바르츠, 『라인하르트 슈바르츠의 루터』, p. 96.
8 이 내용과 이하의 참회 시스템에 대한 설명은 한스-마르틴 바르트, 『마르틴 루터의 신학』, p. 486와 Kothmann, "Martin Luther", p. 10를 보라.
9 Hendrix, *Martin Luther*, p. 56.
10 Hendrix, *Martin Luther*, p. 58.
11 Hendrix, *Martin Luther*, p. 59.
12 Hendrix, *Martin Luther*, p. 60.
13 한스-마르틴 바르트, 『마르틴 루터의 신학』, p. 40. 동일한 관점을 최주훈, 『루터의 재발견』, p. 93도 진술한다.
14 http://zscore.tistory.com/226에서 "95개조 논제"를 영어, 라틴어로 제공한다.
15 이상규, 『교양으로 읽는 종교개혁 이야기』, p. 129를 참조하라.
16 셸더하위스, 『루터, 루터를 말하다』, p. 169에서 재인용.
17 Hendrix, *Martin Luther*, p. 64.
18 Hendrix, *Martin Luther*, p. 65.
19 실베스터 마졸리니(Sylvester Mazzolini)의 라틴어식 이름은 실베스테르 프리에리아스(Sylvester Prierias)다. 그의 신학에 대해서는 Oberman, *The Reformation*, pp. 122-130 ("2. Sylvester Prierias: Roman Papalism"); Heiko A. Oberman, "Das tridentinische Rechtfertigungsdekret im Lichte der spätmittelalterlichen Theologie", in *Zeitschrift für Theologie und Kirche* 61 (1964), pp. 251-282 (특히 pp. 260-261).
20 이상규, 『교양으로 읽는 종교개혁 이야기』, p. 130.
21 『95개조 논제 설명』의 라틴어 제목은 "*Resolutiones disputationum de indulgentiarum virtute*"이며, 영어 제목은 "Explanations of the Ninety-five Theses"이다. 이를 줄여서 "Resolutiones"와 "Explanations"라고 부르기도 한다. 라틴어 제목을 직역하면 "면벌부의 능력에 대한 논쟁들의 해결"이 된다. 하지만 내용상 95개조 논제를 설명하는 것이므로 『95개조 논제 설명』이라고 부른다. 이 작품의 출간 경위는 LW 31:79-80에서 잘 다루고 있다. 로제, 『마틴 루터의 신학』, pp. 155-158; Lohse, *Martin Luther's Theology*, pp. 104-106도 보라.
22 로제, 『마틴 루터의 신학』, p. 156; Lohse, *Martin Luther's Theology*, p. 104.
23 이 논쟁에 대해서는 Anna Marie Johnson, "Leipzig Disputation", David M.

Whitford, ed., *T&T Clark Companion to Reformation Theology* (T&T Clark, 2012), p. 425를 보라.
24 이상규, 『교양으로 읽는 종교개혁 이야기』, pp. 131-132.
25 당시 카를 5세가 다스리던 '신성 로마 제국'은 오늘날의 독일 지역뿐 아니라 체코, 헝가리, 크로아티아, 슬로바키아, 슬로베니아, 스페인, 이탈리아의 일부, 룩셈부르크, 네덜란드 등을 포함했다. 황제는 이 모든 지역에서 가장 권세가 있었지만, 각 지역별로도 비장 군주들이 있었다. 셸더하위스, 『루터, 루터를 말하다』, p. 38.
26 이 세 저작에 대한 좋은 설명이 James Mackinnon, *Luther and the Reformation: The Breach with Rome (1517-21)*, vol. 2 (Longmans, Green, and Co., 1928), pp. 222-270에 있다.
27 이어지는 내용을 보다 자세하게 논한 논문으로 우병훈, "루터의 만인 제사장직 교리의 의미와 현대적 의의", 「신학논단」 제87집(2017): pp. 209-235를 보라.
28 Hauschild, *Lehrbuch der Kirchen- und Dogmengeschichte*, 2:25.
29 Richard A. Muller, *Dictionary of Latin and Greek Theological Terms: Drawn Principally from Protestant Scholastic Theology* (Baker, 1985), p. 100에서 멀러는 다음과 같이 설명한다. "ecclesia docens/ecclesia discens는 가르치는 교회와 배우는 교회를 뜻한다. 로마 가톨릭이 사용했으나 개신교가 거부했던 구분이다. (1) '가르치는 교회'(*ecclesia docens*)는 교도권(*magisterium*) 즉 가르치는 권리를 관장하는 교황과 주교들의 위계질서로 구성된다. (2) '배우는 교회'(*ecclesia discens*)는 교회의 진리를 수납해야 하는 신자들의 공동체로 구성된다. 사제들은 오직 주교들의 권위 하에서만 가르치므로, 사제들 역시 평신도와 함께 배우는 교회에 속한다."
30 중세의 이러한 교권적 교회 구조는 신플라톤주의에 그 뿌리를 둔 존재론적 수직 구조에 기반하고 있다. John Witte, Jr., *Law and Protestantism: The Legal Teachings of the Lutheran Reformation* (Cambridge University Press, 2002), p. 106.
31 오버만, 『루터, 하나님과 악마 사이의 인간』, p. 70.
32 Martin Luther, *Works of Martin Luther* (AGES Software, 1997), 2:52. 이 작품은 이하에서 *Works*로 축약하여 쓰겠다. 인용문에서 성경 번역은 루터의 번역을 그대로 옮겨 온다. 이 작품은 다음에도 실려 있다. Martin Luther, *Luther's Works*, Vol. 44: The Christian in Society I, ed. Jaroslav Jan Pelikan, Hilton C. Oswald, and Helmut T. Lehmann (Fortress Press, 1999), pp. 115-217. 이 번역은 다음 독일어판을 기준으로 한다. "An den christlichen Adel deutscher Nation von des christlichen Standes Besserung" in WA 6, pp. 404-469. LW 44:127-128에 실려 있다.
33 이 구절에 대한 심도 있는 논의로는 Erling, "The Priesthood of All Believers and Luther's Translation of 1 Peter 2:5, 9", pp. 20-29를 참조하라.

34 Works, 2:53; LW 44:129-130.
35 그리스도와의 연합과 사제직 반대를 연결시키는 설명으로는 정기철, "루터의 십자가 신학과 성경 해석학: De servo arbitrio를 중심으로", 「신학논단」 61(2010): pp. 119-120를 참조하라.
36 Works, 2:53; LW 44:129-130.
37 Works, 2:56; LW 44:134. "이제 그들은 동료 그리스도인들이며, 동료 사제들이며, 동료 신령한 자들이며, 모든 것에 대한 동료 주인들이다." Works, 2:58-59; LW 44:137-139도 참조하라.
38 특히 공의회 소집에 대해서는, Works, 2:51, 58-59; LW 44:126-127, 137-139를 참조하라.
39 이 작품은 LW 36:3-126에 실려 있다(WA 6:497-573에 영역).
40 Works, 2:206; LW 36:120. 여기서 다른 형제들에게 죄를 고백하는 일을 말했으나, 직접 하나님 앞에 회개하는 것도 포함된다. 하지만 루터는 일부러 다른 형제들에게 죄를 고백하도록 권했는데, 이것은 만인 제사장직 교리의 중요한 특징 중 하나다.
41 Works, 2:200; LW 36:113.
42 Gerrish, "Priesthood and Ministry in the Theology of Luther", p. 411.
43 종교개혁과 결혼의 밀접한 관계에 대해서는 John Witte Jr., "The Mother of All Earthly Laws: The Lutheran Reformation of Marriage," Seminary Ridge Review 15, no. 2 (2013) pp. 26-43를 보라.
44 Works, 2:225; LW 31:344.
45 Works, 2:234; LW 31:354.
46 Works, 2:234; LW 31:354.
47 Works, 2:235; LW 31:355 (강조 추가).
48 루터의 만인 제사장직 교리가 가진 그리스도 중심, 공동체 중심, 하나님 말씀 중심의 성격에 대해서는 Rogers, "A Dangerous Idea?", p. 123를 참조하라.
49 Works, 2:235-236; LW 31:356. "Although we are all equally priests, we cannot all publicly minister and teach. We ought not do so even if we could."
50 Works, 2:200; LW 36:113. "But the priests, as we call them, are ministers chosen from among us. All that they do is done in our name; the priesthood is nothing but a ministry. This we learn from I Cor. 4[:1]: 'This is how one should regard us, as servants of Christ and stewards of the mysteries of God.'"
51 Lohse, Martin Luther's Theology, p. 290.
52 Works, 2:236; LW 31:356.
53 『사역에 관하여』, LW 40:33. 원문은 WA 12,169-195를 보라. 이 책의 제목은 라틴어와

영어로 각각 "*De instituendis ministris Ecclesiae*"와 "Concerning the Ministry"다. 라틴어 제목을 직역하면 "교회에 세워질 사역들에 관하여"가 된다. 그러나 영어식 제목을 따라 간단히 『사역에 관하여』라고 옮긴다.

54 이렇게 사적 영역과 공적 영역을 구분하는 것에 대해서는, Gerrish, "Priesthood and Ministry in the Theology of Luther", pp. 131-132가 잘 설명한다. 한편, 예배 개혁과 만인 제사장직 교리를 연결시키는 설명으로는 임승훈, "마틴 루터(Martin Luther)의 예배 개혁 연구", 「신학논단」 72(2013): pp. 154, 157를 보라.
55 『사역에 관하여』, LW 40:33.
56 Hauschild, *Lehrbuch der Kirchen- und Dogmengeschichte*, 2:298.
57 마르틴 루터, 『탁상담화』, 이길상 역(CH북스, 2005), Nr. 8.
58 WA 48:241; WA Tr 5,318 (no. 5677). 셸더하위스, 『루터, 루터를 말하다』, p. 496를 참조하라.
59 루터의 성화론과 신자의 삶에서 성령의 중요성에 대해서는 Elmer L. Towns, "Martin Luther on Sanctification", *Bibliotheca Sacra* 126, no. 502 (April 1969): pp. 116-117를 참조하라.
60 WA 5:537; 셸더하위스, 『루터, 루터를 말하다』, p. 123.
61 "Nimm Christus aus der Heiligen Schrift heraus, was wirst du noch weiter in ihr finden?" (*De servo arbitrio* 1525; WA 18:606). 루터와 에라스무스의 자유의지 논쟁에서 두 사람이 보여 준 성경관의 차이에 대해서는 Hauschild, *Lehrbuch der Kirchen- und Dogmengeschichte*, 2:298-299를 보라.
62 WA 46:414에 있는 1538년 설교를 보라. Hauschild, *Lehrbuch der Kirchen- und Dogmengeschichte*, 2:298(4.4.2 참조).
63 Muller, *Dictionary of Latin and Greek Theological Terms*, p. 117: "*fides implicita*: implicit faith; sometimes called blind faith; a faith that is mere assent without certain knowledge, e.g., faith that accepts as true "what the church believes", without knowing the objective contents of the faith. The Reformers and the Protestant scholastics uniformly deny implicit faith; since knowledge is lacking, this is no faith."
64 우병훈, "루터의 '숨어 계신 하나님' 개념에 대한 삼위일체적 해석과 적용", pp. 24-38를 보라.
65 셸더하위스, 『루터, 루터를 말하다』, p. 125. 어떤 사람은 겸손은 인간의 일이라고 하면서 겸손한 자에게 하나님이 은혜를 주신다고 말하기도 한다. 하지만 겸손조차도 은혜의 선물이다.
66 셸더하위스, 『루터, 루터를 말하다』, pp. 26-27에서 약간 수정하여 인용.
67 대교리문답 제13문답에 나오는 '찬송'의 의무도 참조하라.

68　아브라함의 신앙에서 하나님께 영광을 돌리는 모습을 설명한 루터의 글은 갈라디아서 3장 6절에 대한 그의 주석에서 찾을 수 있다. LW 26:229. 루터는 이신칭의에서 "전가 교리"를 하나님께 영광을 돌리는 신앙과 연결한다. B. A. Gerrish, *The Old Protestantism and the New: Essays on the Reformation Heritage* (London; New York: T&T Clark, 2004), pp. 83-84.

6장

1　http://www.luther.de/en/bann.html에서 인용
2　로제, 『마틴 루터의 신학』, p. 55.
3　최주훈, 『루터의 재발견』, p. 67에서는 루터가 자신의 이름을 1512년에 바꾸었을 것이라고 주장하지만 근거는 빈약하다. 그리고 '루더'라는 "남을 유혹하며 죽음으로 빠뜨리는 사냥꾼의 인생"에서 '루터'라는 "자유자"로 거듭났다고 하는데, 당시 루더에는 여러 의미가 있었기에 한 가지 의미에만 집중한 설명은 부적절하다. 개명하기 전까지 루터가 타인을 유혹하며 죽음으로 빠뜨리는 인생을 살았다는 시각도 의아하다. 젊은 시절에 방탕했다거나 특별히 악한 삶을 살았다는 근거도 없기 때문이다. 한편, 셸더하위스, 『루터, 루터를 말하다』, p. 160는 루터가 95개조 논제를 발표한 이후 알브레히트에게 보낸 편지에서 분명히 엘레우테리우스(Eleutherius)라는 서명이 발견된다고 한다. 만일 1512년에 이미 루터가 자신의 이름을 바꾸었다면 1517년의 편지에서는 분명히 루터라는 서명을 사용했을 것인데, 그러하지 않고 엘레우테리우스를 쓴 것을 보면 1517년 무렵부터 이름을 바꾸어 쓰기 시작했으리라 보는 편이 더 타당하다.
4　LW 31:227.
5　이 책에 나오는 '숨어 계신 하나님' 개념에 대해서는 우병훈, "루터의 '숨어 계신 하나님' 개념에 대한 삼위일체적 해석과 적용", pp. 8-56에서 많은 부분을 가져왔다.
6　루터 신학에서 '죄인이자 의인'(*Simul justus et peccator*)이란 표현은 아주 중요하며, 다음과 같은 작품들에 나온다(영어판 색인 LW 55:296에서 재인용). 2:166, 168f, 171f, 204, 240, 3:70, 259-261, 355, 6:18, 57-59, 102, 172, 177, 181, 404, 7:28, 234f, 281, 8:10, 259, 267f, 9:185, 10:123, 12:143, 186, 234-236, 262f, 319f, 325, 327f, 330, 344, 350, 357f, 376, 384, 13:138, 271, 321, 393, 14:141, 16:179, 333, 17:181, 326f, 18:263, 19:4-6, 27f, 45, 47, 178, 22:127, 140, 178f, 258f, 262, 270, 272, 304, 394, 23:49, 107, 146, 235, 24:340, 344, 359, 25:239, 247, 258f, 262f, 268, 332f, 335f, 338, 453, 26:108f, 133, 188, 230-232, 235, 260, 285, 376, 27:21f, 40f, 54f, 68, 71, 73f, 78f, 82, 84, 86f, 96f, 109, 227, 230-233, 237, 361, 365f, 372, 30:17, 27, 40, 47, 68-71, 118f, 229f, 236, 269, 326, 31:214, 32:19-29, 37f, 43f, 53, 84, 93, 151, 159f, 176, 180f, 188f, 210f, 210, 254, 34:152, 167, 181, 35:xi, 31, 377, 36:355, 37:233, 365,

44:37, 268, 47:ix, 102, 54:374. 맥그라스는 이 개념이 믿음과 시련의 풀리지 않는 변증법과도 관련이 된다고 주장한다. McGrath, *Luther's Theology of the Cross*, p. 210. 바르트는 '죄인이자 의인'의 개념을 계시론에 적용했다. 계시란 하나님의 드러내심과 감추심의 사건이다. 이것은 신자가 의인이자 죄인 됨을 뜻한다. Paul D. Molnar, "Barth, Karl (1886-1968)", ed. Trevor A. Hart, *The Dictionary of Historical Theology* (Paternoster Press, 2000), p. 54. 한편, 브루스 더마레스트에 따르면, 존 웨슬리는 "죄인이자 의인"의 개념을 강력하게 반박하였다. Bruce A. Demarest, *The Cross and Salvation: The Doctrine of Salvation*, Foundations of Evangelical Theology (Crossway Books, 1997), p. 353.

7   로제, 『마틴 루터의 신학』, pp. 158-160; Lohse, *Martin Luther's Theology*, pp. 106-107.
8   하이델베르크 논쟁에 대해서는 슈바르츠, 『라인하르트 슈바르츠의 루터』, pp. 113-121를 보라.
9   이상규, 『교양으로 읽는 종교개혁 이야기』, p. 131.
10 WA 1:356,16-17. pp. 33-34. 로제, 『마틴 루터의 신학』, p. 159; Lohse, *Martin Luther's Theology*, p. 106에서 약간 수정하여 재인용.
11 다음의 라틴어 원문을 직역. "*Liberum arbitrium post peccatum, res est de solo titulo, (et) dum facit, quod in se est, peccat mortaliter*" (WA 1:359,33-34). 루터가 여기서 소위 "'행하는 자들에게' 원리"(the *facientibus* principle)를 정면으로 반박하고 있음을 알게 된다. "'행하는 자들에게' 원리"란 라틴어 문장 "*facientibus quod in se est deus non denegat gratiam*"에서 온 말로 "하나님은 자기 안에 있는 것을 행하는 자들에게 은혜를 거절하지 않으신다"라는 뜻이다. 중세 로마 가톨릭의 반(半)펠라기우스적 행위구원론을 잘 요약해 주는 문장이다. 다음 문헌들을 참조하라. Muller, *Dictionary of Latin and Greek Theological Terms*, p. 113 ("*facere quod in se est*" 항목에서 멀러는 이 견해가 인간의 능력에 대한 스코투스적이며 유명론적인 견해에 근거한다고 주장한다); Peter A. Lillback, *The Binding of God: Calvin's Role in the Development of Covenant Theology* (Baker Academic, 2001), p. 47; Heiko A. Oberman, *The Dawn of the Reformation: Essays in Late Medieval and Early Reformation Thought* (T. & T. Clark, 1986), pp. 84-103. 루터 당시 로마 가톨릭은 "'행하는 자들에게' 원리"를 구원론뿐 아니라 교회론에도 적용시켰다. 즉, 하나님은 교황과 교회 회의가 자기들에게 있는 최선을 다할 때에 그들에게 은혜를 거절하지 않으시며, 따라서 그들의 결정은 무오하다고 주장했던 것이다. 오버만에 따르면, 루터는 이러한 원리들이 은혜를 구원론에 있어 조건적이게끔 하는 신펠라기우스주의(neopelagianism)라고 규정하였고, 늦어도 1516년 여름 전부터 공격하기 시작했다. Oberman, *The Reformation*, p. 127.

12 WA 1,355,2-7. 로제, 『마틴 루터의 신학』, pp. 159-160; Lohse, *Martin Luther's Theology*, p. 107에서 약간 수정하여 재인용.
13 WA 1:354,17-20.
14 다음 라틴어에서 직역. "*Quia enim homines cognitione Dei ex operibus abusi sunt, voluit rursus Deus ex passionibus cognosci et reprobare illam sapientiam invisibilium per sapientiam visibilium, ut sic, qui Deum non coluerunt manifestum ex operibus, colerent absconditum in passionibus, Sicut ait 1. Corinth. 1. Quia in Dei sapientia non cognovit mundus Deum per sapientiam, placuit Deo per stulticiam praedicationis salvos facere credentes, Ita ut nulli iam satis sit ac prosit, qui cognoscit Deum in gloria et maiestate, nisi cognoscat eundem in humilitate et ignominia crucis. Sic perdit sapientiam sapientum &c. sicut Isaias dicit: Vere absconditus tu es Deus*"(WA 1:362,5-14).
15 WA 1:362,5-9.
16 Lohse, *Martin Luther's Theology*, p. 217; 로제, 『마틴 루터의 신학』, pp. 304-305의 번역은 부정확한 듯하다.
17 B. A. Gerrish, "To the Unknown God: Luther and Calvin on the Hiddenness of God", in *The Old Protestantism and the New: Essays on the Reformation Heritage* [T&T Clark, 2004 (1982년에 시카고에서 출간된 것과 쪽수가 동일함)] p. 134: "Now, one can safely hazard the generalization that whereas the hiddenness of God in his revelation (let us call it 'hiddenness I') has been found theologically fruitful in recent years, the hiddenness of God outside his revelation ('hiddenness II') has been found something of an embarrassment."
18 칼뱅, 『기독교강요』, 3.2.8을 참조하라.
19 WA 7,838,4-9; LW 32:112-13; Bainton, *Here I Stand: A Life of Martin Luther*, p. 185. 최주훈, 『루터의 재발견』, p. 123는 "루터는 이 유명한 선언을 처음에는 라틴어로, 그리고 곧바로 독일어로 말했다"라고 하는데, 마치 루터가 같은 의미의 문장을 한 번은 라틴어로, 한 번은 독일어로 말한 것과 같은 오해를 불러일으킬 수 있는 설명이다. 루터는 "저는 달리 행할 수 없습니다. 제가 여기 서 있습니다. 하나님 저를 도와주소서. 아멘"이라는 부분만 독일어로 말하고, 그 앞부분은 라틴어로 말했다(WA 7,838,4-9 참조). 그리고 라틴어 연설 가운데 들어간 단 하나의 짧은 독일어 문장을 두고 "이는 폐쇄적 종교사회에 소통의 힘이 가지는 종교개혁의 일면을 보여 주는 대표적 사례에 속한다"라고 평가한 데는 지나친 면이 있다. 루터가 정말 "자국어를 통한 소통의 힘"을 보여 주고자 했다면 더욱 많은 부분에서 독일어를 쓰지 않았을까?
20 Richard A. Muller, *Post-Reformation Reformed Dogmatics: The Rise and De-*

velopment of Reformed Orthodoxy; Volume 1: Prolegomena to Theology, 2nd ed. (Baker Academic, 2003), p. 98.

21 Malcolm Yarnell, *The Formation of Christian Doctrine* (B&H, 2007), 2장을 참조하라.
22 보름스 제국회의 앞에 선 루터와 보름스 칙령에 대해서는 베인턴, 『마르틴 루터』, pp. 250-261를 보라. 또한 영어판의 Bainton, *Here I Stand: A Life of Martin Luther*, p. 186를 참조하라.
23 캄퍼이스, 『교회사가 비춰주는 종말론과 정경』, p. 154("1521년 보름스의 루터: 세계사의 중심에서 행해진 정경에 대한 신앙의 고백"이라는 장 전체를 참조하라).

7장

1 Hendrix, *Martin Luther*, p. 9.
2 셸더하위스, 『루터, 루터를 말하다』, p. 256.
3 셸더하위스, 『루터, 루터를 말하다』, p. 258.
4 Kothmann, "Martin Luther", pp. 18-19.
5 셸더하위스, 『루터, 루터를 말하다』, pp. 260-261.
6 셸더하위스, 『루터, 루터를 말하다』, p. 286.
7 셸더하위스, 『루터, 루터를 말하다』, pp. 287-288.
8 이 성경의 역사에 대해서는 LW 35:357 이하를 보라.
9 셸더하위스, 『루터, 루터를 말하다』, p. 289.
10 Whiting, *Luther in English*, p. 83.
11 셸더하위스, 『루터, 루터를 말하다』, pp. 291-292; 한스-마르틴 바르트, 『마르틴 루터의 신학』, pp. 207, 220. 루터가 번역한 성경전서는 1534년부터 그가 사망한 1546년까지 10만 권이 판매되었다(이상규, 『교양으로 읽는 종교개혁 이야기』, p. 142).
12 Hauschild, *Lehrbuch der Kirchen- und Dogmengeschichte*, 2:298.
13 한스-마르틴 바르트, 『마르틴 루터의 신학』, p. 207.
14 한스-마르틴 바르트, 『마르틴 루터의 신학』, pp. 207, 211.
15 셸더하위스, 『루터, 루터를 말하다』, pp. 288, 292.
16 독일어 원문 제목은, "Von welltliche uberkeytt, wie weytt man yhr gehorsam schuldig sey"이다. WA 11,245-280와 LW 45:75-129에 실려 있다. 이에 대한 분석은 로제, 『마틴 루터의 신학』, pp. 221-224를 보라.
17 루터의 두 왕국 이론에 대해서는 다음 문헌들을 참조했다. David Curtis Steinmetz, "Luther and the Two Kingdoms", in *Luther in Context*, 2nd ed. (Baker Academic, 2002), pp. 112-125; William John Wright, *Martin Luther's Under-*

standing of God's Two Kingdoms: A Response to the Challenge of Skepticism (Baker Academic, 2010); Jonathan David Beeke, "Martin Luther's Two Kingdoms, Law and Gospel, and the Created Order: Was There a Time When the Two Kingdoms Were Not?", *Westminster Theological Journal* 73, no. 2 (Fall 2011): pp. 191-214; Kothmann, "Martin Luther", pp. 19-21.

18 칼 바르트와 루터와의 관계는 복잡하여 지금도 연구물이 나오고 있다. 바르트는 루터를 많은 점에서 비판했지만, 그의 『교회교의학』에서 제일 많이 인용한 신학자가 루터였다는 것은 그가 루터의 영향을 적지 않게 받았음을 보여 준다. 루터에 대한 바르트의 비판적 전유(critical appropriation)에 대해서는 다음의 두 연구물이 중요하다. George Hunsinger, *Disruptive Grace: Studies in the Theology of Karl Barth* (Eerdmans, 2000), 제12장 ("What Karl Barth Learned from Martin Luther"); Michael Beintker, "Martin Luther im Denken Karl Barths", H. J. Selderhuis and J. Marius J. Lange van Ravenswaay, eds., *Luther and Calvinism: Image and Reception of Martin Luther in the History and Theology of Calvinism* (Vandenhoeck & Ruprecht, 2017), pp. 265-279.

19 로제, 『마틴 루터의 신학』, p. 441.
20 Jürgen Moltmann, *Anfänge der dialektischen Theologie*, vol. 1 (C. Kaiser, 1962), pp. 152-165(특히 pp. 154-156).
21 로제, 『마틴 루터의 신학』, p. 224.
22 한스-마르틴 바르트, 『마르틴 루터의 신학』, p. 34에서 재인용.
23 Heinrich Bornkamm, *Luthers Lehre von den zwei Reichen im Zusammenhang seiner Theologie*, 3rd ed. (Gerd Mohn, 1969), p. 15; 로제, 『마틴 루터의 신학』, p. 446에서 재인용.
24 "사람은 누구나 위에 있는 권세에 복종해야 합니다. 모든 권세는 하나님께로부터 온 것이며, 이미 있는 권세들도 하나님께서 세워주신 것입니다. 그러므로 권세를 거역하는 사람은 하나님의 명을 거역하는 것이요, 거역하는 사람은 심판을 받게 될 것입니다"(롬 13:1-2).
25 "옛 사람들에게 말하기를 '너는 거짓 맹세를 하지 말아야 하고, 네가 맹세한 것은 그대로 주님께 지켜야 한다' 한 것을, 너희는 또한 들었다. 그러나 나는 너희에게 말한다. 아예 맹세하지 말아라. 하늘을 두고도 맹세하지 말아라. 그것은 하나님의 보좌이기 때문이다. 땅을 두고도 맹세하지 말아라. 그것은 하나님께서 발을 놓으시는 발판이기 때문이다. 예루살렘을 두고도 맹세하지 말아라. 그것은 크신 임금님의 도성이기 때문이다. 네 머리를 두고도 맹세하지 말아라. 너는 머리카락 하나라도 희게 하거나 검게 할 수 없기 때문이다. 너희는 '예' 할 때에는 '예'라는 말만 하고, '아니오' 할 때에는 '아니오'라는 말만 하여라. 이보다 지나치는 것은 악에서 나오는 것이다. '눈은 눈으로, 이는

이로 갚아라' 하고 말한 것을 너희는 들었다. 그러나 나는 너희에게 말한다. 악한 사람에게 맞서지 말아라. 누가 네 오른쪽 뺨을 치거든, 왼쪽 뺨마저 돌려 대어라. 너를 걸어 고소하여 네 속옷을 가지려는 사람에게는, 겉옷까지도 내주어라. 누가 너더러 억지로 오 리를 가자고 하거든, 십 리를 같이 가 주어라. 네게 달라는 사람에게는 주고, 네게 꾸려고 하는 사람을 물리치지 말아라. '네 이웃을 사랑하고, 네 원수를 미워하여라' 하고 말한 것을 너희는 들었다. 그러나 나는 너희에게 말한다. 너희 원수를 사랑하고, 너희를 박해하는 사람을 위하여 기도하여라"(마 5:38-44).

26 아우구스티누스는 『신국론』에서 지상의 도성과 하나님의 도성을 구분하는데, 이 둘 사이에 겹치는 지점은 없다. 전자는 불신자의 도성이며, 후자는 신자의 도성이기 때문이다. 이에 대해서는 B. Hoon Woo, "Pilgrim's Progress in Society: Augustine's Political Thought in *The City of God*", *Political Theology* 16.5 (2015): pp. 421-441를 참조하라.

27 Wright, *Martin Luther's Understanding of God's Two Kingdoms*, 제 2장과 3장에서는 루터가 아우구스티누스와 로렌초 발라(Lorenzo Valla, 1405-1457)의 영향을 받아서 두 왕국론을 전개했다고 본다. 하지만 그도 역시 아우구스티누스의 영향이 가장 크다고 본다(같은 책, pp. 109-112).

28 LW 45:89.

29 Wright, *Martin Luther's Understanding of God's Two Kingdoms*, pp. 125-126. 루터는 1530-1532년에 걸쳐 마태복음을 설교했는데 그중에 산상설교에 대한 설명이 있다. 이에 대해서는 WA 32,387-389 (LW 21:107-109)를 보라. 여기에서 교황과 뮌처에 대한 비판도 나온다. 한스-마르틴 바르트, 『마르틴 루터의 신학』, p. 245에 의하면 교황과 뮌처 모두 루터에게는 '영광의 신학'을 추구했던 자들이라고 볼 수 있다. 이 경우 '영광의 신학'이란 십자가의 길을 거부하고 세상에서 힘을 추구하는 모습을 가리킨다.

30 LW 45:89.

31 16-17세기 개혁파 신학자들의 율법의 3가지 용도에 대한 설명은 아래 사전의 "usus legis" 항목을 참조하라. Muller, *Dictionary of Latin and Greek Theological Terms*, pp. 320-321. 우병훈, "칼빈의 모세 언약 이해: 존 페스코와 코넬리스 베네마의 논쟁에 비추어서", 「칼빈연구」 제13집(2016): pp. 31-32도 보라.

32 칼뱅은 율법의 이 세 번째 용도를 디모데후서 3장 16절에서도 발견한다. "모든 성경은 하나님의 감동으로 된 것으로 교훈과 책망과 바르게 함과 의로 교육하기에 유익하니…"(딤후 3:16). 칼뱅의 『갈라디아서 주석』, 3장 19절에 대한 주석을 보라. Calvin, *The Epistles of Paul the Apostle to the Galatians, Ephesians, Philippians and Colossians*, p. 61.

33 LW 45:91.

34 LW 45:93-94.

35 LW 45:91.
36 C. S. 루이스, 『영광의 무게』, 홍종락 역(홍성사 2008)에 실린 "나는 왜 무저항 반전론 자가 아닌가"(pp. 55-83)도 비슷한 논지를 제시한다.
37 LW 45:91.
38 이 단락은 Wright, *Martin Luther's Understanding of God's Two Kingdoms*, pp. 126-143에 나오는 내용 중에 관련된 내용들을 모두 뽑아 정리한 것이다.
39 LW 45:112.
40 물론 루터의 두 왕국 이론은 그렇게 국가에 대한 교회의 무관심주의를 조장할 수 있다. 이런 점에서 루터의 두 왕국 이론보다 개혁파의 상호공조 이론이 더 안전하다고 말할 수도 있다.
41 Hauschild, *Lehrbuch der Kirchen- und Dogmengeschichte*, 2:313에서 1523년 이전과 이후 이론의 차이를 잘 설명하고 있다.
42 "*Ergo habet utrumque politeuma, subiectus Christo per jidem. subiectus Caesari per corpus*"(Zirkulardisputation 1539; WA 39II, 40). Hauschild, *Lehrbuch der Kirchen- und Dogmengeschichte*, 2:313에서 재인용.
43 Hauschild, *Lehrbuch der Kirchen- und Dogmengeschichte*, 2:313.
44 셀더하위스, 『루터, 루터를 말하다』, p. 284.
45 이상규, 『교양으로 읽는 종교개혁 이야기』, pp. 139-140. 카를슈타트는 15세 소녀와 결혼했다(같은 책, p. 139).
46 셀더하위스, 『루터, 루터를 말하다』, p. 280.
47 이상규, 『교양으로 읽는 종교개혁 이야기』, p. 140.
48 셀더하위스, 『루터, 루터를 말하다』, pp. 284-285.
49 한스-마르틴 바르트, 『마르틴 루터의 신학』, p. 193.
50 이상규, 『교양으로 읽는 종교개혁 이야기』, p. 141.
51 J. 다우마, 『개혁주의 윤리학』, 신원하 역(CLC, 2003), p. 171.
52 George Swinnock, *The Works of George Swinnock, M.A.*, vol. 2 (James Nichol; James Nisbet and Co.; G. Herbert, 1868), p. 215: "Etiamsi me Lutherus diabolum vocaret, me tamen hoc illi honoris habiturum, ut insignem dei servum agnoscam." 스윈녹의 기억에 의한 말이다.
53 다음 글은 청교도들이 루터에 대해 가졌던 이중적 견해를 소개한다. 한편으로 그를 수용하면서도 한편으로 그의 의견을 비판하고 성경적으로 극복하고자 했다는 것이다. David Parry, "'Lutherus Non Vidit Omnia.' - The Ambivalent Reception of Luther in English Puritanism", in *Luther and Calvinism: Image and Reception of Martin Luther in the History and Theology of Calvinism*, ed. H. J. Selderhuis and J. Marius J. Lange van Ravenswaay (Vandenhoeck &Ruprecht,

2017), pp. 379-407.
54 이하의 내용은 "종교개혁 500주년" 고신대학교 신학과 학술제에서 발표된 논문인 송영목, "마틴 루터의 성경해석과 설교"(미간행 원고)와 거기에 실린 문헌들을 참조했다. "루터의 개별설교는 약 1978개, 연속강해설교는 약 698개였는데, 복음서의 경우 교회력에 따라 설교한 빈도가 높았다"(같은 논문, p. 5에서 재인용).
55 권진호, "'매일의 설교자' 마틴 루터", 「신학사상」 145(2009), pp. 223-244; Julius Köstlin, *Life of Luther*, Second Edition (Longmans, 1895), p. 180를 참조하라.
56 권진호, "마틴 루터의 설교 이해", 「신학과 현장」 22(2012), p. 277. 마지막 설교 본문은 요한복음 6장이었다.
57 루터, 『탁상담화』, 9[WA Tr 2,531 (No. 2580)]; 권진호, "마틴 루터의 설교 이해", pp. 294-295; 송영목, "마틴 루터의 성경해석과 설교", p. 4.
58 권진호, "마틴 루터의 설교 이해", p. 293; 송영목, "마틴 루터의 성경해석과 설교", p. 5.
59 권진호, "마틴 루터의 설교 이해", p. 295.
60 권진호, "'매일의 설교자' 마틴 루터", 235; 송영목, "마틴 루터의 성경해석과 설교", p. 5. 그 외에도 루터의 설교와 성경 해석에 대한 연구로는 다음의 논문들을 참조하라. 권진호, "루터의 고난주간과 부활주간 설교의 핵심주제 '우리를 위한 그리스도'", 「신학사상」 148(2010), pp. 201-236; 권진호, "루터의 장례설교에 나타난 그리스도인의 죽음에 관한 고찰", 「한국교회사학회지」 28(2011), pp. 165-195; 권진호, "마틴 루터의 설교 이해", 「신학과 현장」 22(2012), pp. 277-304; 권진호, "매일의 설교자 마틴 루터", 「신학사상」 145(2009), pp. 223-244; 김기련, "루터의 수난설교에 나타난 주석 방법", 「신학과 현장」 21(2011), pp. 55-70; 김문기, "복음적인 설교의 전형: 루터의 '교회설교'(Kirchenpostille)에 관한 연구", 「루터연구」 15(2001), pp. 59-82; 김선영, "루터의 성경해석 원리들: 예수 그리스도, 법과 복음, 믿음과 사랑", 「한국기독교신학논총」 94(2014), pp. 91-116; 김운용, "개혁 설교자 마틴 루터의 설교에 대한 연구: '인보카비티(Invocaviti) 설교'와 '교회포스틸'(Church Postils)을 중심으로", 「장신논단」 48(2016), pp. 63-90; 김은성, "한국교회 음악의 갱신에 관한 연구: 종교개혁과 예배음악", 「장신논단」 49(2017), pp. 93-114; 김주한, "마르틴 루터의 설교신학 이해: 그의 초기 설교들(1513-1522)을 중심으로", 「대학과 선교」 17(2009), pp. 39-67; 김철환, "말틴 루터의 설교신학에 나타난 '율법/복음 설교'에 대한 연구", 「루터연구」 12(1997), pp. 61-82; 엄진섭, "루터의 교리문답에 나타난 복음 사상: '교리문답에 관한 열 개의 설교들'(Ten Sermons on the Catechism, 1528)을 중심으로" 「신학과 신앙」 13(2002), pp. 79-120.
61 이하에 나오는 루터의 사회윤리 비판 내용은 Andreas Pawlas, *Die Lutherische Berufs- und Wirtschaftsethik: eine Einführung* (Neukirchener, 2000), pp. 1-3에 소개된 문헌들을 바탕으로 더 확장한 것이다.

62 Ernst Troeltsch, *Gesammelte Schriften*, vol. 1, Die Soziallehren Der Christlichen Kirchen Und Gruppen (Scientia-Verlag, 1965[1922]), p. 597; Max Weber, *Gesammelte Aufsätze Zur Religionssoziologie* I, 9. (UTB, 1920), p. 28; Georg Wünsch, *Evangelische Wirtschaftsethik* (Mohr, 1927), pp. 6, 717.

63 Karl Barth, Eine Schweizer Stimme: 1938-1945 (Evangelische Verlagsanstalt, 1945), p. 121 [칼 바르트가 화란 목사 꼬이만(Kooyman)에게 보낸 편지]. 반면에 Robert Kolb, *Martin Luther: Confessor of the Faith* (Oxford University Press, 2009), p. 185에서는 파울 알트하우스를 인용하면서 루터의 경제 윤리와 정치신학에서는 "마키아벨리적 자율성"은 허락되지 않는다고 주장한다. Paul Althaus, *The Ethics of Martin Luther*, trans. Robert C. Schultz (Fortress Press, 1972), p. 111를 참조하라.

64 Wolfhart Pannenberg, *Anthropologie in theologischer Perspektive* (Vandenhoeck & Ruprecht, 1983), p. 12.

65 Pannenberg, *Anthropologie in theologischer Perspektive*, p. 12. 내가 보기에 판넨베르크는 자신의 주장을 강화하기 위해 루터파 윤리를 너무 평가 절하했다. 루터파 신학자인 그가 칼뱅주의 신학을 이렇게 좋게 평가하는 것은 일종의 자책성 발언으로 볼 수도 있겠지만, 자신의 책에서 스스로 루터를 계속해서 인용하면서 논의를 전개시켜 가는 것을 고려하면 일종의 비일관성으로 볼 수도 있겠다. 판넨베르크의 표현은 루터와 루터파를 구분하면 보다 잘 이해할 수 있을 것이다. 한편, 칼뱅주의 전통과 사회적 삶에 대한 판넨베르크의 평가는 정당하다고 볼 수 있으나, 아우구스티누스가 개인주의적 신앙에 머물렀다는 평가는 다시 고려되어야 마땅하다. 아우구스티누스의 사회윤리에 대해서는 B. Hoon Woo, "Pilgrim's Progress in Society", pp. 421-441를 보라. "아우구스티누스의 교리의 두드러진 특징은 항상 도덕적 삶을 사회적 삶 안에 내포된 것으로서 고려하는 것이다"라고 말한 질송의 평가가 더 옳다. Etienne Gilson, *Introduction à l'étude de Saint Augustin*, 3. éd. (Librairie philosophique J. Vrin, 1949), p. 225; 에티엔느 질송, 『아우구스티누스 사상의 이해』, 김태규 역(성균관대학교 출판부, 2010), p. 336(번역을 약간 수정해 인용).

66 William J. Wright, *Martin Luther's Understanding of God's Two Kingdoms: A Response to the Challenge of Skepticism*, ed. Richard A. Muller, Texts and Studies in Reformation and Post-Reformation Thought (Baker Academic, 2010), p. 168.

67 한정애, "마르틴 루터의 공공신학 사상", 「신학과 사상」 6(2016), pp. 171-199를 참조하라.

68 '공동 금고'에 대해서는 다음 논문을 보라. Albrecht Steinwachs, "Der Gemeine Kasten. Eine oftübersehene soziale Leistllng der Reformalion", *Luther* 78 (2007), pp. 32-34. 이하의 내용은 이 논문을 요약한 것이다.

69 한스-마르틴 바르트, 『마르틴 루터의 신학』, p. 257.
70 WA 12,13,20-22. Steinwachs, "Der Gemeine Kasten", pp. 32-33에서 재인용.
71 100굴덴은 루터가 받은 연봉 수준이다. 셀더하위스, 『루터, 루터를 말하다』, p. 322.
72 Steinwachs, "Der Gemeine Kasten", p. 33.
73 1528년에는 1년에 4페니히를 내야 했다. Steinwachs, "Der Gemeine Kasten", p. 33.
74 최주훈, 『루터의 재발견』, p. 139에서는 공동 금고의 열쇠가 3개였는데, "목사 대표와 평신도 대표, 시민 사회 대표"가 열쇠를 각각 관리했다고 하면서, 현대에도 교회 재정이 "외부 시민 사회까지도 납득할 만한 용도로 사용되어야 한다"고 주장한다. 그러나 사실 목사와 교인과 시민 대표가 그 열쇠를 각각 관리했다는 전거는 부족하며, 설사 그랬다고 하더라도 공동 금고와 그 관리 방식에서 그런 의미를 읽어 내는 데는 무리가 있다. 다만 부정과 비리를 막기 위한 노력으로 봄이 바람직하다. 루터 당시의 시민 사회와 오늘날 한국의 시민 사회는 성격이 완전히 다르다. 교회 재정의 일부가 공공선을 위해 사용되어야 함은 맞지만, 교회 재정 사용에 시민 사회의 납득을 기대한다는 것은 지나친 요구다. 루터가 목회했던 교회의 헌금 사용 일반에 대한 연구 없이 단지 공동 금고와 그 열쇠 관리 방식만으로 그런 주장을 하는 것은 역사적으로도 납득하기 힘든 주장이다.
75 Steinwachs, "Der Gemeine Kasten", p. 34.
76 셀더하위스, 『루터, 루터를 말하다』, p. 192.
77 이에 대해서는 우병훈 외 공저, 『종교개혁과 교육』(고신대학교 개혁주의학술원, 2017)를 보라. 멜란히톤에 대해서는 마르틴 융, 『멜란히톤과 그의 시대』, 이미선 역(홍성사, 2013)을 보라.
78 David J. Deane, *Philip Melanchthon* (S. W. Partridge & Co., 1890), p. 18.
79 이상규, 『교양으로 읽는 종교개혁 이야기』, pp. 142, 147.
80 보다 자세한 논의는 김진국, "필립 멜랑흐톤과 교육", 우병훈 외 공저, 『종교개혁과 교육』(고신대학교 개혁주의학술원, 2017), pp. 37-60를 참고하라. "멜란히톤은 12살 때 대학 진학을 위해 하이델베르크로 가서, 거기서 2년간 자유 7과학부(*artes liberales*) 교육을 받고 인문학사를 받았다. 1512년 9월 튀빙겐 대학으로 대학을 바꾸었고, 1514년 17살에 석사시험을 통과했다"(같은 논문, p. 42).
81 셀더하위스, 『루터, 루터를 말하다』, p. 192.
82 한스-마르틴 바르트, 『마르틴 루터의 신학』, p. 543.
83 셀더하위스, 『루터, 루터를 말하다』, p. 298.
84 슈반펠더, 『루터의 발자취』, p. 21.
85 Hendrix, *Martin Luther*, p. 5는 이를 매우 강조한다.
86 셀더하위스, 『루터, 루터를 말하다』, p. 315; Hendrix, *Martin Luther*, p. 156.
87 Luther, "Twelve Articles of the Swabian Peasants"(LW 46:8-16).

88   이하에 나오는 뮌처의 간략한 전기는 재침례파 웹페이지(GAMEO), http://gameo.
     org/index.php?title=M%C3%BCntzer,_Thomas_(1488/9-1525)#Biography를 참조
     했다.
89   Harold S. Bender, "The Zwickau Prophets, Thomas Müntzer and the
     Anabaptists", *Mennonite Quarterly Review* 27 (1953): pp. 3-16를 참조하라. 재침
     례파의 웹페이지 http://gameo.org/index.php?title=Zwickau_Prophets도 참조하라.
90   한스-마르틴 바르트, 『마르틴 루터의 신학』, p. 113.
91   Luther, "Admonition to peace. A reply to the Twelve Articles of the Peasants
     in Swabia"(LW 46:8-16).
92   한스-마르틴 바르트, 『마르틴 루터의 신학』, p. 114.
93   한스-마르틴 바르트, 『마르틴 루터의 신학』, p. 710는 이렇게 말한다. "우리는 적어도
     그[루터]가 기본적으로는 보수적인 성향이었다고 말할 수 있다.…분명히 개혁자는 혁
     명과 정치적인 불안과 같은 것을 가장 싫어했다. 오히려 그는 '폭도'의 반항보다는 기존
     의 공권력을 더 감수했다."
94   Luther, "Against the Murderous, Thieving Hordes of Peasants"(1525). 한스-마
     르틴 바르트, 『마르틴 루터의 신학』, p. 115를 참조하라.
95   WA 18,394,11 이하. 한스-마르틴 바르트, 『마르틴 루터의 신학』, p. 117에서 재인용.
96   루터가 브리스만(John Briessmann)에게 보낸 1525년 8월 15일자 편지(WA B 3, No.
     911). LW 49:124-25. "The affair of the peasants has quieted down everywhere
     after almost a hundred thousand have been killed…."
97   한스-마르틴 바르트, 『마르틴 루터의 신학』, p. 121.
98   재침례파의 기원에 대해서는 Andrea Strübind, *Eifriger als Zwingli: die frühe
     Täuferbewegung in der Schweiz* (Duncker und Humblot, 2003)를 참조하라. 재
     침례파는 16세기 초에 종교개혁 운동과 더불어 유럽 대륙에 나타난 급진적 개혁 운동
     이다. 반면에, 침례교의 기원에 대해서는 크게 네 가지 설명이 있다. 첫째는 영국의 국
     교회로부터 분리한 사람들이 17세기에 침례교를 형성했다고 보는 견해로서 오늘날 주
     류 학자들의 견해다. 둘째는 16세기의 재침례파 운동이 점차 성장해서 오늘날의 침
     례교가 되었다고 보는 견해다. 셋째는 예수님 시대부터 이미 침례교적 신앙과 관습이
     있었다고 보는 견해인데, 이를 '영속론'(the perpetuity view)이라고 한다. 넷째는 침
     례교회가 예수님 시대부터 지금까지 계속 이어진 참된 교회라고 보는 견해인데, 이를
     침례교적 '계승론'(Baptist successionism)이라고 한다. 다음 글을 참조하라. Bruce
     Gourley, "A Very Brief Introduction to Baptist History, Then and Now", *The
     Baptist Observer* (http://yellowstone.net/baptist/overview.htm). 침례교가 16
     세기 후반에 영국에서 나타난 교회들로서, 메리 여왕의 박해를 피해 피신했다가 돌아
     온 영국인들이나, 아니면 네덜란드의 재침례교도들의 영향에 의해 생긴 교회라고 보

는 것이 학계의 주류 견해다. 자세한 내용은 gameo.org 웹페이지에서 "History"와 "Baptists" 항목을 참조하라.
99 당시 루터의 상황을 충분히 해설하면서 옹호하는 글로는 한스-마르틴 바르트, 『마르틴 루터의 신학』, pp. 110-124를 보라.
100 한스-마르틴 바르트, 『마르틴 루터의 신학』, pp. 110-111.
101 한스-마르틴 바르트, 『마르틴 루터의 신학』, pp. 119-120.
102 한스-마르틴 바르트, 『마르틴 루터의 신학』, p. 123.
103 한스-마르틴 바르트, 『마르틴 루터의 신학』, p. 112.
104 한스-마르틴 바르트, 『마르틴 루터의 신학』, pp. 111-112.
105 한스-마르틴 바르트, 『마르틴 루터의 신학』에서 이러한 변화에 대해 요약한다. "초기 국면에서는 의문의 여지없이 만인사제직이 전면에 등장했다. 그러나 종교개혁적 교회를 공고하게 하면서 규정에 따라 임명을 받은 성직이 전면에 나타났다"(p. 545).
106 Luther, *That a Christian Assembly or Congregation Has the Right and Power to Judge All Teaching, and to Call, Appoint and Dismiss Teachers, Established and Proven by Scripture*, 1523, in LW 39:301-314. 이것은 작센 선제후가 지역 교회의 목사들을 회중이 선출할 수 있는 권한이 있음을 성경적으로 증명해 달라고 루터에게 요청한 것에 답한 글이다.
107 Luther, *That a Christian Assembly*, in LW 39:310. 참고. "예언하는 사람은 둘이나 셋이서 말하고, 다른 이들은 그것을 분별하십시오. 그러나 앉아 있는 다른 사람에게 계시가 내리거든, 먼저 말하던 사람은 잠잠하십시오."(고전 14:29-30).
108 Rogers, "A Dangerous Idea?", pp. 124-125.
109 한스-마르틴 바르트, 『마르틴 루터의 신학』, pp. 119-120.
110 Luther, *Letter to the Princes of Saxony Concerning the Rebellious Spirit*, 1524, LW 40:57.
111 『몰래 들어와 숨어 있는 설교자들』, 1532, LW 40:392. 이 작품은 LW 40:379-394에 실려 있다. 이 영역은 1532년 판 WA 30III:518-527를 저본으로 하여 번역한 것이다.
112 Luther, *That a Christian Assembly*, 1523.
113 『몰래 들어와 숨어 있는 설교자들』, 1532, LW 40:393.
114 Alister McGrath, *Christianity's Dangerous Idea: The Protestant Revolution—A History from the Sixteenth Century to the Twenty-First* (Harper Collins, 2007), p. 53. 『기독교, 그 위험한 사상의 역사』, 박규태 역(국제제자훈련원, 2009).
115 이런 입장을 더 우선시하는 해석을 한스-마르틴 바르트, 『마르틴 루터의 신학』, p. 545에서는 "좌경화된 해석"이라고 하면서, 그 대표자로 클라우스 페터 보스를 제시한다. Klaus Peter Voß, *Der Gedanke des allgemeinen Priester- und Prophetentums. Seine gemeindetheologische Aktualisierung in der Reformationszeit*

(Wuppertal, 1990).

116 『하이델베르크 교리문답』 31문의 답에서 그리스도를 기름 부음을 받은 자라 부르는 이유를 "왜냐하면 그분은 성부 하나님으로부터 임명을 받고 성령으로 기름 부음을 받으셨기 때문이다. 그분은 우리의 큰 선지자와 선생으로서 우리의 구원을 위한 하나님의 감춰진 경영과 뜻을 온전히 계시하시고, 우리의 유일한 대제사장으로서 그의 몸을 단번에 제물로 드려 우리를 구속하셨고, 성부 앞에서 우리를 위해 항상 간구하시며, 또한 우리의 영원한 왕으로서 그의 말씀과 성령으로 우리를 다스리시고, 우리를 위해 획득하신 구원을 누리도록 우리를 보호하고 보존하신다"라고 적고 있다. 『웨스트민스터 소교리문답』 23-26문답도 역시 그리스도의 삼중직을 다룬다. 23문의 답은 "그리스도께서는 우리의 구속자로서 선지자와 제사장과 왕의 직분을 낮아지고 높아지신 두 지위에서 행하신다"라고 되어 있다. 이상 『웨스트민스터 소교리문답』과 『하이델베르크 신앙고백』은 성약출판사 홈페이지에서 인용.

117 이에 대해서는 우병훈, 『예정과 언약으로 읽는 그리스도의 구원』(SFC, 2013), 4-8장을 참조하라.

118 이런 입장을 더 우선시하는 해석을 한스-마르틴 바르트, 『마르틴 루터의 신학』, p. 545에서는 '우경화된 해석'이라고 하면서, 그 대표자로서 헬무트 리베르크를 제시한다. Helmut Lieberg, *Amt und Ordination bei Luther und Melanchthon* (Göttingen, 1962).

119 루터 신학의 역설적 성격에 대해서는 다음 문헌들을 보라. Markus Wriedt, "Luther's Theology", in *The Cambridge Companion to Martin Luther*, ed. Donald K. McKim (Cambridge University Press, 2003), p. 103; Denis R. Janz, "Syllogism or Paradox: Aquinas and Luther on Theological Method", *Theological Studies* 59, no. 1 (March 1998): pp. 3-21. 루터 신학이 가지는 이러한 역설적 성격은 그의 기독론과 가장 깊이 연결되어 있다. 이에 대해서는 아래 논문을 참조하라. 우병훈, "루터의 하나님—루터의 '숨어 계신 하나님' 개념에 대한 해석과 적용", pp. 24-38. 그리고 루터 신학의 이런 측면은 키르케고어와 바르트에게 영향을 미쳤다. 다음 논문을 보라. B. Hoon Woo, "Kierkegaard's Influence on Karl Barth's Early Theology", *Journal of Christian Philosophy* 18 (2014): pp. 197-245.

8장

1 맥키, "카타리나 슈츠 첼, 이들레트 드 뷰르, 개혁주의 여성들의 결혼관과 결혼경험", p. 11.

2 맥키, "카타리나 슈츠 첼, 이들레트 드 뷰르, 개혁주의 여성들의 결혼관과 결혼경험", pp. 11-12.

3   맥키, "카타리나 슈츠 첼, 이들레트 드 뷰르, 개혁주의 여성들의 결혼관과 결혼경험", p. 13.
4   셸더하위스, 『루터, 루터를 말하다』, p. 318.
5   셸더하위스, 『루터, 루터를 말하다』, p. 318.
6   한스-마르틴 바르트, 『마르틴 루터의 신학』, p. 123.
7   셸더하위스, 『루터, 루터를 말하다』, p. 321.
8   셸더하위스, 『루터, 루터를 말하다』, p. 364.
9   셸더하위스, 『루터, 루터를 말하다』, pp. 363, 367-369; Hendrix, *Martin Luther*, p. 273.
10 셸더하위스, 『루터, 루터를 말하다』, p. 324.
11 셸더하위스, 『루터, 루터를 말하다』, p. 324. 결혼 후 2년 만에 100굴덴의 빚을 졌다.
12 셸더하위스, 『루터, 루터를 말하다』, p. 324.
13 WA Tr 2, no. 1563; 셸더하위스, 『루터, 루터를 말하다』, p. 325에서 재인용.
14 WA B 5, 125(1529년 6월 20일); 셸더하위스, 『루터, 루터를 말하다』, p. 364에서 재인용.
15 이하의 내용은 다음 논문을 많이 참조했다. 헤르만 셸더하위스, "결혼의 개혁: 오늘을 위한 메시지", 「갱신과 부흥」 18(2016): pp. 36-57. 이하에서 각주에 실린 루터 작품들도 셸더하위스의 글로부터의 인용한 것인데, 보다 깊은 연구들을 위해서 그대로 실었다.
16 LW 48:xiii, 49:235, 312, 401, 416, 425, 50:48, 80, 208, 213, 224, 227, 286.
17 Martin Treu, "Katharina von Bora, the Woman at Luther's Side", *Lutheran Quarterly* 13, no. 2 (1999): p. 157.
18 WA 6:441,11-12 (LW 44:176) (To the Christian Nobility of the German Nation, 1520). WA 8:543, 32-544,10 (LW 36:206) (*The Misuse of the Mass*, 1521)를 참조하라.
19 WA 12:104,19-33; 105, 5-13 (LW 28:16-17).
20 WA 12:107,13-16 (LW 28:19).
21 WA 10/2:275-304 (LW 45:11-49).
22 WA 10/2:276,9-277 (LW 45:21).
23 WA 10/2:283,8-16 (LW 45:25).
24 WA 10/2:292,8-10 (LW 45:35).
25 셸더하위스, 『루터, 루터를 말하다』, pp. 369-370.
26 WA 10/2:293,7-11 (LW 45:36).
27 WA 10/2:294,25-29 (LW 45:38).
28 WA 10/2:295,27-296:2 (LW 45:39).
29 WA 10/2:296,27-297,4 (LW 45:39). 한스-마르틴 바르트, 『마르틴 루터의 신학』, p. 543.
30 WA 42:477,35-36 (LW 2:301).

31 WA 42:478,4-8 (LW 2:302).
32 WA 42:100,40-101,2 (LW 1:134). 루터는 아내의 모델이 남편에 종속되어야 하는 것은 죄 이후에 주어진 법의 결과라고 제시한다. WA 42:103,31-33 (LW 2:137-38).
33 WA 34:52,12-21. 셀더하위스, "결혼의 개혁: 오늘을 위한 메시지", p. 57에서 재인용(강조 추가).
34 WA Tr 4, no. 4786; 셀더하위스, 『루터, 루터를 말하다』, p. 364에서 재인용.
35 WA 34:52,12-21. 셀더하위스, "결혼의 개혁: 오늘을 위한 메시지", p. 57에서 재인용(강조 추가).
36 Bainton, *Here I Stand: A Life of Martin Luther*, p. 209.
37 베인턴, 『마르틴 루터』, pp. 402, 416, 417.
38 WA B 3, 635, 22-28(1525년 12월 6일). 오버만, 『루터, 하나님과 악마 사이의 인간』, p. 408에서 재인용. 오버만은 이 부분이 일찌감치 루터의 서신집 편집에서 삭제되었다고 지적한다.
39 Bainton, *Here I Stand: A Life of Martin Luther*, 293; 오버만, 『루터, 하나님과 악마 사이의 인간』, p. 411.
40 WA B 4, 210, 14f. 오버만, 『루터, 하나님과 악마 사이의 인간』, p. 411에서 인용.
41 WA 12:749. 셀더하위스, 『루터, 루터를 말하다』, p. 301에서 수정하여 재인용.
42 이 찬송시는 워낙 유명해서 인터넷에서 쉽게 구할 수 있다. 독일 위키피디아 웹페이지 (https://de.wikipedia.org/wiki/Ein_neues_Lied_wir_heben_an)에 원래의 가사와 현대 독일어 버전이 함께 올라와 있다.
43 WA B 2, p. 567 (1522년 6월 27일 슈타우피츠에게 보낸 편지). 셀더하위스, 『루터, 루터를 말하다』, p. 303에서 재인용.
44 오버만, 『루터, 하나님과 악마 사이의 인간』, pp. 189-190.
45 이 작품은 라틴어 원제는 *De servo arbitrio*다(WA 18:600-787; LW 33:3-295). 이 책에 대한 분석은 로제, 『마틴 루터의 신학』, pp. 237-238; Lohse, *Martin Luther's Theology*, pp. 163-165를 참조하라.
46 Hauschild, *Lehrbuch der Kirchen- und Dogmengeschichte*, 2:298-299를 보라.
47 셀더하위스, 『루터, 루터를 말하다』, p. 345.
48 Hauschild, *Lehrbuch der Kirchen- und Dogmengeschichte*, 2:26.
49 Erasmus, *De libero arbitrio diatribe sive collatio*, IIa15f. 이 작품을 루터는 『디아트리베』(*Diatribe*)라며 여성처럼 지칭해 불렀다.
50 WA 18:685,1-7.
51 WA 18:685,14-24. 루터와 에라스무스의 논쟁을 예배학의 측면에서도 고찰할 수 있음을 이 논쟁에서 알게 된다.
52 LW 33:140; WA 18:685,19-27, "*Hoc enim agit Deus praedicatus, ut ablato pec-*

cato et morte salvi simus. Misit enim verbum suum et sanavit eos. Caeterum Deus abscouditus in maiestate neque deplorat neque tollit mortem, sed operatur vitam, mortem et omnia in omnibus. Neque enim tum verbo suo definivit sese, sed liberum sese reservavit super omnia. Illudit auteni sese Diatribe ignorantia sua, dum nihil distinguit inter Deum praedicatum et absconditum, hoc est, inter verbum Dei et Deum ipsum."

9장

1 Schaff, *The Creeds of Christendom*, pp. 3-4.
2 필립 샤프, 『신조학』, 박일민 역(CLC, 1984), p. 8에서 재인용.
3 샤프는 루터교회 신조를 아홉 가지로 소개하지만 현대 복음주의적 루터교회는 멜란히톤의 『교황의 권위와 수위권에 대한 논문』도 공식적 신조에 포함한다. Schaff, *The Creeds of Christendom*, 1:221. "The Evangelical Lutheran Church, in whole or in part, acknowledges nine symbolical books: three of them are inherited from the Catholic Church, viz., the Apostles' Creed, the Nicene Creed (with the Filioque), and the Athanasian Creed; six are original, viz., the Augsburg Confession, drawn up by Melanchthon (1530), the Apology of the Confession, by the same (1530), the Articles of Smalcald, by Luther (1537), the two Catechisms of Luther (1529), and the Form of Concord, prepared by six Lutheran divines (1577)."
4 샤프, 『신조학』, pp. 69-70.
5 한스-마르틴 바르트, 『마르틴 루터의 신학』, p. 649.
6 성 어거스틴, 『신국론 요약, 신앙핸드북』, 심이석 역(CH북스, 2008), p. 238(제7항).
7 한스-마르틴 바르트, 『마르틴 루터의 신학』, pp. 651-652.
8 WA 7,204,14-18. 한스-마르틴 바르트, 『마르틴 루터의 신학』, p. 652.
9 한스-마르틴 바르트, 『마르틴 루터의 신학』, p. 650.
10 WA 46, 79,29f.
11 한스-마르틴 바르트, 『마르틴 루터의 신학』, p. 652.
12 Os Guinness, *The Call: Finding and Fulfilling the Central Purpose of Your Life* (Word, 1998), pp. 31-32 『소명』, 홍병룡 역(IVP, 2006). Stephen J. Nichols, *What Is Vocation?*, ed. Sean Michael Lucas, Basics of the Faith (P&R Publishing, 2010), p. 9에서 재인용.
13 기니스, 『소명』, p. 13(약간 수정해 인용).
14 기니스, 『소명』, p. 53(약간 수정해 인용).

15 오스왈드 챔버스(Oswald Chambers)는 "예수 그리스도에 대한 충성과 경쟁 관계에 있는 것이면 그 무엇이든 경계하라. 그분에 대한 헌신의 최대의 경쟁자는 그분을 섬기는 활동이다.…하나님이 우리를 부르신 유일한 목적은 하나님을 만족시키는 것이지 그분을 위해 어떤 일을 하라는 것이 아니다"라고 말했다. 기니스, 『소명』, pp. 69-70에서 재인용.
16 Volf, "Human Work, Divine Spirit, and New Creation: Toward a Pneumatological Understanding of Work", p. 179 주39를 참조하라. 볼프는 루터의 작품 WA 34/2,306,11을 인용한다.
17 바로 앞의 주에서 언급한 논문 외에도 주요한 비판서 가운데 다음의 저서가 있다. Miroslav Volf, *Work in the Spirit: Toward a Theology of Work* (Wipf & Stock, 2001), 특히 pp. 106-109.
18 Volf, "Human Work, Divine Spirit, and New Creation", p. 181; Volf, *Work in the Spirit*, pp.107-108. J. Moltmann, "The Right to Meaningful Work", *On Human Dignity*, Political Theology and Ethics (Fortress Press, 1984), p. 43.
19 루터의 직업소명설과 사회윤리 및 경제 윤리에 대한 주요 연구로 Hans-Jürgen Prien, *Luthers Wirtschaftsethik* (Vandenhoeck & Ruprecht, 1992); Andreas Pawlas, *Die Lutherische Berufs- und Wirtschaftsethik: eine Einführung* (Neukirchener, 2000)이 있다.
20 이에 대해서는 한스-마르틴 바르트, 『마르틴 루터의 신학』, 제10장을 참조하라.
21 한스 슈바르츠, "마르틴 루터의 직업 이해의 중요성", p. 58.
22 LW 28:92 (강조 추가).
23 Gustaf Wingren, *Luthers Lehre vom Beruf*, Forschungen zur Geschichte und Lehre des Protestantismus 3 (Kaiser, 1952); 영어판은 Gustav Wingren, *Luther on Vocation* (Muhlenberg Press, 1957)이다. 빙그렌은 "우리가 규정할 수 있는 범위에서 루터는 비그리스도인들의 일을 설명하는 데 'Beruf' 혹은 'vocatio'라는 단어를 쓴 적은 없다"라고 말한다(*Luther on Vocation*, p. 2).
24 슈바르츠, "마르틴 루터의 직업 이해의 중요성", p. 57.
25 자로슬라브 펠리칸에 따르면 연대와 관련해 우리가 확실히 아는 것은 루터는 1539년 3-4월에 창세기 19장을 강의하고 있었다는 것뿐이다. 그래서 펠리칸은 창세기 15-20장을 루터가 강의한 연대를 확정짓는 것은 힘들다고 한다(LW 3:x).
26 LW 3:128.
27 LW 3:128.
28 LW 3:128. 루터가 인용한 시인은 호라티우스다(Horace, *Epistles*, I, pp. 14, 43).
29 LW 3:131.
30 슈바르츠, "마르틴 루터의 직업이해의 중요성", pp. 57-58를 보라.
31 WA 15,30; 셸더하위스, 『루터, 루터를 말하다』, p. 343에서 재인용.

32 슈바르츠, "마르틴 루터의 직업 이해의 중요성", p. 55를 참조하라.
33 LW 46:250-251("A Sermon on Keeping Children in School [1530]"). 슈바르츠, "마르틴 루터의 직업이해의 중요성", pp. 57-58에서 재인용.
34 LW 28:301.
35 LW 1:75.
36 LW 12:134-135.
37 로제, 『마틴 루터의 신학』, pp. 338-339, 341.
38 로제, 『마틴 루터의 신학』, pp. 332-333.
39 로제, 『마틴 루터의 신학』, pp. 343-345.
40 WA 31/1,436,7-11(1532년); WA 23,8,36f.
41 한스-마르틴 바르트, 『마르틴 루터의 신학』, pp. 278-280, 595-596, 671; 로제, 『마틴 루터의 신학』, pp. 338-339를 보라.
42 WA 31/1,436,7-11 [1532년], WA 23,8,36f을 보라. 또한 Max J. Suda, *Die Ethik Martin Luthers* (Vandenhoeck & Ruprecht, 2006), p. 199 ("우리는 의롭게 하는 신앙 가운데에서 우리 전체 인생이 소명임을 인식한다. 말하라. 소명으로부터 우리는 창조하시는 하나님과 함께 일한다")를 참조하라. 한스-마르틴 바르트, 『마르틴 루터의 신학』, p. 596에서 재인용.
43 한스-마르틴 바르트, 『마르틴 루터의 신학』, p. 597와 거기에서 인용된 WA 10/1/2,376,14-18 [1526년]을 보라.
44 WA B 5, 317,40 (1530).
45 이정규, 『야근하는 당신에게』(좋은씨앗, 2017)를 참조하라.
46 루터와 이슬람에 대한 논의를 잘 다룬 글로서, 한스-마르틴 바르트, 『마르틴 루터의 신학』, pp. 91-110를 보라. 바르트는 루터가 이슬람을 아리우스에게 기원을 둔 기독교 이단으로 보았다고 분석한다(p. 100). 그리고 루터가 편견이 많았지만 이슬람의 본질적 요소들을 파악했다는 것에 동의한다(p. 104). 하지만 루터가 이슬람에 대한 선교를 고려하지 않았음에 유감을 표현한다(pp. 106-110).
47 이 책에서 루터 시대의 오스만 제국 사람들을 '튀르크인'이라고 칭한다. 마치 우리 역사에서 조선인과 한국인을 구분하듯이, 루터 당시에 대제국을 이뤘던 그들도 오늘날의 터키인들과 구분되어야 한다. 국내의 많은 책들이 오늘날의 터키인과 루터 당시의 튀르크인을 구분하고 번역한다. 유해석, 『기독교와 이슬람 무엇이 다른가』(생명의말씀사, 2016), pp. 210-213; 미로슬라브 볼프, 『알라』, 백지윤 역(IVP, 2016), 제1부 제3장; 셸더하위스, 『루터, 루터를 말하다』, p. 170를 보라.
48 이상의 역사적 기록에 대해서는 유해석, 『기독교와 이슬람 무엇이 다른가』, p. 210-213; Hendrix, *Martin Luther*, p. 8를 참조했다.
49 이하의 내용은 다음의 루터 번역물의 도움을 받았다. Sarah S. Henrich and James

L. Boyce, "Martin Luther—Translations of Two Prefaces on Islam: Preface to the *Libellus de Ritu et Moribus Turcorum* (1530), and Preface to Bibliander's Edition of the Qur'an (1543)", *Word & World* 16, no. 2 (1996): pp. 250-266. 루터와 이슬람이라는 주제에 대한 좋은 연구서로 Adam S. Francisco, *Martin Luther and Islam: A Study in Sixteenth-Century Polemics and Apologetics* (Brill, 2007); Ludwig Hagemann, *Martin Luther und der Islam*, (Verlag für Christlich-Islamisches Schrifttum, 1983)를 보라.

50 여섯 편의 작품은 다음과 같다. "On War Against the Turk"(1529)는 목회적 관점에서 선한 양심으로 튀르크인과 전쟁하는 것에 대해 쓴 글이다(LW 46:157-205). "Heerpredigt wider den Türken" (Sermon Against the Turks, 1529)는 튀르크인들이 빈을 위협할 때 전한 설교다(WA 30/2:160-197). "Vorwort zu dem Libellus derituet moribus Turcorum"(Preface to Libellus de ritu et moribus Turcorum, 1530)는 『튀르크인들의 종교와 관습』(?1481)을 재출간하면서 쓴 서문이다(WA 30/2:205-208). "Appeal for Prayer Against the Turks"(1541)는 술레이만이 헝가리를 점령하고 독일에 위협이 되었을 때 쓴 글이다(LW 43:215-241). "Verlegung des Alcoran Bruder Richardi, Prediger Ordens"(Refutation of the Alcoran of Brother Richard, Preaching Order, 1542)는 이슬람을 반대하는 중세의 글을 번역한 것이다(WA 53:272-396). "Vorrede zu Theodor Biblianders Koranausgabe" (Preface to Theodor Bibliander's Edition of the Qur'an, 1543)는 『꾸란』 번역본의 서문이다(WA 53:569-572).

51 종교개혁자들이 이슬람에 대해 보인 견해를 다룬 주요한 우리말 연구물들은 다음과 같다. 이성덕, "종교개혁 시대 이슬람의 팽창과 루터의 입장", 「한국기독교신학논총」 제24권(2002): pp.139-162; 김정명, "종교개혁 시대 프로테스탄트들의 이슬람에 대한 이미지 연구", 「중동연구」 제34권 2호(2015): pp. 59-92; 유해석, 『기독교와 이슬람 무엇이 다른가』, pp. 210-235.

52 이하에서는 LW 46:155-205에 실린 "On War Against The Turk"를 기초로 한다. 루터의 독일어 원전은 다음에서 볼 수 있다. "Vom Kriege wider den Türken", in WA 30II, (81) pp. 107-148.

53 LW 46:170-174.

54 LW 46:185-86.

55 이하에 대한 간단한 분석은 슈바르츠, 『라인하르트 슈바르츠의 루터』, pp. 336-337를 보라.

56 LW 46:177. "Thus the Turk's faith is a patchwork of Jewish, Christian, and heathen beliefs." 루터는 이슬람을 하나의 타(他)종교로 인정하기보다는 (아리우스에게 기원을 두는) 기독교 이단으로 보았다(WA 50,575,1-3). 한스-마르틴 바르트, 『마르

틴 루터의 신학』, p. 100에서 인용.
57 LW 46:177.
58 루터, 『탁상담화』, p. 137(Nr. 186), p. 136(Nr. 182).
59 LW 46:178. 그런데 루터는 바로 덧붙여서 아우구스티누스의 『신국론』에 따르면, 다른 나라들도 역시 강도라고 주장한다. 보다 정확하게 말하자면, 아우구스티누스는 "정의가 없는 왕국은 거대한 강도 떼일 뿐이다"라는 말을 남겼다(『신국론』, 4,4). 하지만 루터는 튀르크인들의 나라가 '가장' 강력한 강도 떼라고 말한다(LW 46:178).
60 LW 46:181.
61 LW 46:181.
62 LW 46:183. 그런데 루터는 사탄이 튀르크인들 사이에 활동한다면서 그들이 교황과 그 추종자들보다 더 위험한 존재들이라고 주장한다. Henrich and Boyce, "Martin Luther-Translations of Two Prefaces on Islam", p. 255.
63 Henrich and Boyce, "Martin Luther-Translations of Two Prefaces on Islam", p. 258주20. 폰 뮐바흐는 생애 후반부에는 도미니쿠스회 수도사로 살았다.
64 루터는 약 70년 전에 나왔던 이 책을 재출간한다면서 서문을 썼다. 사실 그 책은 50년 전에 나온 것인데, 루터는 그것이 1460년경에 나온 것으로 잘못 알고 있다. 『튀르크인들의 종교와 관습』이라는 책의 "서문"(1530)과 테오도르 비블리안더의 꾸란 번역에 대한 "서문"(1543)의 영어 번역은 아래 자료를 참조했다. Henrich and Boyce, "Martin Luther-Translations of Two Prefaces on Islam", pp. 258-266.
65 Henrich and Boyce, "Martin Luther-Translations of Two Prefaces on Islam", pp. 258-259.
66 Henrich and Boyce, "Martin Luther-Translations of Two Prefaces on Islam", p. 259.
67 Henrich and Boyce, "Martin Luther-Translations of Two Prefaces on Islam", p. 260.
68 Henrich and Boyce, "Martin Luther-Translations of Two Prefaces on Islam", p. 260.
69 한스-마르틴 바르트, 『마르틴 루터의 신학』, p. 108.
70 Henrich and Boyce, "Martin Luther-Translations of Two Prefaces on Islam", p. 260.
71 Henrich and Boyce, "Martin Luther-Translations of Two Prefaces on Islam", p. 260. 루터는 무슬림들이 하나님 앞에 가증스러우며 사람들 가운데 증오스러운 자들이라고 적었다. 그리고 영광을 받으실 그리스도가 속히 "저 가증스러운 선지자 무함마드"를 심판하시기를 간구하면서 글을 맺는다.
72 Henrich and Boyce, "Martin Luther-Translations of Two Prefaces on Islam", pp.

255-256. 멜란히톤 역시 서문을 썼는데, 아마도 루터의 권고가 있었으리라 생각한다.
73 Henrich and Boyce, "Martin Luther—Translations of Two Prefaces on Islam", p. 262.
74 Henrich and Boyce, "Martin Luther—Translations of Two Prefaces on Islam", p. 263.
75 Henrich and Boyce, "Martin Luther—Translations of Two Prefaces on Islam", p. 263.
76 Henrich and Boyce, "Martin Luther—Translations of Two Prefaces on Islam", p. 263.
77 Henrich and Boyce, "Martin Luther—Translations of Two Prefaces on Islam", p. 264.
78 Henrich and Boyce, "Martin Luther—Translations of Two Prefaces on Islam", p. 264.
79 Henrich and Boyce, "Martin Luther—Translations of Two Prefaces on Islam", p. 266.
80 볼프는 내가 앞에서 언급한 세 문헌들을 다 읽은 것 같다(『알라』, pp. 92-99, 359주17, 주18, 주19 참조). 하지만 그는 루터가 이슬람의 알라에 대해 "단지 망상"이라고 비판한 것은 "급진적인 개혁가이자 열정적인 설교가의 수사적인 과장"이라고 생각한다(p. 97).
81 John Calvin, *Sermons on Deuteronomy* (The Banner of Truth, 1987), 신 18:9-15 설교(1555년 11월 27일, 수요일, 신명기에 대한 108번째 설교). "Like as Mahomet says his Alcoran is sovereign wisdoms so says the Pope of his own decrees: for they be the two horns of antichrist." 참고로, 칼뱅은 총 201번에 걸쳐 신명기를 설교하였다. Burk Parsons ed., *John Calvin: A Heart for Devotion, Doctrine & Doxology*, 백금산 외 19인 공역 『교리·예배·삶의 균형을 추구한 사람, 칼빈』(부흥과개혁사, 2012), p. 123.
82 WA 30/2,125,27-126. 한스-마르틴 바르트, 『마르틴 루터의 신학』, p. 101; 우병훈, "미로슬라브 볼프의 하나님: 그의 책 『알라』를 중심으로", p. 27를 참조하라.
83 한스-마르틴 바르트, 『마르틴 루터의 신학』, p. 105.
84 Henrich and Boyce, "Martin Luther—Translations of Two Prefaces on Islam", p. 265.

10장

1 토르가우는 카타리나 폰 보라가 임종(1552)한 곳이며 개신교 최초의 예배당인 토르가우 성채교회가 유명하다. 이에 대해서는 최주훈, 『루터의 재발견』, pp. 227-241에

실린 자세한 설명을 보라. 다만 토르가우 성채교회당 전면에 배치된 오르간은 1994년에 만들어진 것이지 루터 시대에 고안된 것이 아닌데, 마치 그 파이프 오르간이 음악을 사랑했던 루터가 직접 그렇게 배치한 것처럼 설명되어 있는 점은 유의해야 한다. 많은 요소들이 후대에 재건축된 것이기 때문에 루터가 직접 영향을 미쳤다고 보기보다는 루터의 정신을 계승해서 그렇게 예배당을 꾸몄다고 보는 편이 좋다(https://de.wikipedia.org/wiki/Torgauer_Schlosskapelle).
2 이상규, 『교양으로 읽는 종교개혁 이야기』, p. 143.
3 이상규, 『교양으로 읽는 종교개혁 이야기』, p. 143.
4 이상규, 『교양으로 읽는 종교개혁 이야기』, p. 144.
5 로제, 『마틴 루터의 신학』, pp. 253-254; 이상규, 『교양으로 읽는 종교개혁 이야기』, p. 144.
6 로제, 『마틴 루터의 신학』, p. 253에서 재인용.
7 Henry F. Henderson, *Calvin in His Letters* (J. M. Dent and Co., 1909), pp. 113-114에서 재인용.
8 이 내용은 2011년 4월 20일에 캘빈 신학교에서 리처드 멀러 교수가 강의한 내용을 바탕으로 작성했다.
9 츠빙글리의 성찬론에 대한 내용은 2009년 11월에 데이빗 스타인메츠(David Steinmetz) 교수가 캘빈 신학교 스토브 강좌(Stob Lecture)에서 강의했던 내용을 가져왔다.
10 이상의 내용은 2011년 리처드 멀러 교수의 강의를 참조했다.
11 칼뱅의 경우 초기에는 멜란히톤의 견해에 가까운 견해를 가졌다가 부처의 영향을 받으면서 영적 임재설을 보다 발전시켜 갔다. 자세한 논의로는 Richard A. Muller, "From Zurich or from Wittenberg?: An Examination of Calvin's Early Eucharistic Thought", *Calvin Theological Journal* 45, no. 2 (November 2010): pp. 243-255를 보라
12 이 문단의 내용은 2009년 11월에 캘빈 신학교 스토브 강좌에서 스타인메츠 교수가 했던 말이다.
13 김영재, 『교회와 신앙고백』(성광문화사, 1989), p. 71은 이 신앙고백서가 1530년 1월 21일에 작성된 것처럼 설명하나 사실 그렇지 않다. 멜란히톤은 그해 4월부터 6월까지 이 신앙고백서를 작성했고, 6월 25일 공적으로 낭독했다. 샤프, 『신조학』, pp. 71-72를 참조하라.
14 Schaff, *The Creeds of Christendom*, 1:225-226. 루터는 이슬람은 우상숭배를 하는 종교이며, 그런 점에서 로마 가톨릭이나 유대교도 진배없다고 비판했다.
15 대표적으로 슈바바흐 신조(Schwabach Articles), 토르가우 신조(Torgau Articles)를 참조했다. Glen L. Thompson, *The Unaltered Augsburg Confession A.D. 1530* (Northwestern Publishing House, 2005), p. v.

16 자세한 내용 분석은 샤프, 『신조학』, pp. 75-77를 참조하라.
17 Schaff, *The Creeds of Christendom*, 1:226 ("with the full approval of Luther").
18 샤프, 『신조학』, p. 74.
19 샤프, 『신조학』, p. 74; Schaff, *The Creeds of Christendom*, 1:229에서 재인용. 'Ich hab M. Philippsen Apologiam uberlesen: die gefallet mir fast (i.e., sehr) wohl, und weiss nichts daran zu bessern noch andern, wurde sick auch nicht schicken; denn ich so sanft und leise nicht treten kann. Christus unser Herr helfe, dass sie viel und grosse Frucht schaffe, wie wir hoffen bitten. Amen.' (De Wette's ed. of Luther's Letters, IV. p. 17; LW, Erlang. ed. Vol. LIV. p. 145). 영어 번역(Schaff, *The Creeds of Christendom*, 1:229). "I have read the Apology [Confession] of Master Philip; it pleases me very well, and I know of nothing by which I could better it or change it, nor would it be becoming, for I can not move so softly and gently. May Christ our Lord help, that it may bring forth much and great fruit, as we hope and pray. Amen."
20 샤프, 『신조학』, p. 73.
21 Hauschild, *Lehrbuch der Kirchen- und Dogmengeschichte*, 2:377, pp. 382-387.
22 이하의 내용은 아래 자료를 참조하면서 다른 자료들을 덧붙였다. R. Michael Allen, *ET101 Law and Gospel: The Basis of Christian Ethics*, Logos Mobile Education (Lexham Press, 2016), Segment 11.
23 WA 7,502,34-35.
24 WA 36,9,28f.
25 한스-마르틴 바르트, 『마르틴 루터의 신학』, p. 323.
26 WA 36,29,32-38.
27 이 글은 루터가 1525년 8월 27일에 설교한 내용이다. 1524년 10월 2일부터 1527년 2월 2일 사이에 전한 출애굽기에 대한 77편의 설교 시리즈 중 하나였지만, 나중에 별도로 출간되었다(LW 35:159). 독일어 제목은 "Ein Unterrichtung wie sich die Christen ynn Mosen sollen schicken"이며, 원문은 WA 16:363-393에서 볼 수 있다.
28 LW 35:162.
29 Pawlas, *Die Lutherische Berufs- und Wirtschaftsethik*, pp. 90-91; 우병훈, "칼빈의 모세 언약 이해—존 페스코와 코넬리스 베네마의 논쟁에 비추어서", 「칼빈연구」 제13집(2016): pp. 9-45(특히 pp. 31-32).
30 WA 11,250,26-29; WA 40/1,479ff.
31 WA 40/1,479,17-26. 한스-마르틴 바르트, 『마르틴 루터의 신학』, p. 327에서 재인용.
32 한스-마르틴 바르트, 『마르틴 루터의 신학』, p. 328.

33 한스-마르틴 바르트, 『마르틴 루터의 신학』, p. 329.
34 WA 10/1/1,508,20-509,4.
35 Peters, *Gesetz und Evangelium*, p. 35.
36 WA 10/3,338,9-10.
37 Edwards Engelbrecht, *Friends of the Law: Luther's Use of the Law for the Christian Life* (Concordia Publishing House, 2011); Pawlas, *Die Lutherische Berufs- und Wirtschaftsethik*, pp. 90-91; Prien, *Luthers Wirtschaftsethik*, pp. 170-175를 보라.
38 LW 27:15. 아래 번역을 참조하여 약간 수정했다. Martin Luther, *Commentary on Galatians* (Oak Harbor, WA: Logos Research Systems, Inc., 1997), p. 453.
39 Pawlas, *Die Lutherische Berufs- und Wirtschaftsethik*, p. 90.
40 WA 56,199-200(LW 25:180-181); WA 44,549(LW 7:336). Wright, *Martin Luther's Understanding of God's Two Kingdoms*, pp. 127-129를 보라.
41 WA 51,557-58; LW 41:248. Wright, *Martin Luther's Understanding of God's Two Kingdoms*, p. 142를 보라.
42 한스-마르틴 바르트, 『마르틴 루터의 신학』, p. 324.
43 한스-마르틴 바르트, 『마르틴 루터의 신학』, p. 331.
44 Unser Glaube, p. 554. 한스-마르틴 바르트, 『마르틴 루터의 신학』, p. 332에서 재인용.

11장

1 적절하게 균형이 잡힌 글로는 한스-마르틴 바르트, 『마르틴 루터의 신학』, pp. 71-91를 보라.
2 Luther, "That Jesus Christ was Born a Jew", LW 45:195-229 (WA 11, [307] 314-336).
3 Luther, "On the Jews and Their Lies", LW 47:121-306.
4 LW 47:177.
5 LW 47:268-72.
6 LW 47:272-73.
7 한스-마르틴 바르트, 『마르틴 루터의 신학』, p. 90에서도 이것을 지적한다.
8 Reinhold Lewin, *Luthers Stellung zu den Juden: Ein Beitrag zur Geschichte der Juden in Deutschland während des Reformationszeitalters* (Berlin, 1911), p. 97 이하를 참조하라. LW 47:123에서 재인용. 부처 역시 반유대교적이었고, 『유대인들에 대하여』(*On the Jews*)라는 1539년 작품에서 그것을 표현했지만 이 주제에 대해 루터보다 상대적으로 부드러운 태도를 보였다. 부처 역시 교황주의자, 무슬림들, 유

대인들을 참된 신앙의 적들이라고 표현한다. Selma Stern, *Josel of Rosheim: Commander of Jewry in the Holy Roman Empire of the German Nation*, trans. Gertrude Hirschler (Jewish Publication Society, 1965), p. 165.
9   WA 53, 574.
10 LW 47:127.
11 한스-마르틴 바르트, 『마르틴 루터의 신학』, p. 83(오버만의 지적이다).
12 한스-마르틴 바르트, 『마르틴 루터의 신학』, p. 84.
13 나치주의자들의 만행은 다음 글에 설명되어 있다. William H. Shirer, The Rise and Fall of the Third Reich: A History of Nazi Germany (Simon and Schuster, 1960), p. 430 이하.
14 다음 논문에서 맥클레오드는 루터가 유대교에 대해 가진 관점이 새 관점 학파가 보듯이 그렇게 비판적이기만 했던 것은 아니었다고 주장한다. 또한 이 문제에 있어서 칼뱅주의의 관점은 루터파보다 훨씬 균형 잡혀 있으며 반유대주의적 성격이 적었다고 논증한다. Donald Macleod, "The New Perspective: Paul, Luther and Judaism", *Scottish Bulletin of Evangelical Theology* 22.1 (Spring 2004): pp. 4-31.
15 James D. G. Dunn, *The New Perspective on Paul*, Rev. ed. (Eerdmans, 2008), 서론(특히 pp. ix-x)을 보라.
16 샌더스, 던, 라이트를 '새 관점의 삼두마차'라고 부르기도 한다.
17 맥클레오드는 샌더스의 이러한 관점을 비판하면서, 루터가 율법주의라고 규정했던 것이 1세기의 유대교에도 분명히 존재했다고 주장한다. 1세기 유대교는 구약성경에 나타나는 신앙과 비교해 볼 때에 율법에 대한 강조가 훨씬 강했다는 것이다. 그런 점에서 루터가 1세기의 유대교와 루터 시대의 로마 가톨릭의 유사성을 본 것이 전혀 틀린 것은 아니라고 맥클레오드는 주장한다. 그런 율법주의적 위험은 어느 시대에나 있을 수 있기 때문이라는 것이다. Macleod, "The New Perspective: Paul, Luther and Judasim", pp. 21, 31를 보라.
18 '바울 비루터화'(delutheranizing Paul)란 표현은 영미권에서는 왓슨이 도입했다. Francis Watson, *Paul, Judaism, and the Gentiles: Beyond the New Perspective*, Rev. and expanded ed. (William B. Eerdmans Pub. Co, 2007), p. 18. 그러나 사실 이 단어(Entlutherisierung Pauli)를 제일 먼저 쓴 사람은 쇼이프스였다. Hans Joachim Schoeps, *Paulus: die Theologie des Apostels im Lichte der judischen Religionsgeschichte* (Tubingen, 1959), p. 207. 이 책은 영어로 번역되었다. Hans Joachim Schoeps, *Paul: The Theology of the Apostle in Light of the Jewish Religious History*, trans. Harold Knight (Lutterworth Press, 1961).
19 페터 슈툴마허는 새 관점의 바울 이해가 루터의 바울 이해보다 더 나은 것이 아니라는 것을 신약학적 관점에서 보여 주었다. 그는 새 관점의 유대교 묘사가 상당

히 왜곡되었다고 주장한다. 유대교는 은혜의 종교라고 볼 수 없다는 것이다. Peter Stuhlmacher, *Revisiting Paul's Doctrine of Justification: A Challenge to the New Perspective* (InterVarsity Press, 2001), 제2장 2절("The Deficiencies of the New Perspective")을 참조하라.

20 이에 대해 게리쉬는 다음과 같은 루터의 작품을 참조하라고 한다. WA 40II:25,23, 31:30, 33:19; LW 27:22, 26, 27. Gerrish, *The Old Protestantism and the New: Essays on the Reformation Heritage*, p. 83 주62.

21 톰 라이트, 『톰 라이트, 칭의를 말하다』, 최현만 역(에클레시아북스, 2011), pp. 60-61, 91 등.

22 라이트, 『톰 라이트, 칭의를 말하다』, pp. 263, 288, 313.

23 라이트, 『톰 라이트, 칭의를 말하다』, pp. 117-119.

24 라이트, 『톰 라이트, 칭의를 말하다』, pp. 118, 155.

25 N. T. Wright, *Paul and the Faithfulness of God*, vol. 2 (Fortress Press, 2013), 1167: "...the pathway from the initial 'justification', based on nothing other than faith, to the final 'salvation' which is based on the whole of life life lived in the Messiah and in the power of the spirit." N. T. Wright, *Pauline Perspectives: Essays on Paul, 1978-2013* (Fortress Press, 2013), p. 146: "Future justification, acquittal at the last great Assize, always takes place on the basis of the totality of the life lived (e.g. Romans 14:11f.; 2 Corinthians 5:10).": 같은 책, pp. 434-435: "I repeat what I have always said: that the final justification, the final verdict, as opposed to the present justification, which is pronounced over faith alone, will be pronounced over the totality of the life lived."

26 전문적 평가에 대해서는 다음 문헌들을 보라. 제임스 던, 『바울에 대한 새 관점』, 최현만 역(에클레시아북스, 2012), 3-4장; 김세윤, 『바울 신학과 새 관점』(두란노, 2002); 가이 워터스, 『바울에 관한 새 관점—기원, 역사, 비판』, 배종열 역(개혁주의신학사, 2012); 우병훈, "『톰 라이트, 칭의를 말하다』 서평", 「갱신과 부흥」, 제9호(2011), pp. 118-132.

27 이하에 나오는 루터의 칭의론에 대한 설명은 헤르만 바빙크, 『개혁교의학』, 박태현 역(부흥과개혁사, 2011), 제4권, pp. 219-221를 보라. 여기서 바빙크는 루터의 1515-1516년 『로마서 강의』를 요약한다.

28 J. Ficker, ed., *Luthers Vorlesung über den Römerbrief 1515/1516*, II, pp. 65-66; 바빙크, 『개혁교의학』, p. 221에서 수정하여 재인용.

29 바빙크, 『개혁교의학』, p. 219.

30 LW 25:215; WA 56:231; Ficker, ed., *Luthers Vorlesung über den Römerbrief 1515/1516*, I:69.

31 LW 25:211 이하; WA 56:226 이하.
32 LW 25:252; WA 56:265.
33 LW 25:251; WA 56:264.
34 LW 25:260; WA 56:272, 17. 그리고 LW 25:257; WA 56:269도 참조하라.
35 LW 25:43n2; WA 56:265 주2.
36 페터 슈툴마허는 로마서 8장 34절, 고린도전서 3장 10-15절에 근거하여 그리스도인의 구원은 확실하며, 결코 최후의 심판에서 정죄받지 않을 것이라고 한다. Stuhlmacher, *Revisiting Paul's Doctrine of Justification: A Challenge to the New Perspective*, 제3장 6절("Justification and Final Judgment")을 참조하라.
37 바빙크,『개혁교의학』, 4:219.
38 Wolfhart Pannenberg, *Systematic Theology*, trans. G. W. Bromiley, vol. 3 (Eerdmans, 1998), pp. 218-219.
39 이 부분을 이른바 '핀란드 학파'의 루터 해석이 강조했다. 물론 핀란드 학파가 루터 신학에서 과도하게 "신품화"(神品化, theosis) 이론을 찾으려고 한 점은 비판할 것이 있지만 루터 신학에서 중요한 지점을 지적한 것이다. 자세한 논의는 다음 문헌을 보라. Kurt E. Marquart, "Luther and Theosis", *Concordia Theological Quarterly* 64, no. 3 (July 2000): pp. 182-205 (특히 pp. 185-205); Olli-Pekka Vainio, "Luther and Theosis: A Response to the Critics of Finnish Luther Research", *Pro Ecclesia* 24, no. 4 (September 2015): pp. 459-474.
40 루터,『마틴 루터의 갈라디아서 강해(상)』(1535년판, 제 1-4장), 김선회 역(루터신학대학교출판부, 2003), p. 30.
41 마이클 버드,『손에 잡히는 바울: 사도 바울의 생애와 편지와 복음』, 백지윤 역(IVP, 2016), 제6장을 참조하라.
42 사실 이렇게 '옛 관점'과 '새 관점'의 장점을 모두 취하고자 하는 태도는 새 관점의 주요 신학자들인 제임스 던과 톰 라이트 역시 갖고 있다. 제임스 던,『바울에 대한 새 관점』, 서문; 톰 라이트,『톰 라이트, 바울의 복음을 말하다』, 최현만 역(에클레시아북스, 2011)을 보라.
43 에라스무스가 피르크하이머(W. Pirkheimer)에게 보낸 1528년 3월 20일자 편지. Elmer L. Towns, "Martin Luther on Sanctification", *Bibliotheca Sacra* 126, no. 502 (April 1969): p. 115에서 재인용.
44 John Wesley, *The Works of John Wesley*, Third Edition, vol. 7 (Wesleyan Methodist Book Room, 1872), p. 204.
45 『갈라디아서 주석』(1535)의 중요성에 대해, 존 페스코는 "루터파 내부에서 규범적 신앙고백의 지위가 있다"라고 주장하는데, 사실 많은 학자들이 동의하는 내용이다. John V. Fesko, "Luther on Union with Christ", *Scottish Bulletin of Evangelical The-*

ology 28, no. 2 (Autumn 2010): p. 162. 페스코의 논문은 『갈라디아서 주석』(1535)을 주요 1차 자료로 분석하고 있는데, 루터의 성화론과 관련한 중요한 내용을 담았다.
46 WA 40I,2.
47 원문은 WA 2,445-618에 실려 있으며, 영어 번역은 LW 27:163-410에 실려 있다.
48 이하에서는 1535년판 『갈라디아서 주석』을 대(大) 『갈라디아서 주석』이라고 부르겠다. 이 주석의 원문은 WA 40I(갈 1-4장 주석)과 WA 40II(갈 5-6장 주석)에 실려 있으며, 영어 번역은 LW 26(갈 1-4장 주석)과 LW 27:3-149(갈 5-6장 주석)에 실려 있다. 우리말 번역은 다음을 보라. 루터, 『말틴 루터의 갈라디아서 강해』 상/하, 김선회 역(루터대학교 출판부, 2003). 우리말 번역은 WA가 아니라 LW에서 중역(重譯)한 것이다. 펠리칸의 번역인 LW판 대 『갈라디아서 주석』은 오역까지는 아니지만, 생략한 번역이나 오해를 일으킬 만한 의역이 종종 눈에 띄며, 펠리칸이 실수한 것을 우리말 번역도 역시 뒤따른다. 따라서 이 책은 LW와 우리말 번역을 참조하되 가급적 WA를 중심으로 진행한다. 그리고 지면을 아끼기 위해 김선회의 번역은 "상"과 "하"로 축약하여 표시하겠다.
49 LW 26:ix. 이하의 내용은 펠리칸의 서문을 주로 참조하면서 다른 문헌들의 설명을 덧붙였다. 특히 B. A. Gerrish, *Grace and Reason: A Study in the Theology of Luther* (Wipf & Stock Publishers, 2005), pp. 57-68 ("LUTHER'S COMMENTARY ON GALATIANS")을 보면 자세한 설명이 나와 있다.
50 일치신조(Formula of Concord Solid Declaration), 제3항. *The Book of Concord: The Confessions of the Evangelical Lutheran Church*, ed. by Robert Kolb and Timothy J. Wengert (Fortress, 2000), p. 573.
51 LW 26:x.
52 LW 25:xii.
53 이상의 내용은 LW 26:ix-x를 보라.
54 LW 26:3.
55 이것은 루터가 다른 곳에서도 자주 주장한 바다. "이신칭의 교리는 교리들의 모든 종류 위에 있는 선생, 왕, 주인, 인도자, 재판관이다. 그것은 교회의 모든 교리를 보존하고 다스리며, 하나님 앞에서 우리 양심을 세운다." WA 39I,205,2-5(Vorrede zur Promotionsdisputation von Palladius und Tilemann, 1537) Articulus iustificationis est magister et princeps, dominus, rector et iudex super omnia genera doctrinarum, qui conservat et gubernat omnen doctrinam ecclesiasticam et erigit conscientiam nostram coram Deo." Bernhard Lohse, *Martin Luther's Theology: Its Historical and Systematic Development* (Fortress Press, 2011), p. 259 주3에서 라틴어 재인용. 슈말칼덴 신조는 "이 교리에는 우리가 다시 교황과 악마와 세상을 치워 버리느냐, 다시 살려 내느냐 하는 모든 것이 달려 있다"라고 한다. WA 50,199f (Schmalkaldische Artikel): "welchem stehet alles, das

wir wider den Bapst, Teufel und Welt leren und leben."
56 Dicker, "Luther's Doctrines of Justification and Sanctification", p. 13.
57 "그리스도 예수 안에서는, 할례를 받거나 안 받는 것이 문제가 되는 것이 아닙니다. 가장 중요한 것은, 믿음이 사랑을 통하여 일하는 것입니다." 1545년 루터 번역: "Denn in Christo Jesu gilt weder Beschneidung noch Vorhaut etwas, sondern der Glaube, der durch die Liebe tätig ist."
58 WA 40II,36,8-14: "*Porro, Paulus hic non facit Fidem informem et rude velut cahos, cuius nihil sit neque esse neque agere, Sed Operationem ipsam tribuit fidei et non Charitati, non fingens rudem quandam et informem qualitatem, Sed asserens efficacem et operosam quidditatem ac velut substantiam seu formam (ut vocant) substantialem. Non enim dicit: Charitas est efficax, Sed: 'Fides est efficax', Non: Charitas operatur, sed: 'fides operatur'. Charitatem vero facit fidei velut instrumeutum, per quod operetur.*" 김선회의 번역(하, p. 56)은 "그는 사랑을 믿음이 '그를' 통하여 행하는 도구로 만든다"라고 했는데, '그를'이 뜻하는 것이 '사랑'을인지 '도구'를인지 구분되지 않는다. 그래서 위에서는 관계대명사구 "*per quod operetur*"를 "*et per instrumeutum fides operetur*"로 의역했다. LW 27:29: "He makes love the tool through which faith works."
59 WA 40II,47,26-28: "*Maledicta sit charitas, quae servatur cum iactura doctrinae fidei, cui omnia cedere debent, charitas, Apostolus, Angelus e coelo etc.*" LW 27:38(1535년, 갈 5:9 주석). "A curse on a love that is observed at the expense of the doctrine of faith, to which everything must yield love, an apostle, an angel from heaven, etc.!" 루터는 프란체스코 수도회나 도미니쿠스 수도회의 규율을 비롯한 모든 규율들도 역시 저주를 받아야 한다고 주장한다. 그리스도의 영광을 가리기 때문이다. LW 27:141(1535년, 갈 6:16 주석): "Therefore let the rule of Francis, of Dominic, and of all the others be accursed."
60 갈라디아서 5장 9절에 대한 루터의 주석은, 루터에게 있어서 '아가페'는 순수한 하나님의 사랑이며, 인간의 상향적 사랑의 형태인 '에로스'와 대조된다는 니그렌(A. Nygren)의 주장에 아주 적합한 논거가 될 수 있다. 니그렌이 제시한 신약성경 해석(곧, 신약은 사랑을 믿음으로 보았다는 주장), 아우구스티누스 해석(곧, 아우구스티누스의 '카리타스' 개념은 '아가페'와 '에로스'의 복합물이라는 주장), 루터 해석(곧, 루터의 사랑 개념은 '아가페'의 가장 좋은 모델이라는 주장) 등은 비판받아야 할 여지가 크다. 하지만 그가 루터의 사랑 개념을 믿음과 관련해서 해석한 것은 루터 신학의 특징을 잘 보여준다고 하겠다. 안더스 니그렌, 『아가페와 에로스』, 고구경 역(CH북스, 1998)를 보라.
61 WA 7,38,6-10. 한스-마르틴 바르트, 『마르틴 루터의 신학』, p. 385에서 재인용.
62 한스-마르틴 바르트, 『마르틴 루터의 신학』, p. 385를 참조하라.

63 Decker, "Luther's Doctrines of Justification and Sanctification", p. 13를 참조하라.
64 WA 6,206,33-37. 이에 대한 설명은 한스-마르틴 바르트, 『마르틴 루터의 신학』, pp. 383-384를 참조하라.
65 WA 6,249,32-34. LW 44:79: "Thus faith goes out into works and through works comes back to itself again, just as the sun goes forth to its setting and comes again at its rising."
66 여기서 말하는 '질서'(Ordnung)는 전형적인 독일 신학 용어다. 루터의 윤리를 '질서'의 관점에서 해설한 Hauschild, *Lehrbuch der Kirchen- und Dogmengeschichte*, 2:311-315를 보라.
67 WA 40II,37,13-25: "*Id est, fides non ficta neque Hypocritica, Sed vera et vivax. Ea est, quae exercet et urget bona opera per Charitatem. Hoc est tantum dicere: Qui vult esse vere Christianus seu in Christi Regno, Hunc oportet esse vere credentem. Vere autem non credit, si opera Charitatis fidem non sequuntur. Et sic utrinque, a dextris et sinistris, excludit a Regno Christi Hypocritas, A sinistris Iudaeos et operarios, dicens: In Christo neque Circumcisio, id est, nulla opera, nullus cultus, nullum prorsus vitae genus, Sed sola fides sine omni fiducia operum valet; A dextris Ignavos et inertes ac desides, quia dicunt: Si fides sine opere iustificat, Ergo nihil operemur, Sed credamus solum et faciamus, quae volumus. Non sic, impii, dicit Paulus. Verum est sine operibus solam fidem iustificare, Sed de fide vera loquor, quae, postquam iustificaverit, non stertet ociosa, Sed est per Charitatem operosa.*" LW 27:30 (1535년, 갈 5:6 주석).
68 LW 27:63 (1535년, 갈 5:16 주석).
69 LW 27:64 (1535년, 갈 5:16 주석).
70 LW 27:64-65 (1535년, 갈 5:16 주석).
71 LW 27:65 (1535년, 갈 5:16 주석).
72 LW 27:67 (1535년, 갈 5:16 주석). 이것이야말로 니그렌이 말한 아가페 사랑의 핵심이다. 니그렌, 『아가페와 에로스』, "第6篇 종합의 파괴(2)—종교개혁의 아가페 동기 갱신"을 보라.
73 LW 27:67 (1535년, 갈 5:16 주석). 루터는 바울이 말하는 정욕이 성욕에 국한되지 않는다고 본다. 그는 불신자건 신자건 젊은이들은 성욕에, 장년들은 야망과 허영심에, 노인들은 탐욕에 의해 시험당한다고 말한다[LW 27:80 (1535년, 갈 5:19 주석)].
74 이것이 "믿음과 소망은 함께 있어야 한다. 그리하여 우리가 믿음에 의해 의롭다함 받고, 소망에 의해 고난 중에서 참도록 해야 한다"라는 말의 신학적 의미다[LW 27:68 (1535년,

갈 5:16 주석)].

75 LW 27:74 (1535년, 갈 5:17 주석).

76 LW 27:76 (1535년, 갈 5:17 주석): "As for the person who does not believe in Christ, not only are all his sins mortal, but even his good works are sins." LW 27:132 (1535년, 갈 6:13 주석): "Whoever does works, prays, or suffers apart from Christ, does his works, prays, and suffers in vain."

77 LW 27:74-75 (1535년, 갈 5:17 주석).

78 LW 27:77-78 (1535년, 갈 5:18 주석).

79 LW 27:93 (1535년, 갈 5:22-23 주석).

80 WA 40II,179,11-23: "Hae sunt mutationes, ut sic dicam, non verbales, sed reales, quae afferunt novam mentem, voluntatem, novos sensus et actiones etiam carnis ... Iam orta luce Euangelii statuit, sola fide in Christum sibi contingere iusticiam. Ideoque nunc abiicit opera electicia et vocationis et charitatis opera divinitus praecepta facit, Deum laudat et praedicat ac in sola fiducia misericordiae per Christum gloriatur et exultat. Si quid malorum aut periculorum ferendum est, ea libenter et cum gaudio (quanquam caro murmuret) subit. Hanc Paulus novam creaturam appellat." LW 27:139-141 (1535년, 갈 6:15 주석).

81 LW 27:69 (1535년, 갈 5:16 주석).

82 LW 27:92 (1535년, 갈 5:21 주석).

83 LW 26:25 (1535년, 갈 1:2 주석).

84 한스-마르틴 바르트, 『마르틴 루터의 신학』, p. 390.

85 WA 1,233,10 이하.

86 WA B 2,372,84f(1521년 8월 1일 멜란히톤에게 보낸 편지). 한스-마르틴 바르트, 『마르틴 루터의 신학』, p. 391에서 재인용. 라틴어로는 "Esto peccator et pecca fortiter, sed fortius fide et gaude in Christo, qui victor est peccati, mortis et mundi" 다. 이에 대한 신학적·목회적 논의는 다음 글들을 보라. Hans-Martin Barth, "Pecca fortiter, sed fortius fide...: Martin Luther als Seelsorger", Evangelische Theologie 44.1 (1984): pp. 12-25; G. C. Berkouwer, Faith and Sanctification, Studies in Dogmatics (Eerdmans, 1952), p. 34 주11; Philip Schaff and David Schley Schaff, History of the Christian Church, vol. 7 (Charles Scribner's Sons, 1910), p. 124.

87 Schaff, History of the Christian Church, 7:124에서는 로마서 6장 1-2절의 바울과 비교한다. 바울은 루터처럼 그렇게 표현하지는 않았을 것이라고 하면서 샤프는 바울이 반율법주의적 공격을 엄격하게 차단한다고 적고 있다.

88 한스-마르틴 바르트, 『마르틴 루터의 신학』, p. 407.
89 WA 56,486,7: "*proficere, hoc est semper a novo incipere.*" 루터는 "발전한다는 것은 항상 시작하는 것과 다르지 않다"(*proficere est nihil aliud, nisi semper incipere*)라고도 한다(WA 56,239,26ff). 이런 의미에서 한스-마르틴 바르트는 그리스도인이 된다는 것은 계속해서 초심을 찾는 것이라고 말한다. 한스-마르틴 바르트, 『마르틴 루터의 신학』, p. 390.
90 WA 56,486,10.

12장

1 이상규, 『교양으로 읽는 종교개혁 이야기』, p. 148.
2 오버만, 『루터, 하나님과 악마 사이의 인간』, p. 411.
3 Scott H. Hendrix, *Martin Luther: A Very Short Introduction* (Oxford University Press, 2010), p. 76.
4 Hendrix, *Martin Luther*, p. 76.
5 Hendrix, *Martin Luther*, p. 76.
6 Luther, "Against the Papacy at Rome, an Institution of the Devil". 이 작품의 연대기적 중요성에 대해서는 Ken Schurb, "The Christian History Timeline Martin Luther", *Christian History Magazine-Issue* 34: Martin Luther: The Reformer's Early Years (Christianity Today, 1992)를 참조하라.
7 자세한 서술은 Hendrix, *Martin Luther*, pp. 4-5를 참조하라.
8 셸더하위스, 『루터, 루터를 말하다』, pp. 497-498.
9 WA B 11:286 이하. 셸더하위스, 『루터, 루터를 말하다』, p. 503에서 재인용.
10 셸더하위스, 『루터, 루터를 말하다』, p. 499.
11 WA Tr 1, no. 1206. 셸더하위스, 『루터, 루터를 말하다』, pp. 506-507에서 재인용.
12 베인턴, 『마르틴 루터』, p. 533.
13 Hauschild, *Lehrbuch der Kirchen- und Dogmengeschichte*, 2:298.
14 칼 트루만, 『루터의 유산』, 한동수 역(CLC, 2015), p. 32.
15 베인턴, 『마르틴 루터』, p. 535.
16 베인턴, 『마르틴 루터』, pp. 482-483에서 수정하여 인용.
17 Hauschild, *Lehrbuch der Kirchen- und Dogmengeschichte*, 2:300.
18 바빙크, 『개혁교의학』, 4:369.
19 Hauschild, *Lehrbuch der Kirchen- und Dogmengeschichte*, 2:298.
20 Gerhard Müller, "Ekklesiologie und Kirchenkritik beim jungen Luther", *Neue Zeitschrift für Systematische Theologie und Religionsphilosophie* 7, no. 1

(1965): pp. 107-108.
21 WA 48:241; WA Tr 5,318 (no. 5677). 셸더하위스, 『루터, 루터를 말하다』, p. 496를 참조하라.
22 한스-마르틴 바르트, 『마르틴 루터의 신학』, p. 210에서 재인용.
23 Stephen M. Taylor, "Sharing Within the Community of Saints: A Study of Luther's Ecclesiology", *American Baptist Quarterly* 14, no. 3 (September 1995): p. 260. 이하의 내용에 대해서는 다음 논문을 참조하라. 우병훈, "교회의 감춰져 있음—루터 교회론의 한 측면", 「한국개혁신학」 제55권(2017): pp. 69-110.
24 Robert Kolb, "The Sheep and the Voice of the Shepherd: The Ecclesiology of the Lutheran Confessional Writings", *Concordia Journal* 36, no. 4 (September 2010): p. 327.
25 WA 2,430,6 이하. "*Ecclesia enim creatura est Euangelii...*"
26 Müller, "Ekklesiologie und Kirchenkritik beim jungen Luther", p. 104.
27 WA 2,430,6 이하. "*Ecclesia enim creatura est Euangelii...*"
28 Müller, "Ekklesiologie und Kirchenkritik beim jungen Luther", p. 105.
29 WA 4,239,17-30.
30 한스-마르틴 바르트, 『마르틴 루터의 신학』, p. 569.
31 WA 4,402,27-33. "*Quia in enygmate est, quod futura est in specie: in signo est, quod futura est in re: in absconso est, quod futura est in manifesto: in fide est, quod futura est in visione: in testimonio est, quod futura est in exhibitione: in promisso est, quod futura est in impletione.*" Müller, "Ekklesiologie und Kirchenkritik beim jungen Luther", p. 105에 나오는 설명을 참조하라.
32 루터, 『탁상담화』, p. 133(Nr. 182).
33 루터, 『탁상담화』, p. 136(Nr. 182).
34 루터, 『탁상담화』, p. 154(Nr. 212).
35 WA 10/2,58,30-35.
36 WA 40/2,328,26-28.
37 WA 4,113,24. 교회는 숨어 있지만 성도의 교제이며, 예수 그리스도의 영적 통치에 의해 분별될 수 있다고 루터는 주장한다. Jonathan David Beeke, "Martin Luther's Two Kingdoms, Law and Gospel, and the Created Order: Was There a Time When the Two Kingdoms Were Not?", *Westminster Theological Journal* 73, no. 2 (2011): p. 201를 참조하라. 이하의 루터 인용은 다음 논문에서 발췌했다. 우병훈, "교회의 감춰져 있음—루터 교회론의 한 측면", p. 104.
38 WA 4,398,1 이하.
39 WA 3,139,18 이하.

40 WA 3,454,24 이하.
41 WA 3,258,38.
42 WA 3,516,19 이하.
43 팀 켈러는 교회와 사회 정의의 문제를 깊이 천착한다. 그는 사회 정의를 증진하는 것이 교회의 중요한 사역이며 성경적인 일이라고 주장한다. 그러나 그는 복음(그리스도가 주시는 구원)에 대한 일차적 관심을 약화시키면서 사회 정의에 교회가 매달릴 때 생기는 문제점들을 제시한다. 그것은 신자의 내적 자유가 상실되는 것과 예배 공동체로서 제도적 교회가 약화되는 것이다. 반대로 팀 켈러는 복음의 참된 부흥으로부터 사회 정의와 변혁이라는 '2차적 요소들'이 자연스럽게 흘러나오기 마련이라고 주장한다. Timothy Keller, *Center Church: Doing Balanced, Gospel-Centered Ministry in Your City* (Zondervan, 2012), pp. 34, 80-82, 294-296, 313. Kevin DeYoung and Greg Gilbert, *What Is the Mission of the Church? Making Sense of Social Justice, Shalom, and the Great Commission* (Crossway, 2011)에서도 비슷한 결론을 제시한다.
44 WA 6,559,2; 한스-마르틴 바르트, 『마르틴 루터의 신학』, pp. 182-183를 보라.

더 깊은 탐구를 위한 도서 목록

'루터의 생애'를 더 깊이 살펴보고자 하는 분들에게

- 롤런드 베인턴, 『마르틴 루터』, 이종태 역(생명의말씀사, 2016).
아주 맛깔나는 필치로 루터의 생애를 이야기식으로 서술했다.
- 헤르만 셀더하위스, 『루터, 루터를 말하다』, 신호섭 역(세움북스, 2016).
루터 자신의 표현을 최대한 인용하면서 루터의 생애를 서술했다.
- 헤이코 오버만, 『루터, 하나님과 악마 사이의 인간』, 이양호 역(한국신학연구소, 1995).
다른 책에 잘 언급되지 않는 내용들을 원전에서 찾아서 제시하고 설명을 잘 달아 놓았다.

'루터의 신학'을 더 깊이 연구하고자 하는 분들에게

- 베른하르트 로제, 『마틴 루터의 신학: 역사적, 조직신학적 연구』, 정병식 역(한국신학연구소, 2003).
루터 신학을 역사적으로 탐구하면서도 동시에 조직신학적 연구를 더하여 보다 깊이 있게 살피고 있다.
- 한스-마르틴 바르트, 『마르틴 루터의 신학: 비평적 평가』, 정병식·홍지훈 역(대한기독교서회, 2015).
최근의 연구성과들을 반명하면서도 최대한 공정하게 기술하고자 노력했고, 또한 깊은 내용을 쉽게 전달하고자 애쓴 책이다.

이 책을 쓰면서 주로 참조한 학자들

- **베른하르트 로제**(Bernhard Lohse)의 '연구법'은 역사적 접근과 조직신학적 접근을 균형 있게 병행하고 있어서, 나의 다른 논문들에서와 마찬가지로 이 책에서도 나는 그의 방식을 따르며 참고했다.
- **한스-마르틴 바르트**(Hans-Martin Barth)의 책은 비평적이면서도 현대적 논의들을 잘 다루고 있어서 도움이 되었는데 특히 루터의 '약점'을 어떻게 이해할지에 대해 좋은 관점을 제공받았다.
- **라인하르트 슈바르츠**(Reinhard Schwarz)의 연구는 루터의 몇몇 중요한 '토론'을 여러 각도에서 잘 설명해 준다.
- **헤르만 셀더하위스**(Herman Selderhuis)의 책은 그의 성품처럼 '친근'하다. 나는 그의 책을 읽으면서 루터를 보다 가까이 느낄 수 있었다.
- **토마스 코트만**(Thomas Kothmann)의 루터 특강과 **볼프-디터 하우쉴트**(Wolf-Dieter Hauschild)의 종교개혁사 서술은 개괄적이었지만 '신선함'이 있어서 이 책에서 여러 군데 인용했다.
- 그 외에도 **파울 알트하우스**(Paul Althaus), **게르하르트 에벨링**(Gerhard Ebeling), **카를 홀**(Karl Holl), **게르하르트 뮐러**(Gerhard Müller) 등의 연구는 일종의 '고전'으로서 참조했다.
- 미국 학자들 중에서는 단연 **로버트 콜브**(Robert A. Kolb)의 루터 연구가 탁월한데, '영미권'에서의 루터 논의를 살필 때 나는 우선적으로 콜브의 연구에 주목한다.
- 나의 스승인 **리처드 멀러**(Richard A. Muller) 교수의 도움도 빼놓을 수 없다. 17세기 개혁파 신학 전문가인 그가 중세 신학 및 루터에 대해서도 '방대한 지식'을 갖고 있음을 아는 이는 많지 않다. 하지만 그것은 사실이다.

처음 만나는 루터

초판 발행_ 2017년 10월 31일
초판 3쇄_ 2022년 11월 30일

지은이_ 우병훈
펴낸이_ 정모세

펴낸곳_ 한국기독학생회출판부
등록번호_ 제2001-000198호(1978.6.1)
주소_ 04031 서울 마포구 동교로 156-10
대표 전화_ (02)337-2257 팩스_ (02)337-2258
영업 전화_ (02)338-2282 팩스_ 080-915-1515
홈페이지_ http://www.ivp.co.kr 이메일_ ivp@ivp.co.kr
ISBN 978-89-328-1495-7

ⓒ 우병훈 2017

책값은 뒤표지에 있습니다.
무단 전재와 복제를 금합니다.